À LA VERTICALE DE SOI

Photo de couverture : © Arnaud Petit
Stéphanie dans la fissure atypique d'*Annunaki*, à Indian Creek en Utah (USA)

Collection Guérin – Chamonix – guerin.editionspaulsen.com
Les éditions Paulsen sont une société du groupe Paulsen Media.

Stéphanie Bodet

À la Verticale de soi

Guérin
éditions Paulsen

À Arnaud, à nos 21 ans de cordée
et notre amour fertile

À mes parents et à Guillaume

À Émilie
À toi que j'embrasse en tout lieu
En toute absence
En toute confiance
À toi partout
À la haie vive du rosier
À l'éclair bleu du geai
À l'horizon sur les sommets

« Un pur esprit s'accroît sous l'écorce des pierres ! »

Gérard de Nerval, *Les Chimères*

Préface de Sylvain Tesson

HAUTE VOLÉE

C'est l'histoire d'une fille qui a trouvé sur les parois du monde une occasion de porter la vie à un haut degré d'accomplissement. Là-haut, sur les sommets, la vie a pris pour elle une tournure que nous sommes beaucoup à tenter de lui donner : authentique et joyeuse.

Lecteurs, attention ! Ne soyez pas trompés ! Vous ne trouverez pas dans ces pages de récits d'ascensions avec cordées héroïques, tempêtes de la dernière chance et glorioles sommitales ! Toute une littérature a déjà amplement nourri cette veine-là. On a suffisamment soupé des récits de ces types dont la principale préoccupation lorsqu'ils voient une montagne est de se dire : « Tiens ? Si j'allais me photographier au sommet ! »

Ce que vous tenez là, entre vos mains, est une éducation sentimentale en milieu vertical. Une avancée timide et délicate en milieu extrême. Et c'est heureux que la montagne ait trouvé en Stéphanie Bodet un nouveau chantre, éminemment sensible, une amoureuse pleine de grâce, une poétesse fragile, un roseau grimpant qui préfère raconter son cheminement « à la verticale de soi » plutôt que de détailler ses techniques de verrouillage. Tout livre d'escalade comporte ses longueurs. Celui-ci nous les épargne.

« Rien ne prédisposait la rêveuse que je suis à devenir une grimpeuse de haut niveau », avoue d'emblée celle qui passera des années sur les parois (a-t-elle calculé combien de temps cumulé elle avait vécu à l'aplomb de la Terre ?) Toute l'intensité de ce livre tient dans la résolution de ce paradoxe. Pourquoi une jeune fille souffrant d'asthme devient-elle une vagabonde des grands espaces ? Pourquoi une contemplatrice se jette-t-elle dans la frénésie de l'action ? Pourquoi une pudique silencieuse rejoint-elle ces bandes d'athlètes qui soignent dans les dévers leurs déficits narcissiques ? Pourquoi une intellectuelle éprise de la poésie d'André Velter et de William Blake ne se contente-elle pas de naviguer dans la beauté des textes à l'ombre d'un arbre ?

À la Verticale de soi répond à ces questions. On savait que les Hommes cherchaient la Voie (c'est-à-dire la réponse à l'absurdité de la vie) de mille manières. Certains s'enferment dans la cellule d'un monastère. D'autres arpentent le monde où ils fondent des familles à chaque escale, d'autres encore partent en guerre, cherchent l'opium ou courent les magasins de luxe. Stéphanie Bodet, elle, explore une piste inédite, vertigineuse et âpre : l'escalade. Elle y cherche réponse à ses contradictions. Elle implore une consolation à l'innommable blessure qui l'a déchirée un certain jour de juillet. Elle gravit chacun des degrés avec l'homme de sa vie, le champion d'escalade Arnaud Petit. Avec lui, elle bâtit au passage un amour qui survit à toutes les tempêtes et insulte les habitudes.

Quiconque a croisé un jour cette fille en montagne ou à l'une de ses conférences a été saisi par sa présence pure, ce sourire qui semble ineffaçable, cette aura inconsciente de son propre rayonnement. Enfin une alpiniste dotée d'une vraie face ! Enfin un regard qui semble avoir vu quelque chose ! Comme si Socrate, après avoir enfilé son baudrier et escaladé le portique de Delphes, avait résolu le « connais-toi toi-même ».

En escalade, on parle de style. Le style ! La chose la plus importante de la vie. Le style est le principal point commun de la grimpe avec la littérature. Stéphanie Bodet avoue qu'elle est autant éprise d'escalade que de mots. Et c'est une aubaine pour nous qui découvrons dans ces pages la formulation de ce que nous allons obstinément chercher dans la montagne sans jamais être fichu de savoir ce que c'est.

S.T.

Demain n'existe pas

Tant d'années après, je ne sais plus ce que cela me fit de mourir ainsi. Depuis quinze jours déjà, je travaillais sans relâche pour ouvrir une nouvelle voie sur la paroi de Tagougimt. Avec mes trois compagnons, nous nous étions focalisés sur cette immense muraille grise, striée de coulées ocre et mauves, qui domine le petit village de Taghia, dans le Haut-Atlas. Nous alternions les cordées et ce jour-là, alors que la fin de l'ouverture approchait, nous avions décidé de monter à pied au sommet et de descendre dans la face en rappel, pour rejoindre notre dernier relais, deux cents mètres plus bas. De là, nous reprendrions l'ouverture et Fred Ripert, notre caméraman, pourrait nous filmer car les images sont toujours plus belles vues d'en haut et plus spectaculaires.

Après deux heures de marche raide, nous avions atteint le plateau et quitté le sentier pour emprunter la crête dentelée du sommet. L'arête était interminable avec ses multiples créneaux à franchir. Je me sentais faible et fatiguée. Le lourd sac à dos sciait mes épaules et mes compagnons étaient hors de vue. Le vent s'était levé et les huit cents mètres de vide à ma gauche m'intimidaient. Je craignais de perdre l'équilibre. Les sourcils serrés, j'assurais avec précision mes prises de mains et me concentrais sur chacun de mes pas. Enfin, les sections les plus exposées étant derrière moi, je me relâchai…

On m'a dit que j'avais poussé un cri de chevrette. À présent, les détails se sont effacés. Je ne ressens plus aussi intensément ma semelle qui accroche une aspérité de ce rocher calcaire. Détail infime qui me propulse dans l'air. Deux longues pirouettes comme au ralenti. La sensation d'animer le paysage contre mon gré… Et soudain, voir le vide, le pierrier qui m'attend, trente mètres plus bas… Voir distinctement, en dépit du mouvement, les blocs sur lesquels je vais m'écraser… dans une fraction de seconde. Je m'entends penser « mince alors ! C'est ici que ça se termine ? Comme ça ? Si vite, si tôt, si bêtement ? » Et m'entends murmurer « Émilie », petite sœur… Stupeur !... À mesure que la chute s'accélère, ma pensée fige ce sentiment de perplexité. Ma mort m'étonne…

Un premier rebond apporte à ma chorégraphie le fantastique élan qui lui manquait pour enchaîner la pirouette suivante. Je tournoie dans le vent, propulsée toujours plus vite, toujours plus haut par une force qui me dépasse. Et puis, sans savoir pourquoi ni comment, c'est le miracle. Deux mètres avant de franchir le rebord de la falaise, mes mains agrippent une pierre plantée dans le talus et la chute est stoppée net… C'est à cet instant que j'ai libéré ma chèvre intérieure. De longs hurlements stridents me déchirent la poitrine. Car l'effroi vient après, avec la prise de conscience du drame évité. J'étreins farouchement ma stèle de liberté sans oser baisser les yeux, me contentant d'hurler ma peur. Il faut qu'elle sorte de là ! Je l'exorcise et le hurlement se mue en hululement. Je me fais chouette et mon cri se fait joie. Car tant d'années après, même si le souvenir de mourir sur le champ s'est peu à peu effacé, je sais ce que cela me fit de demeurer vivante…

Personne ne m'a vue tomber mais tous m'ont entendue crier. Arnaud, blême, m'a rejointe. Il me serre dans ses bras comme s'il ne voulait plus me lâcher. La tête sur son épaule, je tremble comme une feuille et sanglote de plus belle. Mon pantalon est déchiré. Des gouttes de sang traversent mes vêtements. Le lourd sac à dos qui m'a déséquilibrée porte une large entaille. Dans ma chute, il m'a protégée le dos des chocs. En revanche, j'ai un hématome de la taille d'une belle poire sur la fesse gauche. Le village est à trois heures de marche par un sentier abrupt. Je ne peux ni bouger la tête, ni mettre un pied devant l'autre mais à première vue, aucune fracture.

Nous décidons de passer la nuit au sommet de la montagne. Si un tel accident m'était arrivé dans les Alpes, mes amis auraient appelé les secours. Mais ici, il n'y a rien de particulier à faire. Le portable ne passe pas et il n'y a pas d'hélicoptère à attendre. Le premier hôpital est à huit heures. Ne reste qu'à bivouaquer en attendant l'aurore. Après tout, pourquoi ma vie aurait-elle plus de valeur que celle d'une bergère berbère ?

*

La nuit est tombée. Je suis allongée dans une caverne basse ; il a fallu se courber pour y pénétrer. Mon corps contusionné me fait souffrir et je tremble de froid mais j'ai l'esprit cotonneux et délicieusement abandonné. Le sol recouvert d'une épaisse couche de crottes sèches de mouton est confortable. S'en dégage une odeur légèrement acide. Une odeur qui tient, une odeur solide, une odeur sur laquelle on peut compter et qui me semble agréable à respirer. Car palpable et bien réelle.

En dépit de la peur d'une hémorragie interne qui me traverse parfois durant les premières heures, la soirée est délicieuse. Arnaud attise le feu qui dégage le subtil et pénétrant parfum que j'aime, celui du genévrier thurifère dont il restait quelques éclats au sol laissés par un berger. Le reflet des flammes anime le plafond de la grotte d'étranges chatoiements. Les yeux fixés sur ses parois, je me laisse bercer par le ballet des ombres et par la voix de Fred qui nous raconte son enfance. Le goût de la soupe en sachet que nous avons partagée, mêlé aux souvenirs de notre compagnon… Cette douceur dans l'atmosphère, cette légèreté… C'est étrange tout de même, comme s'il fallait l'accident pour suspendre le temps et l'ouverture de *Babel,* notre voie. L'accident pour s'ouvrir aux amis et s'offrir à l'instant.

Le feu s'est éteint et les murmures de Fred. Ne restent dans le foyer que quelques braises rougeoyantes. Ma main posée sur celle d'Arnaud, j'écoute la rumeur du silence, les yeux fermés. Il dort et j'entends, attendrie, sa respiration calme et sereine.

Et c'est au cœur de cette grotte sauvage, si éloignée du lieu de ma naissance, que je retrouve mon enfance. À la manière d'une petite boîte oubliée sous une pile de draps au fond d'une armoire de campagne. Une petite boîte cuivrée qui contenait des dents de lait. Je soulève le couvercle et je me souviens.

Tout ressurgit en cette nuit d'automne 2007, l'hier, le plus proche et le plus lointain. Et mon passé défile. J'ai toute la nuit pour me raccommoder dans l'ombre, toute la vie. Et je souris. *Demain n'existe pas…*

PREMIÈRE PARTIE
Grandir

S'en aller vers
Où rien ne pèse
Plus léger que l'oiseau

Chapitre I

ENFANCE

De Limoges où je suis née par une nuit de mars 1976, pas le moindre souvenir. Hormis une photo. Celle d'un bord d'étang, d'un cygne et d'un poupon qui émiette un quignon de pain, les sourcils froncés par l'ampleur de la tâche. Moi, paraît-il.

Un an plus tôt, j'avais atterri en douceur dans une bassine d'eau tiède, bercée par une flûte de Pan et des vapeurs d'encens... Si elle n'était pas tombée amoureuse de Jean-Louis lors d'un bal de village en Périgord, Arlette, ma mère, serait partie rejoindre une communauté au fin fond du Larzac. Mais le destin en a décidé autrement.

À l'âge de 16 ans, elle voit entrer dans un café de Bergerac un jeune homme brun. À l'instant où il rabat d'un geste élégant son écharpe écossaise sur l'épaule, Arlette sait qu'elle a trouvé son gentleman. Instant de cristallisation stendhalienne... Jean-Louis est charmant. Il a un petit air anglais, d'après ma mère, et une certaine retenue dans les manières. Un brin de raideur militaire adouci par un beau regard vert.

Ce fils d'une institutrice et d'un chef de brigade arrive de Bordeaux en 2 CV. Il vient en vacances dans la maison de campagne de ses parents, adossée à la ferme de ses aïeux paysans et proche de celle des grands-parents d'Arlette, agriculteurs eux aussi.

Arlette est magnifique et dans ce petit café de province, elle rayonne tel un joyau au fond de la mine. Longue et mince, le regard rêveur, l'âme poète et sensible, elle ressemble à un ange égaré avec son immense chevelure blonde qu'elle ramène en torsades sur sa nuque diaphane.

Elle n'aime guère son prénom mais le second, Claudine, est encore plus laid, dit-elle.

Elle lit peu mais profondément. Les rares livres dont elle dispose à la maison, elle s'en nourrit comme un oiseau, de quelques phrases ou de quelques mots. Les vers de Baudelaire ou *Les Rêveries du promeneur solitaire* sont annotés d'une fine écriture ronde et fiévreuse. En la déchiffrant, on devine un être consumé par un feu intérieur.

Henriette, sa mère, tient un modeste salon de coiffure dans le petit village des Lèches, à côté de Mussidan. Mon grand-père, Raymond, a décidé qu'Arlette prendrait sa suite et on se fâche. À seize ans, elle s'y refuse catégoriquement, déterminée à passer son bac et à poursuivre ses études. Et ma grand-mère cède à sa fille. Sans doute se souvient-elle de ces vieux livres rouges qui jaunissent au grenier, ces nombreux premiers prix qu'elle avait remportés au cours d'une brève mais belle scolarité. Henriette rêvait de devenir institutrice mais on ne pouvait pas la nourrir à étudier. Elle avait été placée dans une famille bourgeoise. Petite bonne à tout faire, elle y lavait les draps. Plus tard, une cousine lui avait appris son métier. Donner un sens à sa vie n'était pas une préoccupation de petites gens. Autrefois on était placé, aujourd'hui, on a le privilège de chercher sa place, songe Henriette, en contemplant sa fille embellie par la colère.

Toute sa vie, ma mère affirmera ainsi sa destinée. Si aujourd'hui, elle s'est apaisée, sa soif de savoir demeure inaltérable. Elle s'imprègne de tout ce qui lui a été refusé plus jeune. Le violoncelle, la botanique, le yoga et les philosophies orientales. Rattraper le temps perdu de plusieurs vies, celles de ses aïeules aussi, en une course effrénée. Par son exemple, elle enseigne que l'on peut tout faire, tout devenir, quel que soit son âge. C'est d'elle assurément que je tiens mon enthousiasme.

*

Mes parents forment un couple passionnément amoureux. Les voici partis pour le bal de Sainte-Foy et le restant de leur vie. Ma naissance met fin aux brèves études de droit d'Arlette qui s'engage dans les concours de la fonction publique pour payer son loyer. Adieu chèvres jolies du causse et bienvenue dans un bureau du commissariat !

En 1977, Jean-Louis travaille comme métreur dans un cabinet d'architectes de Bordeaux tandis qu'Arlette croule sous des piles de dossiers à l'hôtel de police de Limoges. Pour trouver du travail dans la même ville, les jeunes mariés quittent le sud-ouest avec bagages et bébé. Cap au sud-est, la belle idée ! Après une nuit de route à travers le Massif central et la vallée du Rhône, ils arrivent à Gap en 4L par un frais matin d'hiver. Entourée de montagnes, la petite ville sommeille sous une épaisse couche de neige. Un franc soleil se lève dans un ciel d'un bleu intense, juste souligné par la barre de nuages du col Bayard. Un tout autre ciel que celui qui planait, morne et défait, sur l'estuaire de la Gironde. Une joie enfantine les saisit. Le paradis existait donc et les hasards de la fonction publique les y avaient conduits ! Certes, l'office d'HLM, où ils sont tous deux embauchés, n'est pas une sinécure mais leurs cœurs palpitent de concert à l'idée de découvrir les sommets environnants.

La famille s'agrandit et à l'âge de deux ans, je suis heureuse d'accueillir un petit frère, Guillaume, dont on m'a laissé croire que j'avais choisi le prénom.

Je passe l'hiver le derrière dans la neige et aux beaux jours, je remplis mon petit sac à dos de cailloux et de fossiles rencontrés en chemin. Les pierres me fascinent et je peux passer des heures à les contempler. Mon sac ne cessera jamais de s'alourdir au fil des années !

Sur les pentes du pic de Gleize qui domine le bassin gapençais, je découvre les joies du ski de randonnée avec ce petit frère de 3 ans, qui a la curieuse habitude de ne proférer que deux mots à la montée : *« Lourd cucul » !*

Après avoir collé de vieilles peaux de phoque d'occasion sur nos petits skis, mon père a eu l'ingénieuse idée d'ouvrir grand nos chaussures. La fixation demeurant fixe, c'est au pied de bouger à l'intérieur !... Quelques larmes et ampoules plus tard, la crainte d'être interpellé par la protection de l'enfance ramène le jeune papa au bon sens. Il fait venir du Vieux Campeur ces fameux « rando-clip », toutes nouvelles fixations articulées et ajustables sur nos skis de piste. Je remercie ces inventeurs inconnus qui ont mis fin à notre bref martyre !

*

Une petite sœur nous a rejoints en janvier 1982. Je délaisse mon poupon pour m'occuper d'Émilie. J'ai 6 ans, une queue-de-cheval et une frange indisciplinée. Je me rends deux fois par semaine au studio « Petrouchka ». Je ne suis guère douée mais pour ouvrir ma cage thoracique de fillette asthmatique, rien ne vaut, paraît-il, le chignon et le tutu…

En vraie petite fille précieuse, j'ai fort mauvais goût. J'aime tout ce qui brille et envie les bottines de daim bleu de ma petite copine. Mon oncle, qui vit à Alexandrie, nous montre à chaque réveillon des photos de pyramides et j'ambitionne naturellement de devenir égyptologue.

Cette même année, mon père va voir au cinéma *La Vie au bout des doigts,* le film culte de Jean-Paul Janssen, mettant en scène Patrick Edlinger en solo sur les falaises de Buoux.

L'éphèbe au bandeau rouge a conquis la France entière. De retour à la maison, Jean-Louis ne parle plus que de cela : « Oh po po, vous verriez ! »

Il n'est pas rare, à l'époque, de croiser Edlinger dans les rues de Gap. Ce dernier vient de découvrir la falaise de Céüse et s'est installé à son pied. L'univers de la verticalité fait ainsi son entrée chez les Bodet, jusque-là adeptes des randonnées pépères. Jean-Louis inscrit toute la famille au Club alpin français et désormais, le samedi soir, cinq paires d'yeux s'écarquillent devant les *Carnets de l'Aventure*, l'émission télévisée qui présente les exploits du monde de la montagne. Boivin, Destivelle, Profit ou Edlinger, autant de noms qui ne cesseront de nous faire rêver…

Les cheveux coupés court comme un garçon, les yeux rougis par la peur et les allergies, j'ai 11 ans lorsque je m'initie à l'escalade. Sur la petite falaise de Réotier qui surplombe la Durance, je renifle au bout de la corde et admets difficilement que mon petit frère s'en sort mieux que moi sur ces dalles toutes lisses.

En séchant mes larmes, je me promets que plus jamais on ne m'y reprendra !

Un mois plus tard, je rentre en sixième et me découvre une passion pour les livres de Marcel Pagnol, lors d'une sortie scolaire à Aubagne. Si je rechigne parfois à marcher les week-ends en famille, je m'enflamme sur ces sentiers de lumière. Tout me passionne. Les fleurs, la bergerie d'Angèle, la forme des nuages et la couronne du Garlaban. Je me verrais bien « *hermite* » moi aussi et ne comprends pas pourquoi ce mot est écrit entre guillemets... Comme Marcel, je songe à devenir écrivain ou académicien, pour offrir, plus tard, un château à ma mère !

Cette dernière a cependant des goûts plus modestes... Écologiste depuis toujours, elle a adhéré à la CRIIRAD, une association qui milite contre le nucléaire et dont il est de bon ton, à l'époque, de se gausser. Je l'accompagne souvent à la coopérative bio installée dans un vieil immeuble de Gap. On atteint cette pièce étroite par un petit escalier de bois et l'on s'y sert, dans la pénombre, en farine, en riz et en lentilles, dans de grands sacs posés à même le parquet.

Durant ces années, je me découvre un amour de la solitude et m'enferme dans ma chambre pour dévorer les livres qui me tombent sous la main. Des classiques lus trop tôt et dont le sens m'échappe. Comment les filles de ce pauvre Goriot peuvent-elles se montrer si ingrates envers un père qui s'est sacrifié pour elles ? Pourquoi l'Étranger se laisse-t-il condamner sans ciller ? Pourquoi cette idiote de Princesse de Clèves se refuse-t-elle à tomber dans les bras du beau duc de Nemours qui n'attend que ça ? Est-il possible de se « pâmer », de se « languir » et de mourir d'amour ? Et cette cruche d'Emma à l'agonie...

Je m'aperçois que pris par le tourbillon du quotidien, les parents ont rarement le temps de fournir les réponses qu'exige l'enfance.

Seul un roman de Zola trouve grâce à mes yeux. Et chaque nuit, je m'endors avec Denise au *Bonheur des Dames* en rêvant d'Octave Mouret…

En juillet 1989, nous effectuons en famille le tour du Mont-Blanc sur les traces d'Horace-Bénédict de Saussure, le célèbre savant genevois, auteur d'un petit ouvrage au ton délicieusement désuet qui enchante les parents. Avec un décalage de deux siècles, il nous servira de topoguide ! Soucieux de tirer profit de l'excursion, Maman détermine les fleurs et Papa les sommets. Les aînés sont priés de mémoriser et d'écrire les menus faits de la journée à la façon de l'auteur. Résultat des courses, comme avant chaque rédaction imposée, Guillaume est pris de vapeurs et déclare avoir « *chaud à la gorge* » ! Dix années passeront avant que je daigne de nouveau herboriser.

*

J'ignore pourquoi j'ai choisi la flûte à bec. Pour une asthmatique, c'est le comble. En juin, les examens du conservatoire virent infailliblement au concert de mouchoirs et je pleure deux fois, d'allergie et de ma piètre prestation.

Personne n'a eu l'idée de remettre mon choix en question. Mes parents m'avaient fortement déconseillé le piano, diablement encombrant. J'imagine leur soulagement lorsque j'optai pour la flûte, l'instrument le plus simple du monde, un bout de bois percé de trous. Le degré zéro de l'invention, à peine un instrument !

Il est vrai que Maman s'était évertuée à nous vanter les charmes de la guitare et de la flûte, que l'on dégaine nonchalamment au coin du feu. Parfaits accessoires des Clochards Célestes qu'elle aurait craint de nous voir devenir trop tôt mais qui ravissaient son âme romantique.

« Faites d'abord des études, rien n'empêche de devenir berger ensuite ! » nous disait-elle souvent, en repensant à ses vieux rêves.

Mais revenons à ce choix absurde. On aurait pu gentiment me prendre par la main et me dire qu'un instrument à vent n'était peut-être pas le plus pertinent dans mon état. Et pourquoi vouloir te mettre *en plus* à la clarinette ?

J'aurais été ennuyée de devoir expliquer qu'à l'âge de douze ans, j'en pinçais pour un beau garçon plus âgé. Un jour, j'ai même laissé sur la selle de sa mobylette un petit mot contenant l'aveu déchirant de mon amour d'enfant. Me ravisant à temps, j'ai foncé pour le récupérer. Ma lâcheté m'a épargné une honte prévisible. Durant une longue année, j'ai soufflé gauchement dans ma clarinette, brûlant comme Nemours d'un amour impossible pour cette princesse inaccessible, qui skiait comme un dieu et jouait comme Orphée.

*

Rien ne prédisposait la rêveuse que je suis à devenir une grimpeuse de haut-niveau. Vraiment rien. Mes professeurs d'éducation physique désespéraient de me voir parvenir à boucler les vingt minutes de course à pied sans m'asphyxier. Et le cross annuel, point d'orgue de mon calvaire ! Je me souviens du pollen de saule laineux qui voltigeait en ces matinées de juin au parc de la

Pépinière. C'était joli, on aurait dit de la neige ! Pourtant, mes bronches irritées sifflaient de plus belle à chaque foulée. Les points de côté me cisaillaient l'aine et pour les faire passer, je serrais fort dans ma main… un caillou. Sa présence au creux de ma paume me rassurait.

À mon grand dam, mes parents n'avaient jamais songé à solliciter une dispense d'athlétisme pour m'épargner ces courses atroces. J'aurais bien aimé avoir un bandeau avec écrit en gros : *« Asthmatique, prenez soin ! »* Mais non, on avait décidé que je serais comme tout le monde, à la différence près que j'en baverais plus. Pourtant j'aurais pu échapper à ce calvaire car c'était l'époque lointaine où le sport était fermement déconseillé aux asthmatiques. On les tenait dans du coton, on tamponnait leurs fessiers avant d'y enfoncer avec bienveillance une seringue de cortisone. Moi, je n'ai eu droit ni au coton ni aux piqûres, ni aux traitements de faveur.

À la décharge de mes parents, il faut dire que ce n'était pas rechercher la simplicité que de faire prendre des doses d'homéopathie à un enfant qui souffre et de passer à son chevet des nuits blanches. Lorsque je haletais en m'agrippant à son poignet, ma maman aurait volontiers échangé ses poumons contre les miens.

Une petite bouffée de chimie aurait parfois été la bienvenue, c'est vrai. Je n'ai eu droit à la première qu'à l'âge de 18 ans, après le bac, que j'ai passé en « comatant » sur mes feuilles, le cerveau embrumé, kleenex au poignet et larme à l'œil. Pas de chagrin, non, juste l'incapacité à vivre au printemps.

Il y a quelques années, alors que les crises et les allergies me clouaient encore au lit, j'ai lu ces mots d'Antonin Artaud qui ressentait comme une *« érosion de l'être »*, *« un effritement de toutes ses capacités »*, *« un effondrement central de l'âme »*. Le poète évoquait sa fragilité psychique, j'y retrouvais les sensations de mon état printanier.

Condamnée de bonne heure à faire du sport en dépit de capacités limitées, je me suis fortifiée et j'ai bizarrement développé un réel goût pour l'effort. Lors d'un tour du Queyras en famille, j'ai déclaré tout de go dans une pente abrupte que je voulais porter le sac de quinze kilos de mon père pour faire montagnard. J'avais 12 ans.

Pourquoi est-on allergique ? Il paraît que c'est un problème d'immunité. Une immunité non pas défaillante mais déraisonnablement fringante. Propre aux tempéraments hypersensibles, dit-on. Je ne vais pas prétendre le contraire. Je pleure très facilement et il suffit que quelqu'un s'effondre en larmes devant moi pour que par un mystérieux processus de vases communicants, les larmes me montent aux yeux. Je ne sais plus alors si je dois consoler ou être consolée. C'est embarrassant.

Durant des années, j'ai maudit cette sensibilité excessive qui m'empêchait de trouver ma place et me forçait à m'isoler.

Je suis née avec des sens surdéveloppés. Un nez et une ouïe d'une finesse peu commune. La musique et les parfums sont toujours trop forts, m'agressent facilement, c'est ainsi. Je recherche le silence, et les bruits de fond, tout ce qui sert à meubler le vide, me fatiguent. J'ai besoin de vivre au large pour respirer.

Cette vie joyeuse et tapageuse dans une famille nombreuse m'exaspère parfois. La guitare de mon frère, celle de ma sœur et moi qui cherche à lire en paix au milieu de leurs gammes. Ce sentiment d'étouffer lors des départs en vacances, serrée dans la voiture contre ma fratrie qui gesticule. La chaleur qui m'indispose et l'odeur des sandwichs, d'autant plus vive et forte après un arrêt, alors que j'ai offert mes narines à l'air d'un col d'altitude. Suivre le rythme imposé des vacances en famille en rêvant d'errances solitaires… Quand on est enfant, difficile de s'échapper. Et si j'ose soupirer, c'est pour m'entendre dire que je finirai vieille fille ! Mais je rêve du grand amour, non d'une grande famille…

Prendre la clef des champs, me carapater, disparaître quelques instants, je connais les synonymes de tous les replis. J'excelle dans l'art de me volatiliser, de m'escamoter et le mets à profit à la moindre occasion.

*

Noël en Périgord. Je ne comprends pas qu'au cours d'un repas qui m'enchante me vienne soudain l'envie de m'esquiver. Pourtant je suis heureuse au coude à coude avec les cousins, Mamie à mes côtés, une moitié de fesse sur la chaise et l'autre prête à décoller pour rejoindre la cuisine, recueillir le jus de l'oie et nourrir son monde. Mais voilà Papi qui monte le son des informations car la situation est grave… Les huîtres mêlées aux charniers de Roumanie, le foie gras aux inondations… Maman que je sens de plus en plus crispée sur sa chaise à l'autre bout de la table. Maman qui redevient la petite dernière, celle que l'on n'écoute pas vraiment et que l'on taquine lorsqu'elle tente de défendre je ne sais quelle cause, haussant sa voix flûtée pour couvrir le bruit de la télé…

Et à ce spectacle, quelque chose se brise en moi dans l'harmonie et dans la connivence de la bonne chère. Envie subite de pleurer, de me réfugier, d'échapper à ces paroles trop fortes. Fuir ce trop de tout. L'outrance de nourriture et de bouteilles. L'excès des voix engluées dans l'or des monbazillacs et le vermillon des saint-émilion.

Le grand jeu des hommes et le petit cirque familial me blessent. Est-ce échapper à la vie que d'aimer le silence ?

Alors je quitte en douce la table, prétextant une envie pressante et cours m'enfermer aux toilettes. Je « monte aux lieux » comme dit mon autre grand-mère en riant, la facétieuse Marie-Solange. Je n'ai pas envie de faire pipi, non, juste besoin de sécher mes larmes inavouables avec le papier rose qui sent bon, si différent de celui rêche et recyclé qu'on utilise à la maison. Ma souffrance d'enfant est excessive, je le sais, inexplicable aussi.

Je prends mon temps et combats ma peine en aspergeant la cuvette à la bombe pour le plaisir de retrouver l'odeur chimique de fraîcheur boisée, un des mille parfums qui embaument les vacances chez Mamie. Pas bon pour l'asthme mais tant pis.

Ce grand corps de maison, comme une colline de grès blond, dénivelle. J'aime l'arpenter. Son point bas, la cuisine ; son point le plus haut, la remise qu'on appelle ici un chai, suivi du poulailler. Poussée par le silence, les yeux secs à présent, je monte les quatre marches qui me séparent du salon de coiffure. Dans l'air flotte encore un parfum de laque et d'ammoniac. Au repos, le petit banc où des paysannes rêvaient aux coiffures de Paris en attendant la mise en plis face aux deux tables rehaussées de miroirs. Les peignes et les bigoudis ont rejoint les fers à boucler dans les tiroirs.

Je caresse le bac où Mamie faisait mousser le shampoing sur des chevelures que l'on n'avait pas le loisir de laver souvent. Mamie a gardé les doigts déformés de cette débauche de travail, au salon, au jardin, au lavoir où elle a battu le linge durant des années avant l'installation de l'eau courante.

Je monte au chai, cinq marches plus haut. La chaudière ronronne comme un gros chat. Les fagots de petit bois entassés, les buffets gonflés de conserves, de bocaux de confits et de confitures étiquetés… C'est ici que Mamie puise le saint viatique de Noël. Je poursuis mon pèlerinage et ouvre la grande porte de grange pour le plaisir d'entendre caqueter les poules. Parfois je pousse l'aventure jusqu'au poulailler, me saisis d'une pondeuse, lui fourre la tête sous l'aile et la berce pour la joie de l'endormir. C'est instantané ! Et je jubile lorsqu'elle ébouriffe ses plumes, éberluée par la lumière une fois relâchée.

Et redescendant au galop, je pousse la vieille porte en face des toilettes et pénètre dans une grande pièce sombre aux volets mi-clos, qui donne sur la rue.

Le parquet ciré, je le traverse en chaussettes, valsant sur les patins de feutre comme nous l'a appris Mamie. J'ai le cœur apaisé. À droite, le lit bateau où Pépé Louis est venu mourir en veston et la montre au gousset, loin de sa Charente natale. Il devait s'y sentir au calme l'humble petit vieux, héritier d'une époque révolue où l'on se bricolait une vie simple et claire à l'ombre de la mort.

Sur la table de chevet, deux petites pinces que je fais jouer entre mes doigts. Les dernières qu'il ait fabriquées avec de grands clous dont il martelait les pointes pour les faire s'épouser. Rejetons d'une œuvre unique et mille fois répétée, ces pinces sans précision n'ont guère d'utilité mais elles sont graves et belles pourtant. Belles des bonnes heures de solitude qu'elles ont offertes à cet artiste du quotidien. Graves de l'attention qu'a mise dans son geste l'homme qui plantait ses poireaux avec amour, en lignes nettes et claires.

Il est mort en paix, l'ancien, le père de ma grand-mère, dans cette pièce chaude remplie de vieilles armoires, elles-mêmes remplies de vieux chiffons comme autant de reliques que sa fille s'obstine à conserver. Mort auprès de la vieille cheminée dont on a bouché le conduit depuis que la chaudière chauffe la grande maison. Mort discrètement comme il avait vécu, près de la table ronde avec les travaux d'aiguilles de sa fille et l'antique Singer à pédales...

Je quitte le souvenir de l'ancêtre et mes patins de feutre. Rechausse mes charentaises. Entrée par une porte, je ressors par une autre, plus basse, qui donne sur le vestibule. La maison est un ancien relais de poste où chaque pièce a deux entrées. J'aime les noms désuets qu'on leur donne. Vestibule, chai, chambre bleue, chambre rose...

Dans la vaste entrée filtrent quelques rayons par le clair-obscur d'une porte à imposte. Une lourde porte qu'on ouvre seulement pour le facteur. Je me sens bien dans cette pièce avec son plafond rayé de grosses poutres. Elle distribue un rôle au passage des heures et des individus. Ici se déroulent les coulisses de la vie. On tombe le masque et l'on s'y prend parfois à part, en baissant le ton, dans l'encoignure d'une porte que Papa a fait condamner et vitrer à mi-hauteur. Dans cette alcôve minuscule qui offre le repos d'un banc et de quelques coussins, on se murmure des confidences. En face, contre un mur épais, siège la maie, où l'on salait autrefois le cochon. Mamie y entrepose les œufs ramassés chaque matin au poulailler.

Et je reste là, assise dans la tendre pénombre, sur la marche de bois de l'escalier tournant qui monte au ciel des chambres en craquant, caressant du bout des doigts la rampe lisse. Et j'entends le repas enfler. Et je devine les visages rubiconds, l'ivresse légère, les crans de ceintures qu'on défaits pour laisser place au dessert. Me réhabituant peu à peu à la rumeur, j'écoute et j'attends.

Sous mes joues fraîches et rebondies, j'ai l'impression d'avoir mille ans, d'être née vieille. Il paraît que j'ai dix ans. Qu'importe. J'écoute et j'attends. Les bavardages s'épuisent. Un ange passe…

Soudain, les chaises grincent sur les carreaux de terre cuite. On se lève, on débarrasse la vaisselle. Monte de la fosse du salon la musique des assiettes qu'on empile, des verres à pieds qu'on emporte entre trois doigts et qui tintent, en atteignant l'évier.

Rafraîchie par mon interlude solitaire, saisie par la saine douceur de l'atmosphère, je me lève et d'un bond, rejoins la cuisine.

Rassasiée de bonheur maternel, Mamie me demande si tout va bien. Je souris et Tonton me tend le fouet pour monter la chantilly. Maman arrive et m'entoure dans ses beaux bras inquiets : « Où étais-tu ? Tu as pleuré ? » Comment lui dire que je la sentais elle aussi en danger ? Et voici Tatie fluette qui s'attaque à la montagne de vaisselle. Elle devine tout, Tatie Pythie : « Tu n'aimes pas qu'on embête ta mère, toi, pas vrai ? Tu es trop sensible, conclut-elle en caressant mes cheveux… »

C'est vrai, jamais je ne comprendrai qu'on puisse élever le ton pour parler, pour exister. La critique de ceux que j'aime me blesse. Jamais je ne comprendrai le cirque des adultes et leur puéril besoin d'avoir raison sur des sujets où, en réalité, tout le monde tombe d'accord !

Mais à présent, me voici gaie. La grande chaîne de la tablée s'est désolidarisée et je retrouve l'intimité familière, l'ambiance feutrée. Mamie démoule le gâteau aux marrons, Maman déroule la bûche pour fourrer le biscuit de mousse au chocolat. Mon cousin essuie les assiettes en plaisantant tandis que ma cousine les range dans le buffet blanc qui fleure bon l'anis étoilé. Mon oncle, en grand ordonnateur de la bonne chère, dirige l'office et sermonne en douceur. Assignée à ma tâche au côté des miens, dans le saint du saint de la cuisine, j'ai réintégré l'amour de la tribu. On me chatouille en passant. Monte, monte la chantilly et le rose aux joues !

Parfois, pour m'échapper, je ne vais pas bien loin. Juste attiser le feu dans la vaste cheminée dont la cimaise est plus haute que moi. Absorbée par les flammes, les grosses bûches qui crépitent, j'oublie le bruit. *Enrêvée*, j'entends encore :

– Qui prendra du gâteau charentais avec le café ?

– Mais Mamie, on a trop mangé !

Puis, plus rien. À droite, il y a la fenêtre qui donne sur l'allée et au-delà, le potager où pointeront bientôt les asperges. À gauche, c'est le parc et ses arbres centenaires où valsent les écureuils. L'or des vieilles pierres et l'escalier qui geint le soir dans l'ombre, tout me plaît aux Lèches…

Papi me rejoint et s'assoupit dans son fauteuil, engourdi par le repas et la douce chaleur. Il faut être un homme, je me dis, pour vivre ainsi sans souci. Mamie, elle, ne regarde jamais l'écran de la télévision qu'assise sur une chaise, près de la porte de la cuisine et encore, c'est pour faire plaisir à ses enfants qui lui reprochent de ne jamais se reposer. On sent qu'elle trépigne de ce temps volé à l'essentiel, aux multiples tâches à accomplir pour tenir sa maisonnée.

En fillette nostalgique, lorsque je quitte le village, c'est un petit bout de cœur qu'on m'arrache. Dans le rétroviseur, Mamie agite un mouchoir, et Papi, sa main droite, de moins en moins haut, au fil des années. Et moi, je ravale mes sanglots. Huit cents kilomètres et six mois nous séparent. Je pleure mes grands-parents et la grande maison familière. Je pleure la fin des vacances, la fin des escapades et celle des escalades dans les cèdres vertigineux.

Je sais que je veux très vite devenir adulte à mon tour pour imprimer à la vie le motif qui me chante, le motif qui m'enchante. Le passage d'une hirondelle ou d'un papillon sur la vaste toile du monde…

*

Plus tard, au collège et au lycée, je ne suis pas de celles qui ont besoin de former autour d'elles une petite cour. Plus que tout, j'aime les comités réduits, les affinités singulières. Si j'assiste à une ou deux boums dans mon adolescence, je m'y ennuie et il ne me viendrait pas l'idée d'en organiser une. Je préfère passer une journée à marcher sur les sentiers de Notre-Dame du Laus avec mon amie Valérie. On est bien avec Valérie à flâner dans la vieille caravane qui lui sert de repaire entre deux cerisiers, à l'abri de la ferme de son père et de la sentence familiale. En somme, je n'ai pas l'instinct « grégaire », un mot capital que ma grande cousine m'a appris lors d'un tour du Queyras en famille.

Dans la jungle du collège Nord, je prends parti pour celles et ceux que la classe délaisse. À mon humble mesure, j'essaie de défendre les faibles, les opprimés et fréquente les laissés-pour-compte. Ce qui est mis au rebut m'attire. Mes semblables, comme les objets. L'usure d'un velours me touche plus qu'un textile neuf et le sourire d'un camarade blessé me bouleverse quand la morgue blasée d'une enfant gâtée m'est difficile à supporter. Mais qui sait si ce mépris ne dissimule pas d'autres souffrances…

Consciente de mes propres faiblesses, j'ai le sentiment que seules la bienveillance et la courtoisie, au sens noble du terme, pourront nourrir l'harmonie entre les êtres. Sans cape ni épée, je me prends pour Zorro, prête à croiser le fer pour mon petit frère qui a l'art de capter les embrouilles.

Dans la classe de 5ème B, tout le monde se moque de Nora et cela m'exaspère. Nora est Tunisienne. Nora est trop enrobée, cherche trop à plaire et rit trop fort lorsqu'on la chahute. Elle souffre de sa solitude en pouffant gauchement. Interrogée par les professeurs, elle s'empourpre et répond en postillonnant. La rumeur mesquine enfle dans son dos et quelques rires fusent. Je ne supporte pas le mépris. Il m'attriste, m'indigne et je sens monter en moi une sourde colère qui me brûle les yeux. Et puis un jour, le professeur demande à Nora de lire sa rédaction. Elle a obtenu la meilleure note de la classe. Rouge de confusion et de plaisir, la jeune fille s'accomplit. Et si l'on glousse encore aux premiers mots hésitants, la suite cloue le bec de l'auditoire. On y découvre un être délicat et sensible, et j'éprouve une joie indicible à voir se déployer les ailes blanches du cygne sous les oripeaux du vilain petit canard…

J'ai fait connaissance avec Nora par hasard, quelques temps avant d'entrer au collège. Ma mère, pour nous occuper l'été, nous avait envoyés, mon frère et moi, dans une maison de quartier qui proposait des activités. Le matin, on nous avait initiés au judo. Détestant les sports de contact et toute forme de combat, je n'avais pas compris le plaisir qu'on pouvait prendre à se faire rouler sur un tatami. En fin d'après-midi, alors que j'attends mes parents au pied d'une HLM, une petite fille à longue tresse, un friselis de cheveux crépus entourant son visage joufflu, s'approche de moi : « Tu habites où toi ? » me demande-t-elle timidement.

D'un doigt, je montre la campagne et plus loin, une colline qui surplombe la ville. « Mais alors… poursuit la fillette, son petit visage troublé par l'envie, tu vis dans une *villa* ? »

Elle a appuyé le V et redoublé les L. Je bredouille un « oui », surprise. Je n'avais pas imaginé que la maison que j'habitais sur la colline puisse faire fantasmer et ce mot de villa m'étonne, me paraît bien cossu. Jamais je ne l'ai entendu dans la bouche de mes parents.

Et soudain, levant les yeux, j'aperçois le mince horizon barricadé d'immeubles et je comprends l'émoi de ma petite camarade. Je réalise mon privilège. Vivre entourée d'arbres, fût-ce de pins rabougris. Arpenter la colline ou gambader tout mon saoul dans les ravins, sans être interpellée du balcon par un voisin désœuvré…

Chapitre II

Grimper

J'ai 15 ans. Jean Denis, mon professeur de flûte, un homme avisé et original, me dit à la fin d'un cours :

– Peut-être que tu devrais choisir…

– Choisir ?

– Oui, entre la flûte et l'escalade. Tu ne peux pas tout faire. Parfois dans la vie, il faut savoir faire un choix.

C'est la fin de l'année, juin sans doute. Le conservatoire est adossé au parc de la Pépinière. Les fenêtres sont ouvertes. Les feuilles crépitent de vibrants insectes et l'air chaud embaume du délicieux parfum qui signe ma déliquescence saisonnière.

Je songe à ma nouvelle passion. L'année précédente, j'ai redécouvert l'escalade à l'occasion d'une sortie du Club alpin. En 1992, cinq cents ans après Antoine de Ville, j'ai atteint, éblouie, le sommet du mont Aiguille. Et cet été, la belle face sud de l'aiguille Dibona m'attend…

Courir sur un stade ou après un ballon ? À quoi bon ! Marcher sur une poutre ou sauter par-dessus un cheval d'arçons ? Vois pas l'intérêt. Mais grimper ! Grimper sur du rocher ! C'est tellement simple, tellement évident, tellement tangible ! Aurait-on idée de chercher à traduire un coup de foudre ?

– Tu avoueras que ce n'est pas compatible avec la flûte, poursuit mon professeur. La souplesse des doigts, c'est essentiel.

Je regarde mes mains égratignées et mes articulations gonflées du dimanche passé à grimper sur la falaise de Céüse. C'est vrai qu'elles s'adaptent de plus en plus difficilement au maniement délicat de la soprano et de l'alto…

Quelques jours plus tôt, un amoureux éconduit, croyant me vexer, m'avait assené : « T'as des mains de paysanne, on dirait des pieds ! » J'avais jugé inutile de lui répondre, pensant le cœur joyeux à ces mains, moches peut-être mais si sensibles à l'écorce des pierres. Elles avaient trouvé leur utilité. Longtemps, elles avaient cherché, elles avaient rêvé de créer mais elles étaient si malhabiles ces pauvres mains. J'avais l'âge où l'on ne sait qu'en faire. Les laisser ballantes ou les fourrer dans ses poches pour se donner une contenance. Sur le rocher, ces mains encombrantes, elles vibraient, elles devenaient vivantes, puissantes.

Mes doigts, plus tard, je les voudrais noueux comme un vieux cep de vigne, me dis-je en repensant aux mains de ma grand-mère…

Je remercie mon professeur de flûte et quitte le conservatoire après huit ans de médiocres mais loyaux services. Abandonnant en respirant plus librement le champ du solfège à ma petite sœur, surdouée de la guitare, je suis partie m'amuser sur les rochers, sans imaginer que je venais de faire le choix d'une vie.

L'escalade m'a ensorcelée. Plus rien d'autre ne compte et j'en viens à trouver longs ces hivers haut-alpins que j'aimais tant autrefois. Je ronge mon frein lorsque la neige recouvre les rochers.

Avec mon frère, nous nous sommes initiés à la cascade de glace mais le plaisir est différent. La glace est d'une beauté sublime et éphémère mais l'usage des piolets entrave le contact simple, direct et sensuel avec la matière. Comme nous grimpons en moulinette, il m'arrive de les laisser au sol et de gravir un joli cigare bleuté seulement armée d'une paire de gants. J'ai les mains gelées mais quel bonheur !

Au Club alpin de Gap, l'ambiance est propice à l'émulation et à notre ferveur juvénile. Lorsque l'été revient, Rolland Marie, notre guide, nous fait découvrir les techniques de l'alpinisme sur les sommets faciles des Écrins. Le reste de l'année, Jean-Marc Mérot, un moniteur d'escalade passionné, nous emmène grimper avec enthousiasme sur les falaises des environs. En route dans la camionnette du club, il s'enflamme en nous parlant de la vie rêvée des grimpeurs professionnels.

Il n'en faut pas davantage à mon frère pour se tracer un avenir. À 12 ans, Guillaume s'entraîne anarchiquement à tracter d'un bras sur le prunier du jardin, tortillant du derrière plus qu'il ne s'élève. Cela ne l'empêche pas de pontifier : « Plus tard, j'adorerais qu'on me paye pour faire des longueurs. Comme Patrick ! » dit-il, en tournant sur l'arbre tel un jeune chimpanzé.

Quant à moi, j'ai beaucoup moins de certitudes que mon cadet.

En 1993, j'ai participé à mon premier championnat de France jeune et découvert à cette occasion, l'escalade sur mur artificiel… Une activité qui m'est apparue bien différente de celle que je pratiquais jusque-là sur les dalles du Gapençais. Je me souviens encore du mur surplombant et des prises rouges qu'il fallait suivre dans la voie de finale. Ces prises qui m'apparaissaient de plus en plus éloignées à mesure que je tentais de les atteindre. J'essayais de foncer mais au bout de cinq mètres, j'eus le sentiment désagréable d'être une vachette entraînée dans une corrida inéquitable. Ce grand mur me toisait en torero impitoyable et n'avait qu'une hâte, me donner l'estocade. Ce fut vite fait ! Pendue au bout de la corde, je me demandais comment il était possible de manquer de force à ce point. Il faudrait y remédier…

*

Les salles d'escalade n'existent pas encore, et à la belle saison, je quitte parfois le lycée entre midi et deux heures pour aller grimper seule ou avec un ami, sur un bloc de granit, au pied du col Bayard. En moins d'une heure de marche, j'atteins ce coin pittoresque. Difficile d'imaginer qu'un puissant glacier a déposé ce gros rocher, en un temps lointain, dans ce pré charmant. En géologie, on appelle cela un bloc erratique. Mais j'aime surtout l'ancien nom qu'on lui donne : « *Peire Ossel* »… La Pierre Oiseau qui dit toute la poésie qu'on entretenait autrefois avec le mystère. La pierre ailée, transportée ici par son ineffable légèreté…

Il ne faut pas traîner. J'ai juste le temps de gravir quelques passages et de dévaler le sentier car la sonnerie ne va pas tarder à retentir.

Je m'ennuie ferme au lycée. Si au collège, j'avais fait l'effort d'être une bonne élève et de satisfaire parents et professeurs, une fois en classe de première, je ne m'intéresse que lorsqu'un sujet me passionne. Je rêvasse en cours d'économie, en regardant passer les oiseaux à la fenêtre. Peut-être aurais-je dû mieux écouter car aujourd'hui encore, parvenir à distinguer mon chiffre d'affaires de mon bénéfice me demande un effort !

En cours de physique, l'une des matières durant lesquelles j'aurais volontiers somnolé, je fais semblant d'adopter une mine attentive, par égard pour Monsieur Poudou, qui a été l'un des pionniers de l'escalade à Céüse. J'ai essayé une dalle qu'il a ouverte du bas dans les années 1980 et l'ai trouvée fichtrement difficile. Ça mérite le respect !

Mon père, qui nous blâmait de n'avoir pas de passion, nous reproche à présent de ne plus penser qu'à grimper. Les parents sont bien compliqués. Incapable de nous freiner, il accepte de construire dans le garage un petit mur d'escalade de trois mètres par trois qui nous permettra de grimper durant l'hiver. On achète une série de vingt microprises Edlinger, impossibles à agripper – mais le lot était en solde ! Ne reste qu'à progresser pour parvenir à tirer dessus !

Tout serait idéal sans un « détail » gênant. Jean-Louis refuse de mettre des matelas au sol – j'en ai repéré un lot parfait à la déchetterie – car non seulement, il trouve ça « répugnant et négligé » mais qui plus est, il veut pouvoir continuer à garer sa voiture dans son garage. Manie d'une génération qui est au service de son matériel, plus que celui-ci ne l'est au sien, me dis-je.

Alors sur le mur, ne reste qu'à serrer les fesses autant que les prises. Interdit de chuter ! Réalisant l'absurdité de la chose, Papa cède enfin. Nous aurons droit à un petit matelas qu'il faudra faire disparaître derrière le mur après utilisation.

Chaque été, entre deux stages d'escalade, mes parents m'envoient faire des petits boulots durant une quinzaine de jours. Parce qu'il ne faut pas perdre de vue la réalité et qu'il n'est jamais trop tôt pour s'initier à la « vraie vie »…

Cette année-là, je passe une semaine à étiqueter des fournitures scolaires dans un entrepôt de la zone artisanale de Gap. La suivante, je débute à la vente dans une papeterie. Comme j'ai peu de goût pour les chiffres, c'est sans surprise que je dois parfois compléter la caisse en fin de journée avec mes propres économies. L'année suivante, avec Guillaume, nous ramassons des fraises sans en tirer plus de profit. Seul notre estomac se remplit !

*

Assoiffée d'indépendance, j'ai brûlé très tôt de quitter la maison. Et voici que l'opportunité se présente un soir en rentrant du lycée.

« Tiens, une lettre de la FFME pour toi », me dit Maman.

Surprise, j'ouvre l'enveloppe de la Fédération française de la montagne et de l'escalade. On me propose d'intégrer à la rentrée le Pôle France, basé au CREPS d'Aix-en-Provence. Le CREPS : Centre de ressource, d'expertise et de performance sportives. Une appellation à rallonge dont je me fiche pas mal. Mais Aix-en-Provence, ses falaises, sa liberté, c'est exactement ce qu'il me faut ! Buoux, les Calanques, la Sainte-Victoire… Je me verrais bien passer ma vie à en faire le tour, comme Cézanne, mais de plus près !

J'implore mes parents, imaginant qu'il va falloir argumenter pour qu'ils acceptent mais non. Surprise… Ils me laissent partir sans discuter, l'année du bac. Je ne me doutais pas qu'ils puissent avoir confiance en moi.

Avant de quitter la maison pour Aix, je passe des vacances en Angleterre, à Bristol, chez Carol, une amie d'enfance de ma mère, fine cuisinière spécialisée dans les gâteaux de mariage baroques – pâtisseries ébouriffantes ornées de glaçages blancs, de perles et de fleurs en pâte d'amande, sommets de kitsch dont raffolent les Anglais. Je visite nombre de musées, admire moult sarcophages et dévore quantité de brownies et de carrot cakes. Bref, ayant pris six kilos et approchant les soixante, un poids que je ne parviendrai plus jamais à atteindre par la suite, je me présente, pas franchement affûtée, aux Championnats de France jeunes à Belfort. Je fais deux mètres de traversée sur la gauche avant de m'affaler dans le baudrier sans que personne n'ait le temps d'admirer ma grâce d'odalisque. Olivier Guidi, entraîneur du tout jeune pôle d'escalade de haut niveau, a dû douter du choix de sa recrue de la rentrée…

Le fameux centre d'entraînement est encore peu équipé. Un panneau de bois de trois mètres sur trois fait office de mur d'escalade et une barre à traction voisinant deux haltères vient compléter le mobilier. Le grand mur dont on nous a vanté les surplombs au moment de l'inscription n'est encore qu'une esquisse sur le papier. À sport émergent, équipe et matériel émergents !

Tout reste à créer et on a le sentiment que les entraîneurs débutent en même temps que leurs athlètes. C'est ce qui fait le charme du lieu. Les techniques d'entraînement en escalade s'arrêtent à peu près à ce que l'on voit dans les films des deux Patrick, Edlinger et Berhault. Mais qu'en est-il de celui qui n'est pas capable de grimper en solo, de tracter sur un seul petit doigt ou de planter un grand écart entre deux rochers ? me suis-je demandé en empruntant *Grimper,* l'ouvrage culte du Blond, à la bibliothèque…

Peu passionnée par l'entraînement, j'observe avec étonnement ces exercices étranges auxquels nous nous prêtons. Je n'en comprends pas toujours le sens mais l'essentiel est pour moi de ressentir ce bouillonnement lors des stages, cet enthousiasme dans l'invention, dans l'intention.

Chaque grimpeur a sa méthode pour progresser. Régimes draconiens ou séances de poutre affolantes qui laissent bien des doigts déformés et des tendons endommagés.

La palme revient à ce camarade complexé par ses jambes trop musclées et ses gros mollets. Pour les affiner, il avait eu l'idée de se les faire plâtrer !

Nous vivons alors une époque charnière entre deux générations. Nous héritons de la vision d'esthètes anticonformistes, ces hippies du rocher en quête de liberté qui ont porté haut la vocation de l'escalade. Les plus engagés la vivent comme une chorégraphie, un moyen d'accéder à des états de conscience modifiés. Or cet art de vivre total, cette ascèse quasi mystique est en train d'accoucher d'une pratique sportive traditionnelle où certains ne deviendront que des champions de l'entraînement…

Cette démocratisation m'a donné accès à l'escalade. Libre à chacun de la vivre comme il l'entend. Je devine que le physique ne fait pas tout et que l'escalade n'est pas un sport comme les autres. C'est ce qui me la rend si précieuse, si mystérieuse…

Au CREPS, j'ai une chambre simple et une totale indépendance. Ma silhouette ne se modifie guère avec la nourriture d'haltérophile qu'on nous sert. Ne mangeant pas de viande, j'ai tendance à me rattraper sur les desserts… Je me souviens de mon embarras lorsque le médecin du sport a pris ma masse de graisse.

– Du jamais vu chez une grimpeuse ! m'a-t-il dit, ce qui ne m'a pas rassurée.

Puis il m'a fait faire un test de souplesse.

– Il faudrait t'assouplir un peu, a-t-il soupiré d'un air navré.

Aïe !... La souplesse me ramène à de vieux souvenirs de cours de danse classique où je n'ai guère excellé.

En lisant ces lignes, on pourra se demander par quel miracle j'ai été acceptée dans cette unité de sportifs de haut niveau. À ma décharge, je dois dire que j'avais tout de même remporté un championnat régional dans ma catégorie – mais nous n'étions que deux participantes !

Hormis ma personne un brin décalée, les autres pensionnaires, un peu plus âgés, relèvent franchement la réputation du lieu. Il y a Laurence Guyon et sa discipline exemplaire. De 5 heures à 7 heures du matin, la diaphane grimpeuse aux yeux d'acier rédige son mémoire de littérature sur Barbey d'Aurevilly, avant d'enchaîner par une longue séance d'entraînement sur le mur et deux galettes de riz au fond de l'estomac. Cette ascèse, à laquelle l'auteur de « À un dîner d'athées » n'aurait sans doute pas souscrit, n'a pas tardé à porter ses fruits. Un an plus tard, Laurence, au sommet de son art, remportait la coupe du monde d'escalade.

Pédalant sur le chemin du lycée, je la croise souvent qui court le long de l'Arc. Elle m'a vanté les bienfaits de la course à jeun. Étant d'un tempérament excessif, j'ai envie, un matin, de l'imiter. L'idée de trottiner une heure le long de l'autoroute m'apparaissant incongrue, je descends longer la crasseuse rivière. Je n'ai plus couru depuis les fameuses séances tortures des cours d'éducation physique au collège. Moulée dans mon vieux collant noir, j'aborde cette fraîche matinée en jeune fille craintive de 17 ans, jetant autour de moi des coups d'œil furtifs car au lycée, on m'a dit de me méfier de ces bois... Les aiguilles de ma montre ne tournent pas assez vite à mon gré. Dieu, quelle souffrance et quel ennui ! À l'heure où je pourrais plonger mes tartines dans mon chocolat chaud… Après une hypoglycémie et un bon début d'hypoxie, je me rapatrie tant bien que mal, décidée à progresser coûte que coûte en escalade, en dépit de mon peu d'aptitude pour l'endurance…

Le deuxième pensionnaire de cette première année, Ludovic Laurence, rétif à toute discipline avant 11 heures, dort tard le matin mais en guise de déjeuner, il est capable de tracter d'un bras sur un seul doigt. Enfin, il y a Jean-Minh Trin-Thieu que j'admire énormément. Falaisiste hors pair, il grimpe avec des chaussettes écossaises dans ses chaussons, un bandeau autour de la tête et fume des bidies, ces fines cigarettes indiennes au parfum d'eucalyptus.

Jean-Minh possède une voiture et m'invite parfois à l'accompagner en falaise. C'est grâce à lui que j'ai dépassé ma peur de chuter. Le voir s'affranchir gaiement de certains points d'assurance dans une voie, pour augmenter ses chances de réussite, me faisait vibrer. Ce type semblait ailé…

À Claret, une falaise de la région de Montpellier où nous sommes partis pour le week-end, il retire un jour la corde d'un 7a+, une voie difficile pour moi que je voulais essayer en moulinette. Un brin affolée, je regarde les dégaines osciller au-dessus de ma tête dans un effrayant passage de toit. Et je me lance. Je me souviens de ma fierté en réussissant la voie. La peur m'avait quittée !

Le lendemain, au pied de cette même falaise, je fais la connaissance de Sam, un beau garçon aux yeux bleus qui grimpe comme un prince. Coup de foudre !

*

Inscrite en première année de Lettres, je quitte la chambre du Centre où l'atmosphère confinée dans le sport commençait à me peser pour m'installer à la cité U. Un matin d'octobre, alors que je déménage mes maigres possessions, une silhouette familière apparaît au fond du couloir. C'est Nora ! Nous allons être voisines. Quel bonheur de la retrouver !

Avec mon amie et d'autres étudiantes moins favorisées encore, j'apprends la vie simple dans neuf mètres carrés, lit et lavabo accolés, le souci de l'économie aussi. Nora conserve ses yaourts dans son placard pendant un mois, entre *Le Bon Usage* et *La Mort du roi Arthur,* dont nous traduisons les versets en cours d'ancien français. Et sur une étagère, une tranche de foie dont la simple évocation fait frémir la végétarienne que je suis.

Dans la petite cuisine commune, une étudiante sénégalaise plus âgée, qui rédige une thèse de droit, m'explique que sa bouteille d'huile lui fera l'année. Elle tire le diable par la queue mais ne désespère pas de faire honneur un jour à sa famille restée au pays, en décrochant une belle carrière.

Une starlette qui étudie le secrétariat et collectionne les échantillons de parfums en attendant d'épouser son amoureux tzigane, m'invite parfois à prendre le thé dans sa chambre. Je cligne des yeux devant l'exotisme de sa jolie bonbonnière !

Un matin, une étudiante musulmane me confie son désarroi. Elle et son ami, ensemble depuis trois ans, rêvent de faire l'amour mais en sont empêchés avant un mariage qui n'est pas sûr de se faire. Ils contournent absurdement l'obstacle par des pénétrations « partielles », m'explique-t-elle, qui les laissent dans un état de frustration amère et désespérée… Mais je ne comprends pas grand-chose au caractère sacré de la virginité. Comment une famille peut-elle hypothéquer ainsi le corps de sa fille ?

À la cité U, j'apprends la vie et la diversité des cultures. L'ampleur du fossé social entre les étudiants aisés qui flânent sur le cours Mirabeau, sirotant leur café aux *Deux Garçons,* et les autres, les boursiers, celles et ceux qui transpirent dans l'attente des résultats du partiel et font des ménages pour payer leurs études. Issue de la classe moyenne, j'oscille entre les deux.

J'ai seulement eu droit à cette chambre en tant que pensionnaire du CREPS. Et si j'ai la chance d'obtenir une petite rente mensuelle de mes parents pour payer ma nourriture, mes déplacements et quelques menus loisirs, je rêve pourtant d'indépendance et regarde les petites annonces en me disant que je pourrais travailler, moi aussi. Mais l'escalade prend peu à peu toute la place.

Je vais bientôt tomber amoureuse, briser le cœur de Sam et le mien, meurtri d'incertitudes et de remords. *« C'est chose tendre que la vie, et aisée à troubler »*, me souffle Montaigne.

Chapitre III

Arnaud

J'ai rencontré Arnaud en février 1995, lors d'un stage d'Équipe de France à Aix-en-Provence. À 24 ans, il était en train de devenir un champion. J'étais une jeune grimpeuse anonyme de 19 ans, dotée d'un potentiel en jachère mais d'un sourire qu'on disait charmant. Il a suffi de quelques mots pour que nous décidions de faire cordée le lendemain, sur les falaises de Buoux. L'éclair bleu de ses yeux et son humour sérieux, tout en lui me séduisait et m'effrayait un peu…

Son franc-parler et son assurance m'avaient étonnée lors d'un test de force proposé par Olivier, notre « entraîneur-chercheur ». Assis sur une chaise, nous devions tirer vers nous une prise posée sur une table et reliée à des capteurs. Chacun se contorsionnait pour exprimer au mieux la puissance de ses avant-bras. Arnaud, qui venait d'abandonner ses études de physique, a tout de suite noté une faille dans le protocole :

« Hormis la force de frottement des roulettes de la chaise sur le sol, je ne vois pas trop ce que tu cherches à mesurer ! » a-t-il assené à Olivier, estomaqué.

Nous avions passé la soirée à Lauris, dans le Luberon, où la famille Petit possédait un pied à terre – une minuscule maison de village qui donnait sur le joli campanile. Sur la fin d'une nuit blanche, passée entre autres choses à discuter, nous en étions arrivés à ce point d'épuisement des sujets où il ne reste plus qu'à badiner à propos des activités périscolaires d'hypothétiques futurs enfants. Feraient-ils ou non de la flûte et de la danse ? Arnaud était contre et j'étais pour bien sûr…

Le lendemain, après une journée passée sur le rocher, un peu désorientés, moitié grimpant, moitié dormant – était-ce la nuit trop courte ou le réel soudain décevant ? – nous étions prêts à divorcer… Arnaud n'était plus très sûr de vouloir s'engager. Son planning de champion n'avait pas prévu mon apparition. De mon côté, je me demandais : « Avais-je si mal grimpé ? »

Une heure plus tard, nous nous embrassions, bien décidés à passer le reste de notre vie ensemble.

Après ce début peu glorieux, la suite de notre relation n'a été que plus intense. D'emblée, j'ai apprécié sa droiture et sa sincérité un peu brutale. Derrière le masque de l'assurance et de l'ironie, je sentais poindre une sensibilité à fleur de peau qui s'exprimait par d'autres biais que la mienne. J'avais été attirée par ce qui nous distinguait, je n'allais pas tarder pas à m'apercevoir que l'essentiel nous rapprochait.

Je venais de rencontrer l'amour d'une vie.

*

Je découvre la maison des Petit, sise au-dessus d'Albertville dans le hameau de Plancherine, avec une belle vue sur le mont Blanc. En faisant connaissance avec la famille d'Arnaud, je suis surprise des liens étroits qui l'unissent à son petit frère François et à son père, Jean-Paul. Pour moi qui n'ai eu qu'une hâte : échapper à ma famille, fût-elle sympathique, le caractère fusionnel de leur relation est surprenant. Partir en vacances à 20 ans passés avec ses parents, ce n'est pas vraiment ce à quoi j'aspire. Mais très vite, je comprends que le père fait partie de l'aventure de ses fils.

Jean-Paul, professeur de physique, a été coopérant à Tunis, où Arnaud est né en 1971. Passionné de voyages et de montagne, il est fier de me montrer des photos de leurs vacances dans le désert et des sommets où il a conduit ses fils. La vie d'Arnaud défile sous mes yeux. Le voici, petit garçon de 7 ans, au sommet du Grand Bec de Pralognan : 1 850 mètres de dénivelé pour ses courtes jambes.

Je tourne les pages de l'album. Sur une image sépia, deux ans plus tard : le Toubkal, 4 167 m, emblème du Haut-Atlas marocain. Parti à la journée depuis le village d'Imlil pour gravir les 2 600 mètres de dénivelé, le gamin, parfois sur la mule, a marché onze heures aller et retour. Arnaud se souvient que c'était un jour de Ramadan. Le guide berbère qui les accompagnait n'avait rien avalé de la journée, pas même une goutte d'eau. Jean-Paul, pourtant très à l'aise dans les terrains à chamois, était ébahi par l'agilité du guide à la descente. Dans un pierrier qui ressemblait à un tapis roulant, le Marocain n'avait pas déplacé un gravier ! Pour Arnaud, contaminé par le dithyrambe paternel, ce type-là valait mieux que Jésus !

Sylvette, sa mère, une femme intense au regard de kabyle, m'avoue d'emblée qu'elle déteste la montagne. Nostalgique de sa vie au Maghreb, elle me raconte les soleils ardents et les foules bigarrées des grandes villes blanches de Tunis et d'Alger. Pour renouer avec ce désert qu'elle aime tant, la famille met le cap sur le Sahara à chaque Pâques, durant dix ans : 5 000 kilomètres de Land Rover en quinze jours. Les paysages qui ont bouleversé Sylvette marqueront durablement son fils. Il me décrit les orgues dorées de l'Assekrem, la simplicité de l'ermitage du père de Foucault et l'imposante citadelle de la Garet El Djenoun, la montagne des Génies où il rêve déjà de revenir grimper. « Le désert, on s'y perd pour mieux se trouver », conclut la belle Sylvette au regard de braise.

La maison de Plancherine regorge des coupes des deux frères. Cinq ans plus tôt, à 15 ans seulement, François a remporté les championnats de France Seniors. Arnaud, pendant longtemps, n'a pas eu de réelle ambition de ce côté-là mais suivant la voie tracée par son jeune frère, il a commencé à s'entraîner avec plus de régularité. Sa méthode et son sérieux lui ont permis de se hisser parmi les meilleurs mais je sens qu'il vibre davantage en me montrant ses carnets et ses livres d'alpinisme. Très tôt, il a commencé à répertorier ses courses dans de petits cahiers. Sa passion pour les sommets m'émeut car elle rejoint mes rêves de jeunesse. J'ouvre le plus ancien. En couverture, l'idole, Patrick Edlinger, grimpant pieds nus au Verdon. À 12 ans, Arnaud a écrit « *Céüse* », souligné en rouge et noté : « Blocs magnifiques, le cadre aussi. Rencontre avec Edlinger ! » Il garde un souvenir ému de cette première rencontre, au pied de cette belle falaise haut-alpine que je connais bien pour y avoir passé mon adolescence.

– C'était d'autant plus irréel, me dit-il, que je venais juste de voir *La Vie au bout des doigts*. Fasciné par mon héros pendu d'une main et soufflant sur le bout de ses doigts en faisant naître un nuage blanc, j'avais demandé à ma grand-mère de m'aider à trouver la « poudre miracle ». Elle m'a donné son porte-monnaie pour acheter du talc à la pharmacie. Au premier essai sur les murs de la maison, tu penses si j'ai vite déchanté !

Augustin, son grand-père, a sorti un vieux dossier dans lequel il classe les articles du *Dauphiné Libéré* évoquant ses petits-enfants. Ce faisant, il me raconte qu'Arnaud a vite préféré *Glace, neige et roc* de Gaston Rébuffat aux albums de *Pif Gadget* que lui achetait sa mémé. Suivant l'exemple du grand alpiniste, il a planté ses premiers pitons à l'âge de 11 ans, sur les rochers du col de Tamier, au-dessus de Plancherine. Il y montait à vélo pour ouvrir des voies avec son copain Gilles, futur paléontologue, déjà consciencieux quand il s'agissait de brosser le rocher.

Photos de podiums. À 13 ans, plusieurs fois vice-champion de Savoie, Arnaud a mis un terme à sa carrière de skieur de fond. Le réveil brutal à 6 heures le dimanche matin, les skis à farter et l'air glacial qui brûle les poumons ne sont plus de son goût. Il a trouvé dans l'escalade et l'alpinisme la richesse et le sens qui lui manquaient. Inventer son propre jeu, créer sa propre activité : une joie et une intensité sans commune mesure avec celle que peut éprouver un sportif qui passe sa vie à boucler des boucles, menton collé au sternum.

– En entrant au collège, il connaissait par cœur *Les 100 plus belles courses du Massif du Mont-Blanc* de Gaston Rébuffat, sourit sa mère. Il imitait sa prose au point d'exaspérer son professeur de français. Je me souviens encore de ce commentaire sur une de tes rédactions, poursuit Sylvette en se tournant vers son fils : « Quel que soit le sujet, il vous est difficile de ne pas repartir à l'assaut des cimes enneigées ! »

Je feuillette le sommaire de ce livre culte et m'amuse à interroger Arnaud :

– Voyons voir… numéro 89 ?

– Facile, c'est la voie *Bonatti* au Grand Capucin ! me répond-il. Je l'ai gravie avec Jean-Paul en 1990.

– On avait bien avancé ! ajoute ce dernier. Sept heures pour aller au sommet, le même temps que Lionel Terray !

Arnaud pondère les propos de son père :

– Sans doute… mais si à 19 ans je passais du 7b à vue, je tirais encore sur les pitons. L'idée d'essayer de grimper en libre en grande voie ne m'avait pas effleuré… On ira la faire un jour, si tu veux…

Sur l'étagère la plus haute de son bureau, Jean-Paul attrape prestement un autre album. Photos de plage et d'escalade en Corse. Une image attire mon regard. On y voit les deux frères en train de grimper sur un rocher percé de magnifiques alvéoles orangées.

– C'est incroyable ça, dis-je !

– C'est Bavella, répond Arnaud, les yeux pétillants. Mon jardin… C'est ici que j'ai ouvert mes premières grandes voies. Tu imagines, poursuit-il rêveur, il n'y avait que quelques itinéraires sur les sommets évidents et des murs vierges à ne plus savoir où donner de la tête ! Celle-ci s'appelle *Jeef*. On l'a ouverte en 92 avec François.

– Oui, enfin, moi, je me contentais surtout de grimper derrière en portant le sac avec la perceuse et tout le matériel ! s'esclaffe ce dernier.

Le lendemain, nous quittons Plancherine pour monter au petit hameau d'Allondaz où, avec l'aide de leur père, les deux frères ont construit un mur d'escalade dans une grange de famille. Après avoir salué la vieille voisine – qui nous sert un café réchauffé dans une casserole émaillée sur un antique fourneau à bois – nous voici au pas de la porte… Wahou ! me dis-je, en découvrant ce fameux mur privé des Petit dont j'ai déjà entendu parler. Ils ont fait les choses en grand. Il y a là de quoi éveiller l'imagination et libérer la gestuelle ! Et sans plus attendre, je décolle pieds nus du sol en m'agrippant aux premières prises qui me tombent sous les doigts. Jamais je n'en ai vu autant !

– Deux mille exactement, pour 150 mètres carrés de surface à grimper, précise François qui a deviné mes pensées. C'est grâce à ce mur que j'ai remporté mes premières coupes du monde et qu'Arnaud est en train de me rattraper, poursuit-il en enfilant ses chaussons et en se tournant vers son aîné. Mais je ne vais pas le laisser me dépasser…

– C'est ce qu'on va voir !

La compétition entre frères à la maison peut commencer !

*

Les week-ends que je passe à Albertville à grimper avec Arnaud et François me permettent de progresser très rapidement. D'autres jeunes prodiges se joignent à nous : Marie Guillet, la petite amie de François et Liv Sansoz, qui vient en voisine. Marie est très douée et parfaitement nonchalante. Toujours de bonne humeur, elle rit plus qu'elle ne grimpe et pense davantage à l'heure du goûter qu'à se dépasser. Sa désinvolture et ses excellents résultats m'épatent. Liv, en revanche, est sérieuse et m'impressionne. Une brindille fragile au tempérament de guerrière. Je sens en elle une combativité et un sens de la perfection que je n'ai jamais possédés.

Je ne me compare pas à ces grimpeuses qui sont les étoiles de ma génération, n'imaginant pas pouvoir les égaler un jour. Mon seul atout est ma puissance et ma décontraction. Je n'ai guère d'endurance ni de force dans les doigts, par rapport à Liv qui arque de minuscules réglettes dans des toits. Mais contrairement à mes amies, je suis très à l'aise lorsque je grimpe en tête sur du rocher. Et je sens que c'est l'essentiel pour moi.

Six mois après notre rencontre, nous emménageons dans un minuscule studio proche de la fac d'Aix-en-Provence. Pendant que je transpire sur une dissertation ou que je découvre émerveillée les vers de Jules Laforgue, Arnaud part s'entraîner en falaise.

À la fin de l'année, nous épluchons les petites annonces à la recherche d'un appartement à Grenoble. Nous pensons que c'est un bon choix. Un campus à proximité pour moi, et Albertville à portée de main pour les week-ends d'entraînement dans la grange familiale. Notre cahier des charges précis – un budget minimal et l'impératif mystérieux d'une hauteur sous plafond de trois mètres – nous épargne d'emblée les visites d'immeubles construits après 1960.

Grâce aux primes de compétitions d'Arnaud, à l'aide de mes parents et à la chute de l'immobilier, nous pouvons acquérir la perle rare. Cinq étages à monter, 70 mètres carrés à rénover avec moulures au plafond dans un quartier sans charme. Parfait ! Nos parents nous aident à repeindre les murs et à installer un brin de cuisine. Pour le reste, nous vivons comme en 1950. L'installation électrique est dangereuse et l'hiver, un modeste poêle à gaz chauffe nos mètres carrés d'ivresse. Il faut se couvrir mais nous avons l'essentiel : un petit mur d'escalade fait maison donnant tout son sens à la généreuse hauteur sous plafond. Le stuc du salon, « l'incomparable cachet de l'appartement » d'après l'agent immobilier, a disparu sous un contreplaqué orné d'une multitude de prises de toutes les couleurs.

À l'époque, les salles d'escalade font tout juste leur apparition dans les grandes villes. C'est donc dans cette grotte « warholienne » que nous passons le plus clair de nos soirées.

Une vieille dame qui nous espionne à la jumelle depuis l'immeuble d'en face, trouve suspect nos exercices de funambules et judicieux d'en informer un jour la gendarmerie. Au grand dam de la concierge, nous n'avons rien à déclarer hormis cette coupable habitude de grimper au plafond !

La vie grenobloise ne nous retient pas longtemps cependant. Un an plus tard, nous partons nous mettre au vert à Allondaz, le petit village savoyard qui abrite la fabuleuse grange de la famille Petit. C'est à cette époque que j'ai trouvé ma manière de vivre. Sortir de chez moi et m'en aller battre la campagne, battre la montagne, sans route ni clôture. La belle vie !

En vérité, j'avais aussi besoin de ces sombres forêts, de ces crêtes sauvages où errer en solitaire avec un chat aux bottes, pour sublimer mon chagrin. Un immense chagrin…

Car il y eut ce jour où la terre a tremblé. Où ce qui constituait mon monde, ma famille, s'est subitement effondré.

Chapitre IV

ÉMILIE

Je n'ai jamais beaucoup aimé l'été. Ces longues journées où l'énergie me manque, où l'asthme et les allergies font de moi une loque mais là, ce fut autre chose. Je me souviens, comme si c'était hier, des quelques jours de juillet 1996 qui ont précédé l'événement. J'étais à Val-d'Isère où j'avais fait un résultat médiocre sur une compétition. Mes parents étaient venus m'encourager, Guillaume et Émilie étaient là eux aussi mais j'avais mal grimpé et je n'étais pas gaie. Hormis ma petite personne, je n'avais pourtant déçu personne. Mais comment imaginer, à 20 ans, que les bonnes choses ont une fin ? Comment savoir, lorsqu'on n'a pas vécu, qu'il faut se saisir à chaque instant des bribes de bonheur ?

La voix de Papa essoufflée au répondeur. La voix de Papa effondré et qui peine à révéler l'indicible… Émilie, Émilie… ce cœur que nul ne soupçonnait fragile s'est subitement arrêté. Lorsque je repose le combiné, la sensation physique d'un vide qui se creuse sous mes pieds, l'impression que le sol va m'absorber. Comme une longue chute à l'intérieur de l'être, douloureuse, vertigineuse. Et lorsque je me relève malgré tout, impression d'être restée à terre.

J'avais vingt ans, tu n'en avais pas quinze encore et la vie devant toi, la vie devant nous…

« C'était une si belle matinée, m'a dit Maman. Émilie terminait sa toilette. On se préparait à aller ensemble en ville. Le soleil brillait, l'air était doux, rien ne pressait. C'était bon d'y penser. Ma mère se réjouissait d'avoir arrêté de travailler pour passer plus de temps avec sa petite dernière. Elle en avait si peu eu avec nous, lorsque nous étions plus jeunes, regrettait-elle.

La journée s'annonçait magnifique et elle se pomponnait. Émilie est apparue au bas de l'escalier.

Tu es prête ma chérie ? lui demande Maman en souriant. Sur la dernière marche, Émilie hésite : "Je crois que j'ai un malaise…" ses derniers mots, avant de s'effondrer. Les jambes de Maman se dérobent. C'est grave, les lèvres d'Émilie toutes bleues et ses joues pâles. Papa l'emporte entre ses bras jusqu'à la voiture. On file aux urgences. Tout s'enchaîne à une vitesse folle. La prise en charge, la réanimation. L'air éperdu du médecin. Ça ne repart pas. C'est fini… Je l'ai su dès que je l'ai vue, répète Maman, les yeux rougis par le chagrin. Ses joues pâles et ses lèvres bleues… »

Je me revois, debout dans cette petite église blanche surmontée de son clocher. Avec mon pull multicolore et ton pantalon orangé, face à cette assemblée de vestes noires et de visages défaits.

Je me revois en train de proférer des paroles inaudibles. Des mots incompréhensibles, entrecoupés de sanglots, là, face à ton cercueil que je ne comprends pas.

Plus loin, il y a ce petit cimetière sous les mélèzes et ta tombe ouverte. Ta tombe dans laquelle chacun jettera tout à l'heure sa poignée de terre fraîche, en même temps qu'une peine, une douleur effroyable ou le regret d'une amitié. Il fait si beau ce jour-là et je ne comprends pas.

Photo © Collection Stéphanie Bodet

Mes premiers pas avec mon père, dans les Landes, avant de rejoindre les Hautes-Alpes.

Première randonnée solitaire sur la colline, à l'âge de 5 ans, le jour où j'ai décidé de quitter la maison. En fait, je me suis éloignée de 100 mètres !

Vieilles pierres et souvenirs d'enfance : la maison de mes grands-parents maternels, aux Lèches, dans le Périgord.

Avec le parfait look des années 1980, la famille Bodet en sortie dominicale à skis de randonnée dans le Champsaur.

Photo © Collection Arnaud Petit

Arnaud, à l'âge de 14 ans, tout fier avec son piton, en compagnie de son père et de son petit frère, François, au sommet de l'aiguille Méridionale d'Arves.

Les années compétitions. En bas : en 1996, sur le mur du Master d'Arco en Italie et chez Mémé Brun où, avec Arnaud et François (ici sur la photo), je fête mes premiers podiums.
En haut : l'année suivante au Grand Capucin. J'ai 21 ans, Arnaud en a 26, et nous venons de terminer l'ouverture de la voie *Petit*. Pour moi, une initiation exceptionnelle à l'escalade sur granit face au panorama splendide du massif du Mont-Blanc.

Photo © Gilles Gautier

Un voyage fondateur à Madagascar en 1998. Dans la face est du Tsaranoro, notre premier big wall. 800 mètres de granit, onze heures d'escalade soutenue… et un bivouac impromptu !

Photo © Laurent Triay

En 2008, je retrouve Madagascar. Avec Laurent Triay, Sylvain Millet et Arnaud, nous déchiffrons un mois durant l'incroyable mur lisse du Karambony, pour libérer toutes les longueurs de *Tough Enough*.

Photo © Arnaud Petit

J'adore les austères et vertigineuses faces nord des Tre Cime dans les Dolomites. C'est un endroit parfait pour les journées de canicule ! Ici en 2012 dans *Alpenliebe* à la Cima Ovest avant de gravir le lendemain la *Camilloto-Pellissier* à la Cima Grande.

Niché au pied d'immenses citadelles de calcaire, on devine le petit village berbère de Taghia, dans le Haut-Atlas marocain.

Mon amie Sadiya N'Aït Youssef, chez elle, avec sa pierre de prière.

Photo © Nicolas Kalisz

En 2007, dans *Babel*, quelques jours après ma chute, dans la 12e longueur de cette voie de 800 mètres ouverte avec Fred Ripert, Nicolas Kalisz, Frédéric Gentet et Arnaud.

Réveil sous une neige tardive, au printemps 2002, lors de notre premier séjour à Taghia.

Photo © Mikey Schaefer

Chez moi à Ceüse, la falaise « source ».

Photo © Arnaud Petit

Printemps à Sigoyer, dans les Hautes-Alpes, le village situé au pied de Ceüse, près duquel je vis avec Arnaud depuis dix ans.

Photo © Pascal Tournaire

En Corse, dans le massif de Bavella, la paroi de *Delicatessen* et ses dentelles de granit.
Avec Arnaud, nous voici au départ de la 3e longueur.

Photo © Stéphanie Bodet

Magie de l'escalade à Hampi, en Inde. Arnaud et Guillaume, mon frère, en équilibre sur un bloc funambule.

Âme sœur

Il est des réveils dont on ne parle pas
Des réveils de cendre et de poussière
Des douleurs d'âme fantôme dans le cœur

Lorsque ma petite morte s'accroche à mes songes
Et que je prends soin d'elle
C'est un enfant qui vient de naître
Avec des yeux d'avant le monde
Et le langage indistinct de l'éternel

Il est des réveils qui pleurent encore
Dans le sommeil
Des larmes qui coulent
Entre nuit et soleil
Et des douleurs d'âme vives dans le cœur

Mes mains se tendent vers ton vide
Et je me penche sur ton absence
Dans ton berceau de nuit tu me souris
Petit fantôme
Né en éternité
Mais toujours
Tu t'enfuis et le rêve se finit

Seules demeurent
Cendre et poussière au creux des paumes

Douleurs d'âme fantôme
Dans le cœur
Et l'empreinte des larmes
Au visage d'un matin vain

Pour vivre
Il est des réveils qu'on jette à l'oubli
Des rêves dont on ne parle pas
Et un ange qui nous visite parfois
La nuit…

Depuis, chaque année, le 23 juillet, je prends mon carnet et j'écris. Comme un rendez-vous. Une ligne ou un poème, qu'importe, j'écris pour retenir les souvenirs, empêcher les visages aimés de sombrer. Dans les moments douloureux, la poésie est une évidence qui nous tire de la folie. On est si loin de ce que l'on voudrait dire et pourtant, écrire nous en rapproche…

Ma petite sœur, c'était à mes yeux l'être parfait. Alors que je rentrais, incertaine, dans l'âge adulte, j'aimais à contempler celle qui s'éternisait dans la sublime enfance, faisant le bonheur de nos parents, pendant que mon frère et moi esquissions des moues dans l'ingratitude de notre âge. Ciment de la famille, taquine et vive, elle nous enchantait. Virtuose de la guitare, elle m'épatait, moi qui avais péniblement escaladé les degrés du solfège et brillé par ma médiocrité.

Émilie, tout lui semblait facile, l'obstacle venait se briser à ses pieds comme la vague tranquille. Bientôt, elle composerait, nous disait-elle. J'admirais la force d'esprit de ma musicienne, son indépendance, sa constance précoce et une désinvolture apparente qui cachait un travail opiniâtre.

Émilie nous surprenait, nous amusait, nous réjouissait. Son humour nous déridait. J'avais été une aînée sérieuse et sans doute ennuyeuse, serrée de près par de jeunes parents inquiets. Elle se révélait libre, espiègle et frondeuse. Sa mèche blonde et son air mutin me faisaient fondre. Tout en elle m'émerveillait.

Alors que je dissertais d'un air supérieur sur les poètes symbolistes, ma fée moqueuse entamait une partie de « Menteur » dépassée pour son âge et nous faisait payer ses boniments en petite monnaie. Elle faisait le pitre et bien lui en a pris car c'est dans l'insouciance de ces jeunes années qu'elle a été fauchée.

J'ai besoin de la raconter car je l'ai vue vivre ainsi, folle, douée et passionnée. Je l'ai vue vivre au sommet de l'enfance et sa vie m'a enseigné la liberté. *« Rien qu'à la voir passer, on lui disait : merci ! »* écrit Hugo.

C'est triste qu'il faille vivre une tragédie pour entrevoir l'essentiel de nos vies mais c'est ainsi. La perte et la douleur nous tirent de l'aveuglement, nous soumettent au réel. En même temps que l'être aimé, c'est l'illusion de notre chère sécurité qui disparaît...

*

Le départ d'Émilie m'a offert paradoxalement comme une seconde naissance. Elle avait largué les amarres, l'heure était venue de me défaire des miennes. Il fallait tenter de donner un sens à la douleur...

Car demeure l'essentiel
L'offrande de ta mort éclairante
Un cierge allumé dans la nuit
De nos vies
Ta mort éclairante
Qui a rendu impossible l'ennui
Fortifiant nos patiences
Désensablant nos yeux

Ta mort éclairante
L'évidence triomphante
D'une vie à vivre
Dans l'ivresse de l'instant

Ce qui foudroie éclaire
C'est l'humble réconfort
Des existences fêlées
Qui à rebours
Apprennent à être

*

À la rentrée, quelque chose s'est brisé. La vie d'*avant* est devenue impossible. Ce matin, assise dans la grisaille de l'amphi, je décroche. Le vieux professeur, avec sa grosse moustache, est plein de bonhomie mais je n'arrive pas à m'intéresser à ce qu'il dit. Je ne supporte plus de rester assise, d'écouter, d'acquiescer, de sourire au bon mot. Ma chère fleur fauchée sur la voie de l'épanouissement, c'est quelque chose d'incompréhensible et d'absurde.

D'intolérable… Je me sens étrangère à tout, je ne trouve plus ma place nulle part. Sauf lorsque je grimpe.

Je ramasse mon sac et sors de la salle. Respirer ! Échapper à ce relent de poussière et de culture fossilisée ! Tenter de vivre enfin !

Vivre ! Vivre intensément, faire de ce court passage qui est le nôtre sur cette terre matière à rêver, matière à créer, matière à se forger ! Je cavale le long des quais de l'Isère et monte au sommet de la Bastille, ivre de légèreté, exaltée par l'ampleur de ma liberté. Fragile Rastignac des montagnes, destinée à conquérir la capitale de mes rêves.

Demain, je ne reviendrai pas à l'université. Pas plus que les jours suivants. Du haut de mes vingt ans, je m'en fais le serment. Toujours je chercherai à m'approcher d'une vie vraie.

En tournant le dos à la fac, j'ai compris ce qu'Arnaud avait pu ressentir quelques années plus tôt en débarquant à Toulouse pour préparer l'agrégation de physique : s'il était voué à endurer les lois de la gravité, il n'était pas destiné à les enseigner… Il m'a raconté qu'il lui avait fallu moins de vingt-quatre heures pour saisir l'absurdité de la situation. Dès le premier jour, on lui avait demandé de connaître tout le programme de première et de terminale. Fils d'enseignants, il s'était laissé porter en fac jusqu'à la maîtrise, imaginant que c'était la solution d'être prof agrégé, pour le salaire et le temps libre, sans réaliser le sacrifice que cela représentait : un an au moins de bachotage en mettant l'escalade entre parenthèses.

Il venait de terminer sixième de la coupe du monde et fulminait : « J'ai le niveau de Patrick Edlinger et je me retrouve là, comme un con, en train de me soumettre à un truc qui ne m'intéresse pas du tout ! Juste par atavisme et manque d'imagination ! »

En quittant la classe de prépa, il s'était réfugié chez son oncle qui l'avait encouragé : « Fais ce que tu sens, le reste ne compte pas… » De retour à Albertville en revanche, lorsqu'il a franchi le seuil, il a reçu un tout autre accueil :

– Je ne vais pas te nourrir à lire *Vertical* ! lui a lancé Jean-Paul.

Son père était déçu par sa décision. « Derrière sa colère, m'a dit Arnaud, j'apercevais comme l'ombre d'une blessure. En arrêtant mes études, c'est la progression sociale de la famille que j'entravais. Sa propre carrière parvenait tout à coup à son terme. Comme certains parents, il vivait un peu par procuration et aspirait à l'élite du corps enseignant pour ses enfants, ou à un diplôme d'ingénieur. Mais lorsqu'avec mon frère, j'ai réussi à monter sur des podiums de coupes du monde, j'ai vite retrouvé mon père, enthousiaste et prêt à tout pour nous épauler ! »

Quant à mes parents, souvent inquiets pour notre avenir lorsque nous étions plus jeunes, ils étaient à présent sous le choc de la disparition de ma petite sœur et n'avaient qu'un mot : *« Suis ton cœur ! »* C'est resté ma devise.

Chapitre V

Podiums

12 septembre 1997. L'été s'achève à Plancherine et Arnaud soupire :

– C'est dommage, il ne me restait que quatre longueurs à ouvrir… Depuis la rentrée, Jean-Paul n'est plus dispo pour m'accompagner. J'aurais bien aimé la terminer cette voie. Tant pis, ce sera pour l'année prochaine.

– Je peux venir si tu veux.

– C'est gentil mais ce serait dommage que tu n'ailles pas à Arco. C'est un Master incontournable. Tu t'es préparée exprès et tu es en super forme.

Arnaud avait raison ; mon investissement avait payé. Les deux dernières années passées à m'entraîner et à ne faire que grimper m'avaient permis de franchir un cap. Mon niveau avait explosé et je montais régulièrement sur les podiums de coupe du monde. Arnaud, lui, avait mis les compétitions entre parenthèses, cet été-là, pour ouvrir sa voie au Grand Capucin. Lorsqu'il rentrait de Chamonix, ses yeux brillaient et je devinais qu'il vivait là-haut des instants passionnants… Mon goût pour l'aventure était décidément plus fort qu'une nouvelle chance de médaille.

– Franchement, lui dis-je sans réfléchir plus avant, entre Arco et le Grand Capucin avec toi, y'a pas photo !

– Tu es sûre ?

– Complètement. Les compètes, il y en aura toute l'année. Et ça fait si longtemps que je ne suis pas allée en montagne…

– On est bientôt fin septembre, ça risque de cailler.

– Pas de souci !

Arnaud me prête une vieille polaire, un coupe-vent et une paire de guêtres. J'enfile le collant que je comptais mettre à Arco et nous voilà partis. Question équipement, c'est la dèche, mais niveau motivation, Byzance !

Je suis émue. C'est la première fois que je pose un pied dans ces hauts lieux que j'avais admirés de loin, lors de notre tour en famille du massif du Mont-Blanc. Draperies blanches des faces nord tirées du ciel, majesté des aiguilles dorées, j'ai l'impression de traverser une aquarelle de Samivel… Et quel bonheur de retrouver la petite mélodie des crampons qui crissent sur la neige en soulevant des paillettes. Elle m'a manqué ces dernières années et me rappelle mes débuts d'apprentie alpiniste dans les Écrins.

J'aime marcher sur un glacier, piolet à la main. Sauter par-dessus une crevasse, contourner la béance d'une rimaye ouverte sur un palais de glace bleutée, admirer les ronds de sorcières qui font s'élever des tourbillons de cristaux, le vent ondulant comme le sable du désert, la magie de ces neiges qu'on croyait éternelles… C'est la première fois que je navigue dans une telle féerie. La vallée Blanche est d'une toute autre ampleur que les petits glaciers que j'arpentais avec mes parents. Sa beauté peut cacher mille chausse-trappes. On marche en terrain miné, encordés à quinze mètres en essayant de « lire » le relief. Il faut éviter de cheminer en parallèle des crevasses qui ne sont pas toutes visibles. En ce mois de septembre, le glacier est amplement ouvert. Il nous dispense généreusement la profondeur de son chaos.

La promenade s'achève net dans une combe, au pied de la flèche du Grand Capucin. Quatre cent cinquante mètres de verticalité ahurissante. Je comprends pourquoi Arnaud tient tant à ce sommet. En gravissant la voie ouverte par Walter Bonatti en 1951 – un tracé audacieux pour l'époque avec cordes en chanvre, pitons et coins de bois à placer dans les fissures –, il a repéré un itinéraire possible de très très haut niveau. Il y pense depuis des années et en cet été 1997, son rêve devient réalité.

Nous voici à pied d'œuvre. Pour moi, les choses sérieuses commencent. Nous franchissons la rimaye et remontons rapidement le couloir pour emprunter la voie *Bonatti* afin de gagner plus aisément la sortie de celle d'Arnaud, 300 mètres plus haut.

À l'époque, jeunesse oblige, nous ne sommes pas des champions de l'optimisation. Je grimpe donc en second avec un sac de dix kilos rempli de matériel d'équipement. Ne nous est pas venue l'idée de le hisser. En dépit d'un niveau mondial en compétition d'escalade, j'en bave dans ces fissures évasées mais me garde de le claironner, trop heureuse d'être ici avec mon héros chéri. Et que je découvre sous un jour nouveau...

En rejoignant sa voie, je suis impressionnée. Les points d'assurage sont rares. Très rares même, en particulier dans les dalles les plus lisses. C'est vraiment engagé et je me demande comment Arnaud est parvenu à grimper dans ces passages exposés sans protection, la perceuse pendue au baudrier.

– Pourquoi équipes-tu ainsi ? Aussi engagé ? lui demandé-je alors que nous faisons une pause pour grignoter.

– J'aime bien les voies qui ont du caractère. Ici, on est en haute montagne et placer le minimum de points, c'est logique. C'est une question d'éthique et de respect vis-à-vis des pionniers. Quand il y a une fissure, je pose une protection naturelle, un coinceur ou un câblé. L'idée, c'est de dénaturer le moins possible le rocher.

– Tu parles d'éthique mais tu ne crois pas que Bonatti qui était contre les ancrages fixes, imposant de forer le rocher, aurait pâli en te voyant grimper avec une perceuse ?

– Bien sûr ! On est toujours choqué par les nouvelles générations et il y aura toujours des nostalgiques pour soupirer que c'était mieux avant, plus pur, plus ceci, plus cela… C'est humain. D'ailleurs Bonatti lui-même avait fait l'objet de critiques virulentes à l'époque. Ses détracteurs avaient parlé d'une voie équipée à grand renfort de pitons et de moyens techniques… Le pauvre, il était furieux ! Les pitons, il n'en avait laissé que vingt dans toute la voie. Enfin… C'est le procès classique. Les habituelles récriminations des instances autoproclamées de la montagne, qui jugent sans plus pratiquer. Il y en aura toujours. Il faut juste se méfier de ne pas en faire partie un jour ! D'ailleurs, sur ces piliers lisses, on ne peut pas jouer sans utiliser de spits. Vu la qualité des mouvements et l'exaltation qu'ils t'offrent, ajoute-il en pointant du doigt les passages de surplombs inquiétants qui nous attendent, je t'assure que des grimpeurs seront enchantés de pouvoir les gravir un jour à leur tour.

Et il conclut, songeur :

– L'ouverture, c'est ce qui me plaît le plus en escalade. Trouver une ligne, avancer dans l'inconnu et pouvoir vérifier ce que j'avais imaginé en regardant une photo... En ouvrant une voie, je réalise un rêve d'enfant.

Ce jour-là, l'univers et les chimères d'Arnaud me parurent très éloignés des miens. Je voyais à quel point mon expérience était légère comparée à la sienne. Il ne me vint pas à l'esprit que je vivrais bientôt semblables aventures... J'éprouvais un sentiment de vive reconnaissance en réalisant que dans la vie, comme en montagne, nous cheminons souvent sur la trace de nos prédécesseurs. Je songeais à ces mots de Walter Bonatti dans *Montagnes d'une vie* :

« Tant que l'alpinisme mettra en jeu l'imagination, la soif d'idéal et le besoin de connaissance, cette dernière tournée surtout vers l'être intime, il restera vivant. »

*

J'éprouve un vif respect pour la flore des parois. Elles sont belles et émouvantes, ces fines herbacées capables de fleurir à près de 4 000 mètres d'altitude. Je les remercie d'être là et d'humaniser en quelque sorte le vide. Que d'heures j'ai passées à gazouiller avec elles, pendue au relais ! En fin de journée, me voilà perchée au-dessus du vide sur un terrifiant pilier, en plein « gaz », à l'aplomb du glacier. Le ciel a pris une teinte ardoise, mes fleurettes ont disparu et le vent s'est mis à souffler ! Brrrrr... Je grelotte dans mon baudrier en assurant Arnaud qui ouvre allègrement la dernière longueur difficile. Il jubile tandis que je me gèle en collant de gymnastique.

– Tu te rends compte, me dit-il en regagnant le relais une heure plus tard, ce pilier, j'en rêve depuis que j'ai 15 ans ! Et le plus beau c'est que ça marche en libre ! Ça doit être autour de 8a. Deux mouvements de compression sur deux plats, ensuite tu prends une inversée et tu cales un câblé dans la fissure pour te rétablir. C'est génial ! Et au-dessus, c'est à peine 6c. Dire que j'ai passé des années à examiner une petite photo en me demandant s'il y avait des prises !

J'acquiesce sous ma capuche, le nez rouge et la larme à l'œil…

– Mais tu as froid !

Je secoue la tête, incapable de parler.

– Allez, on descend, j'ai trop traîné ! Si le temps n'est pas mauvais, on reviendra demain pour terminer.

– Ok…

De retour au refuge, on re-grelotte dans la salle hors-sac en avalant nos pâtes. J'aurais bien aimé déguster la soupe fumante que le gardien servait au chaud près du poêle mais Arnaud est spartiate. Et moi, à 21 ans, je m'accommode de tout. On se paiera un chocolat chaud demain pour fêter le sommet !

Plus tard dans la soirée, enroulés dans nos couvertures…

– Tu as une idée de nom pour la voie ?

– Je pensais à *Fin de siècle*, me répond Arnaud.

– Classe ! Ça fait très XIXe ! *« La chair est triste, hélas ! et j'ai lu tous les livres… »*

– Mais non, tu n'as pas compris ! C'est juste pour dire qu'elle est futuriste !

– Oh pardon ! Dans ce cas, c'est assez prétentieux mais en même temps, ça a l'air vrai, dis-je en repensant au dièdre lisse que j'ai suivi en rappel.

– Sinon pour m'amuser, poursuit-il inspiré, je pourrais l'appeler la *Voie Petit !*

– Ah oui, c'est nettement plus drôle ! Ça fait fifties, alpinisme guerrier, légions d'honneur et tout le tintouin !

– Bonatti se posait pas la question, lui, Cassin non plus !

– Tu as raison. Je ne sais pas si Chamonix va comprendre ton sens de l'humour mais moi j'aime bien…

*

La vie en paroi nous désencombre du petit manège de la séduction et de la courtoisie. Encordés avec nous, nos besoins primaires, pendue avec nous au relais, notre petite vie de mammifère que l'horizontalité et le confort nous avait fait oublier…

– Peux-tu te retourner s'il te plaît, je vais faire pipi ? Et prends garde à tes pieds, ça risque d'éclabousser ! Aïe… c'était sans compter sur ce retour de vent qui nous trempe le nez… Désolée…

Au fil des années, on minaude encore moins. En matière de communication aussi, on abandonne les voies normales pour les « directissimes ». Notre compagnon ne se retourne plus et accepte les embruns sans broncher.

Au Grand Capucin, ma toute première fois ne fut guère brillante. J'ai patienté la journée entière dans mon baudrier mais alors que nous entamons les rappels, je sens que je ne vais pas pouvoir attendre le glacier. Dans une posture acrobatique, les fesses offertes à la béance des crevasses, je soupire d'aise. Hum, enfin ! Les philosophes s'accordent à dire que le bonheur dépend d'abord de l'assouvissement des besoins physiologiques primaires. J'en conviens. Rien ne m'est plus doux à cet instant ! Mais voilà qu'en regardant entre mes pieds, je m'aperçois que le rocher est à peine mouillé… Où tout a donc filé ? En me redressant, je comprends que c'est dans le fond de mon pantalon… Arnaud est mort de rire et moi, de honte. Je me rassure en me disant que ça va sécher en marchant. C'est alors que la neige se met à tomber. Certains jours, il faut savoir s'incliner face au destin… Il nous reste six rappels et le refuge n'est pas loin. Une petite heure de marche tout au plus. C'était mon premier pipi en paroi. Vingt ans plus tard, je suis passée maître dans l'art du soulagement suspendu.

Le Grand Capucin, quelle initiation ! Cette première expérience, dans une voie qui s'avérera être l'une des plus difficiles en altitude, m'a enchantée. Certes j'ai versé ma larme mais ça n'est pas contradictoire. Tout le monde sait qu'on peut aimer et pleurer. Là-haut, j'ai découvert à quel point la montagne m'est nécessaire et l'altitude aussi. Je respire mieux que dans la vallée. Moi qui n'ai jamais été douée pour la course, je m'aperçois que je me débrouille plutôt bien avec des crampons aux pieds ou dans d'infâmes pierriers…

*

L'année suivante, nous goûtons une grande joie de l'existence pour un événement qui peut paraître infime. Emmener Marie-Louise et Augustin, les grands-parents d'Arnaud, au sommet de l'aiguille du Midi puis monter avec eux à bord des petits œufs qui traversent la vallée Blanche. Tandis qu'Arnaud lui présentait les sommets, nommant chaque flèche de granit, son grand-père l'écoutait, émerveillé. La main d'Augustin tremblait fortement sur sa canne mais ce n'était pas d'angoisse. C'était plus grave hélas…

Je me rappelle avoir béni pour une fois les constructeurs du téléphérique. Cette beauté n'était pas réservée à une élite. En contemplant ces fragiles petits vieux suspendus en plein vide au-dessus du glacier, je réalisais à quel point cette possibilité de partage était précieuse. Ce jour-là, le paysage se résumait pour moi à leurs deux visages… Sidérée, Mémé Brun s'était collée à la bulle vitrée, soupirant de béatitude et frissonnant d'un effroi léger. Parfois, elle levait une main dans l'espace comme pour attraper un sérac ou une aiguille. Un ravissement muet m'étreignait. Sous ses verres épais, ses yeux brillaient d'enfance et je me demandais si elle ne pleurait pas un peu en riant doucement…

À Albertville, je fais désormais partie de la famille. Ici, les réussites font peu de vagues. Alors que chez moi, la moindre broutille était prétexte autrefois à faire sauter les bouchons de clairette et à savourer des petits fours, on fête peu chez les Petit. Arnaud et François surtout, ont banalisé la victoire.

Heureusement, il y a les grands-parents. Après un succès, nous nous retrouvons chez eux, au 36, rue Félix Chautemps, devant une forêt noire commandée par Mémé Brun à la pâtisserie du coin. Les grands-parents d'Arnaud m'ont adoptée et j'apprécie leur douceur et leur bonne humeur. Chez Marie-Louise et Augustin, le jugement n'a pas de place. Lorsqu'on se moque, c'est surtout de soi-même. Sylvette, désormais séparée de Jean-Paul, nous y rejoints. Contrairement à ses parents, elle aime les débats, manie l'ironie et la provocation. Je l'aime telle qu'elle est, excessive et généreuse. Il arrive que les chiens ne fassent pas toujours des chats, me dis-je en contemplant la mère éternellement rebelle de mon amoureux…

*

Le Grand Capucin a été une parenthèse initiatique sublime mais mon attention reste tournée vers les compétitions. En pleine progression, j'apprécie ce train-train rythmé par le calendrier des épreuves, la discipline nouvelle pour moi d'un entraînement régulier et les vacances en falaise pour faire quelques voies dures ou quelques grandes voies... C'est confortable. En me donnant un emploi du temps, les compétitions donnent aussi un sens à ma vie, qui en a besoin.

La compétition m'apprend que la peur est une projection. Une émotion liée à l'anticipation. Les premiers temps, j'observais avec inquiétude les physiques affûtés qui m'entouraient, me sentant mal fichue et boudinée. Mais je me suis vite délivrée de mes complexes, une fois acquise la certitude de mes propres qualités et de mon engagement pour les développer.

Tout commence en « zone d'isolement ». De solitude, il n'est pas question ici. L'isolement consiste à parquer ensemble une centaine de grimpeurs dans l'attente de leur passage. Ainsi, il est impossible de connaître la prestation des concurrents précédents.

L'attente peut être très longue, jusqu'à huit heures parfois. Une fois évalué approximativement le temps qui précède l'escalade, il faut adopter la meilleure stratégie possible. Ne pas s'échauffer trop tôt si l'on passe dans les derniers, se réveiller d'entrée de jeu si l'on passe dans les premiers. Manger au bon moment aussi. Armée d'un morceau de tome de Savoie et d'un quignon de pain bio, il ne faut pas s'aviser de s'en lester trop tard. Mais j'ai 20 ans et un métabolisme à toute épreuve !

Au fil des compétitions, je ne ressens plus guère de stress en salle d'isolement. Attendre ne me gêne pas. Cela m'offre un temps de calme et d'intériorité. Lecture, brin de causette, thermos de thé fumant, échauffement, visualisation, relaxation et remise en tension une petite heure avant le passage…

Le plus difficile pour moi : sortir d'une lecture passionnante pour me recentrer sur l'instant. Je me souviens d'une étape de coupe du monde à Prague, dans l'un de ces gymnases moches et bruyants comme le sont tous les gymnases. Absorbée par le *Voyage d'une Parisienne à Lhassa* d'Alexandra David-Néel, j'ai dû quitter le Tibet à regret pour aller m'échauffer.

Les murs sont sommaires. Des panneaux de bois inclinés sur lesquels sont vissées un nombre plus ou moins grand de prises, permettent à chacun d'inventer des mouvements. Après m'être échauffée en endurance, sans trop « m'entamer » comme on dit dans notre jargon, je prends un peu de repos puis j'invente seule ou avec des amies quelques mouvements plus physiques sur petites prises. La tentation est grande de commencer la compétition à cet instant-là mais il n'y faut pas céder et garder le meilleur de soi pour la vraie !

Dans les coulisses, une fois quittée la zone d'isolement quelques minutes avant de rentrer dans l'arène, je me décompose intérieurement. Subite envie d'aller aux toilettes alors que j'y suis allée vingt fois durant la dernière heure. Une inquiétude abyssale me traverse. Je me sens soudain chancelante, fébrile et dépourvue de force. Comment vais-je pouvoir grimper avec cette sensation de défaillir ? De l'extérieur, cela ne se voit pas. Mon visage conserve sa tenue, ce masque d'impassibilité qui protège si bien notre apparence du tumulte intérieur. Chacun se le forge en fonction de l'image qu'il souhaite donner de lui-même et selon les circonstances aussi. Bienveillant ou hostile, souriant ou fragile... Mais ce masque censé nous protéger peut nous transformer à la longue et c'est pourquoi il faut bien le choisir ! Ce qui sourit dehors, sans crispation, sourit à l'intérieur aussi.

Pour autant, revêtir les atours d'un caractère trop éloigné du vrai peut s'avérer invivable et c'est le confort qui doit servir de guide. Vivre à l'aise dans son costume, ni trop au large, ni trop à l'étroit...

Si je suis très calme en apparence, je me sens au fond totalement dénudée. Dans la solitude, dans le face-à-face avec le mur qui se rapproche à mesure que l'heure tourne, je suis seule responsable de ce qui va advenir... Derrière la lourde tenture, une rumeur gonfle peu à peu la salle tout entière. La clameur du public s'élève en même temps que le grimpeur. Ces hommes et ces femmes vibrent, soulevés par ce qui se joue, accrochés par le regard autant que le compétiteur par le bout de ses doigts. La vie pulse, on siffle, on hurle, on explose de joie ou de déception. Et pour le grimpeur attendant son passage, la pression monte dans l'ombre...

Soudain, les applaudissements déchirent la salle. C'est la chute ou le sommet. J'essaye de demeurer détachée. Je tente de ne pas me fier à l'applaudimètre qui révèle la performance de la concurrente précédente. Le rideau noir s'ouvre, j'inspire profondément et m'avance à mon tour vers le mur sous la féroce lumière des projecteurs. J'attrape les premières prises et décolle du sol, sans prendre le temps d'observer à nouveau la voie comme le font certains. Les premiers mouvements encore un peu saccadés laissent place à plus de fluidité. J'oublie tout, les doutes, les peurs passées, les idées d'échecs ou de podium. Comme par magie, mon corps et mon esprit retrouvent leur vigueur. Mes muscles se tendent imperceptiblement tandis que l'adrénaline fluidifie mon sang. Dans le halo de lumière qui me dévoile, je me sens en sûreté. Il n'y a plus que le mur et moi. La prochaine prise à attraper, la prochaine dégaine à mousquetonner…

*

Grimper m'a apporté cette confiance. Il existe un lieu où trouver la stabilité et le corps unifié dans le mouvement nous y transporte. Savoir que tout est là, en soi, et que c'est dans sa recherche que l'équilibre advient.

En compétition, il faut être capable de donner le meilleur à un instant précis. J'apprécie les qualités d'adaptation que cet impératif m'oblige à développer. Ne pas gaspiller d'énergie à s'affliger d'éventuelles broutilles. Le décalage horaire, un bagage en retard, une mauvaise nuit dans une chambre d'hôtel bruyante ou glaciale… Une salle d'isolement réduite à deux tapis et vingt prises sur le pan. Peu importe, une fois au pied du mur, tout *doit* être oublié pour que vive l'instant.

Sensible à l'attente d'autrui, je me découvre surtout excellente lorsqu'on ne compte pas sur moi. Si je joue les parfaits outsiders, j'en viens souvent à me déliter une fois en pole position. Jusqu'au jour où – était-ce l'entraînement qui payait ou ma confiance qui se fortifiait ? – je me suis accordée le droit d'être en forme et de gagner. L'esprit humain est prompt à se comparer, à s'évaluer, à jauger et à se juger. Mes meilleurs résultats, je les ai obtenus précisément lorsque j'ai abandonné l'idée de la concurrence et dépassé celle de la comparaison. Tous les compétiteurs se ressemblent. Chacun éprouve à sa manière la peur et le doute. Les meilleurs sont simplement celles et ceux qui parviennent à garder la maîtrise d'eux-mêmes et auxquels l'échec inévitable sert de tremplin.

En 1999, sur les quais de San Francisco, face au Pacifique, je réussis à vivre une certaine forme de détachement. Les blocs des X-Games font sept mètres de haut et nous grimpons sans corde, protégés par d'imposants matelas. Je suis galvanisée par le challenge. Déchiffrer des passages d'une telle ampleur, visualiser les méthodes et tenter de faire coïncider mes projections à la réalité... En fait, j'ai simplement envie de gravir les blocs impressionnants qui se trouvent devant moi. Elle est simple, la clef de la victoire. Grimper pour la joie de grimper !

Le rocher me ramène à davantage d'humilité. Trois jours après ma victoire et un chèque de 10 000 dollars en poche, une somme énorme pour moi et présageant de beaux voyages, je me retrouve avec Arnaud au pied d'un sommet de solide granit. Fairview Dome à Tuolumne Meadows, au-dessus de la vallée du Yosemite. Ici, la foule des spectateurs est constituée d'un peuplement de pins géants. Nulle caméra, nulle télé pour nous interviewer et aucune carotte à la clef.

Tant mieux, me dis-je en partant en second dans la première longueur en 6b, une fissure étrange et malcommode nécessitant une technique nouvelle pour moi. De star de l'escalade sur structure artificielle, je glisse subitement de mon piédestal en décollant du sol... Les fesses en arrière, agrippant laborieusement la fissure fichtrement lisse, j'ai tout à fait l'allure d'une débutante. Arnaud, qui n'a guère éprouvé de difficulté, m'attend goguenard au relais.

– C'est pas le même sport, pas vrai ?

Mon orgueil en prend un coup et je fulmine intérieurement. *What am I doing here ?* Je pourrais tranquillement savourer ma victoire en mangeant des pancakes et me voilà en train de prendre une claque sur ce fichu granit !

Mais nos petits échecs ont plus de vertus que nos brillants succès, de cela, je n'ai jamais douté. Un mois plus tard, je remporte la coupe du monde de bloc. Je suis bien décidée à apprendre à grimper, pour de vrai !

*

L'année suivante, en juillet 2000, à Chamonix, je participe à l'une de mes dernières épreuves de coupe du monde de difficulté. Le ciel pèse sur la vallée, lourd et humide. Du glacier des Bossons, on n'aperçoit plus qu'une fine langue dans la brume, et l'Arve bouillonne d'une écume couleur de terre. Alors que les finales vont commencer, la pluie tant redoutée s'abat sur la ville. On installe à la hâte des bâches de protection au sommet du mur mais l'eau s'infiltre déjà entre les plaques. Les prises humides déstabilisent les grimpeuses.

Après délibération, les organisateurs décident cependant de poursuivre la compétition. Il ne reste que trois concurrentes à passer, dont je fais partie. Au premier grain, le public s'est dispersé et seuls les spectateurs les plus passionnés, armés de parapluies, sont restés pour nous encourager. Sous la petite tente fouettée par les embruns, qui sert de zone de transit avant le passage, je ressens soudain une intense jubilation. Une joyeuse envie de grimper. Et c'est mon tour, quelle aubaine ! J'aborde la voie comme en falaise ou en montagne, un jour de conditions exécrables. Un vent humide et froid rend l'adhérence encore plus hasardeuse. Ne pas tergiverser sur les prises mouillées, me dis-je en attaquant. Ne pas être tentée non plus de remettre de la magnésie qui se transforme en pâte glissante au contact de l'eau.

Je progresse avec délicatesse sur les appuis incertains. Les prises glauques me rappellent ces journées où il faut lutter contre l'onglée sur un rocher gelé. Mais je ne crains pas le froid et le juge même bénéfique. Lorsque je parviens sur le bord de l'arête où un plat fuyant dégouline sous mes doigts, je comprends que tout va se jouer ici. *Festina lente*, ma fille... Le serrer juste assez pour ne pas glisser, armer mon pied droit sur ce gratton et dynamiser de l'autre main jusqu'à cette minuscule réglette. J'enveloppe l'arête, gaine toutes les fibres de mon corps et jette à la prise suivante. Mes doigts se referment sur l'arquée que je réarme en douceur. À la clameur des spectateurs, je comprends que je viens de dépasser le plus haut point atteint.

Le vent fait claquer les bâches comme les voiles d'un navire et je poursuis l'ascension de sa proue, portée par l'odeur des nuages et de la résine humide des bois. Portée par les encouragements du public et par ceux des sommets, dont je devine la présence amie dans la brume. Quelques prises avant le relais, ma vigilance faiblit et mon pied zippe sur une prise mouillée. Je chute sous une ovation.

Le cœur battant, j'attends le passage des deux dernières concurrentes. Sans impatience car j'ai fait de mon mieux. Je suis allée plus loin que jamais et j'ai eu le sentiment rare d'être en adéquation avec les circonstances. Je sais que si je gagne, ce sera en partie grâce à elles.

On m'annonce que j'ai remporté l'épreuve. Merci le vent ! Merci la pluie ! Merci les éléments !

Je suis heureuse bien sûr mais plus encore que cette première place, ce qui me réjouit, c'est l'expérience qu'il m'a été donné de vivre. Cette capacité à faire corps avec l'instant, à faire sans condition son miel des conditions… Je m'apercevrai plus tard que rien n'est jamais acquis, qu'il faut la remettre sur le métier, cette capacité d'adhérer à l'instant. La cultiver et la reconquérir à chaque réveil. Mais lorsqu'on la porte en soi, on ne doute plus de parvenir à la faire fructifier.

Je savoure cette victoire mais ma motivation est bancale pour attaquer une nouvelle saison. L'année précédente, déjà, après avoir gagné la coupe du monde, une pensée m'avait traversée : « *Et après ?* »

À 24 ans, je me suis élevée sur la première marche d'un podium mais passée la minute d'euphorie, je me sens plus que jamais en proie au doute. Cette journée m'a ouvert les yeux et c'est vers les sommets qui m'entourent que mon regard se porte. Je sais que quelques compétitions suivront encore cette année mais mon chemin est ailleurs. Je repense aux choix d'Arnaud. Après avoir gagné les championnats d'Europe en 1996 et remporté la coupe du monde de difficulté, il a compris que sa vraie voie, celle de son cœur, était sur les grandes parois. Je songe au Grand Capucin et à ces escalades exaltantes que nous avons commencé à vivre ensemble sur des parois lointaines. En Jordanie, à Madagascar, au Mali… Nos primes de compétitions passent dans ces voyages qui donnent sens à notre passion. *Tout reste à gravir…*

Chapitre VI

Biographie

Le premier contact avec une voie ressemble à une rencontre amoureuse. On en a rêvé de loin, on la découvre soudain dans son intimité, dans le grain de sa peau et ses replis de calcaire. On en épouse tous les contours, tous les reliefs. On s'apprivoise ainsi mutuellement, tremblant à l'idée de ne pas se correspondre sur tous les points. Cette première phase de découverte est celle que je préfère en escalade sportive.

En 1999, la première fois que je suis montée dans *Biographie*, la première partie en 8c+ n'avait été enchaînée que par deux grimpeurs, Arnaud et Chris Sharma, jeune prodige américain devenu depuis la légende vivante de l'escalade. Aucune femme n'avait encore atteint ce degré de difficulté.

Mon parcours de compétitrice et mon amour du rocher m'ont logiquement amenée vers cette voie au-dessus de Gap, la ville de mon enfance, sur la falaise qui a connu mes premiers pas de grimpeuse et au pied de laquelle je vis aujourd'hui.

Entre deux essais dans *Le Cadre*, un 8c voisin, je ne résistai pas à l'envie de faire une tentative dans cette ligne dont la pureté m'impressionnait. Jean-Christophe Lafaille, le grand alpiniste natif de Gap, en avait fait don aux générations futures en l'équipant du haut en 1990. Il l'avait nommée *Biographie*. Pour un grimpeur, cette voie est un absolu, un concentré de beauté et de difficulté. On peut y jouer sa vie, y consacrer sa fougue et ses plus belles années. Soulignant le dévers d'un large bombé, cette puissante coulée de calcaire bleutée, sculptée de petits trous, me fait penser à une page ponctuée de signes indéchiffrables, une biographie de l'érosion, un traité de géologie en signes telluriques. Comme un paraphe du vent, du soleil et de l'eau.

Cette première partie de *Biographie* semble ajustée à mes petits doigts. Quelle chance ! D'emblée je réussis tous les mouvements, m'arrêtant entre chaque section pour déchiffrer les prises de main suivantes et définir les placements de pieds les plus adaptés à ma taille. Arnaud n'en revient pas :

« Whaou ! me dit-il, tu es beaucoup plus à l'aise que moi lorsque j'y suis allé pour la première fois ! Tu as toutes les chances de la faire. »

Conquise, je délaisse mon précédent projet pour *Biographie*. Les premières tentatives sont palpitantes. Je sens que je progresse. L'endurance me manque encore pour enchaîner ces 20 mètres de très haute difficulté, mais au fil des essais, elle s'améliore.

Pour mettre toutes les chances de mon côté, j'ai décidé de ne pas mousquetonner le point d'assurage de la section difficile afin de conserver mon énergie pour les mouvements suivants. Dans ce passage extrême sur minuscules bidoigts, il ne faut pas perdre de temps. C'est impressionnant car je grimpe en sachant que je risque de prendre un gros vol en essayant d'atteindre, du bout des doigts, une petite alvéole, l'une des meilleures prises de la voie. Et à chaque fois, l'inévitable se produit. Je chute avec l'impression que le vol ne finira jamais. Le bord de la falaise file, le sol arrive à toute vitesse, je sens mon estomac monter dans ma gorge ! Pour me « dynamiser », c'est-à-dire rendre ma chute plus confortable, Arnaud saute en l'air et à l'arrivée, lorsque je sens enfin la corde me bloquer, nous sommes à la même hauteur, à deux mètres du sol, mes pieds frisant les buissons… Je n'aime guère prendre un tel « plomb » mais c'est la seule solution. Et puis un jour, j'attrape la prise. Je tombe deux mètres plus haut, écartelée entre deux trous minuscules au moment de déplacer mon pied sur une aspérité. Les choses avancent ! Je dois encore progresser en résistance et fortifier ma patience car les conditions sont aléatoires. Le vent est une aide précieuse pour assécher la peau des doigts mais s'il est trop froid, il est difficile de sentir les prises. Qui plus est, ma peau durcit et je glisse. À l'inverse, si la brise tombe d'un seul coup, le rocher devient gras, ce qui rend l'adhérence tout aussi délicate. Il faut bénéficier d'une certaine dose de chance.

Je m'aperçois que pour gravir une voie extrême, une persévérance à toute épreuve et mille petits ajustements sont nécessaires. Le problème, c'est que je n'ai rien d'une horloge suisse… Au lieu de se huiler patiemment, mon mécanisme s'enraye soudain. Après une dizaine d'essais répartis sur deux saisons, je commence à m'ennuyer. « Travailler une voie » n'est pas qu'une expression, c'est une réalité. Or j'ai besoin d'inconnu, de nouveauté et je renâcle dans la répétition, dans l'exercice régulier et la discipline. Je suis indocile et si les premiers temps, grimper dans *Biographie* m'a exaltée, le plaisir n'est plus aussi vif. Arnaud me comprend. Il n'est guère disposé lui non plus à passer des siècles pour une longueur.

L'escalade sportive est une pratique relativement statique, en particulier lorsqu'on essaie une voie dure. La grimpe proprement dite alterne avec les périodes de repos au sol, nécessaires à la récupération. Instants durant lesquels le doute vient parfois s'insinuer. Ai-je suffisamment récupéré, la peau de mes doigts va-elle tenir un essai de plus ? Le vent va-t-il enfin se lever ?

En falaise, les relais ont été arbitrairement posés à 30 ou 50 mètres du sol et l'on atteint rarement le sommet de la paroi. C'est le jeu dans cette pratique sportive qui s'attache à la difficulté d'une ligne ainsi qu'à la précision du geste. La journée d'un grimpeur ressemble à une sinusoïde. Il monte, il descend, il remonte…

Je m'aperçois que j'aime davantage grimper avec la possibilité de fouler un sommet. D'où mon attirance pour les grandes voies et les hautes parois.

Malgré tout, *Biographie* hante mes nuits. De retour à Allondaz où nous vivons, à 300 kilomètres de ma chère falaise, les prises dansent sous mes paupières comme des moutons. Je me revois grimper, tomber, m'imaginant tour à tour réussir et puis non… retomber. Je me surprends à serrer les dents dans le sommeil. Je me réveille la nuit en me demandant si une séquence de mouvements plus économique en énergie ne m'a pas échappé. *Biographie* m'envahit et ce siège de mes pensées me contrarie. Tenter de repousser mes limites et de réaliser un exploit n'est pas source d'épanouissement pour moi. Et essayer de me forcer à arrêter de manger du chocolat pour m'assurer une réussite plus rapide, encore moins ! En somme, je me conforme à une pratique tournée vers la performance, assez proche de la compétition que je vais bientôt abandonner. Une fois encore, il y est question de calculs et de stratégies. L'escalade sportive ne peut constituer une fin en soi. J'admire pourtant les grimpeurs qui, quel que soit leur niveau, sont capables de s'acharner pendant des années sur un « chantier » comme on dit dans notre jargon. Mais chacun son tempérament. Je ne rentrerai pas dans l'histoire de l'escalade sportive et sans doute ne le mérité-je pas. Je ne me suis jamais souciée de cultiver les vertus de la sportive exemplaire. Un de mes amis, Tony Lamiche, m'a un jour résumé la chose à sa façon : « T'es plus Rimbaud que Rambo, toi ! »

Lorsque j'avais réussi mon premier 8b+ en quelques essais, à Saint-Léger-du-Ventoux, une belle falaise drômoise, un sponsor m'avait proposé de rajouter à mon contrat des primes à la réalisation de voies extrêmes.

– Et si tu les choisis aux États-Unis, ce sera encore mieux m'avait-il dit. Je te payerai le voyage.

Quelle idée ! Cette proposition me déplut. J'entrevoyais les dérives auxquelles elle risquait de mener les grimpeurs sponsorisés. La tentation de surcoter une voie pour empocher une prime, de rechercher la difficulté plus que la beauté d'une ligne. Passer ma vie sur des falaises transformées en stades à ciel ouvert, non merci. Qu'avais-je à faire des impératifs du marché ? Le monde était si vaste et la vie si courte ! Tant de choses vivaient sous le soleil, vibraient autour de moi, foisonnement d'hirondelles virevoltant sur la falaise, craves à becs rouges chahutant dans le ciel un busard solitaire… Je préférais assumer mon goût de l'ailleurs et de l'aventure quitte à perdre un contrat !

*

À deux mille mètres d'altitude, la montagne de Céüse offre un vaste horizon. C'est pour cette raison qu'elle m'est si chère.

Céüse ressemble assez peu à l'idée que l'on se fait d'une montagne. C'est un immense pli de calcaire de forme arrondie, ce que les géologues nomment un « synclinal perché ». On peut en faire le tour en suivant la migration du soleil. La steppe ventée du sommet me fait songer à une immense table d'orientation. Là-haut, l'œil découvre ce paysage qui fait l'ordinaire des chamois, des marmottes et de quelques loups. Au nord, la vue sur le plateau de Bure et son élégant pilier est spectaculaire. Au levant se dessinent les crêtes des sommets de l'Oisans et des Écrins. Vient ensuite le massif de l'Ubaye et au sud, la clue de Sisteron où l'on peut, par temps clair, déceler le mirage de la Sainte-Victoire. Après la montagne de Lure, chère à Giono, apparaît le mont Ventoux et sa cime de roche calcaire qu'on dirait enneigée toute l'année.

Contempler cette vue large depuis le sommet de Céüse ouvre tout grand le regard et le cœur. C'est un appel à découvrir le monde et à franchir inlassablement des frontières.

Renoncer à *Biographie* m'a aidée à éclaircir mes motivations. Le temps a inscrit son histoire sur cette page de rocher, à moi d'inventer la mienne.

DEUXIÈME PARTIE
Vagabonds de la verticale

Ces heures, où encordés ensemble
Nous avons mis les voiles
Du côté des étoiles

Chapitre VII

MES ANNÉES FOLLES

– Hou hou ! Hou hou !

La nuit tombe tôt sous les tropiques. Nulle chouette en vue, juste Arnaud et moi, les mains en porte-voix, cherchant dans le noir une présence humaine. Il est 18 heures ce 6 juin 1998, au sommet du Tsaranoro, un monolithe de granit qui surplombe un paysage de savane au sud de Madagascar. Nous sommes partis au petit jour ce matin. Nos compagnons devaient nous rejoindre au sommet avec le matériel de bivouac. Ont-ils trouvé une voie d'accès sur l'autre versant ?

C'était l'époque lointaine où Google Earth n'existait pas. On partait avec une unique photo de la paroi en poche. Hors du cadre, c'était la *terra incognita,* où galopait l'imaginaire… Cette photo, elle nous avait été envoyée par Kurt Albert, une de nos idoles, un pionnier des escalades aventureuses et du libre sur les grandes parois. Nous l'avions rencontré durant une coupe du monde à Munich où il était ouvreur. Taillé comme un Viking, le sourire jovial, il partait sans assurance à l'assaut des échafaudages pour revisser une prise sur le mur, en effrayant le public. Alors qu'il redescendait, nous l'avions interrogé sur le massif de l'Andringitra, où il avait été le premier à se rendre quelques années plus tôt.

Il avait accueilli notre demande avec un étonnement ravi et nous avait promis une photo du Tsaranoro. Une équipe tyrolienne y avait tracé l'unique voie de la paroi, *Gondwanaland*, qui signifiait « la Terre des origines », celle d'avant la séparation des continents... Quel beau nom ! m'étais-je dit.

C'était donc l'époque lointaine où l'on ouvrait fébrilement une lettre de la pointe d'un couteau pour y découvrir l'image d'une citadelle de granit noir, de 700 mètres de haut...

– Hou hou ! Hou hou !

On lance au vent et dans les quatre directions, comme des naufragés, nos bouteilles à la mer.

– Hou hou ! Hou hou... Dernière tentative au bord de la falaise.

– Hou...

– T'as entendu ? dis-je à Arnaud.

– Ben rien, c'est juste ton écho...

– Mince...

– On doit être en face de la faille et on est tout seuls.

Une petite bise se lève. Je frictionne mes cuisses qui commencent à frissonner. Notre indéfectible optimisme n'avait pas envisagé que la paroi puisse être ceinturée de falaises et que nos amis échoueraient à son pied. Force était de constater qu'ils n'étaient pas là et qu'à cette heure tardive, ils n'arriveraient plus. Adieu, duvet, thé chaud, gâteaux et pantalons...

On s'était attendus à un bel accueil et au réconfort d'une soirée. On se serait raconté nos aventures de la journée ; les huit cents mètres d'escalade et le passage difficile de la dix-huitième longueur... À quel point la voie était plus engagée encore que ce que l'on avait imaginé...

On leur aurait demandé à quoi ressemblait la forêt et l'arrière du massif et si ça avait été facile de monter… On aurait festoyé !

Mais nous voilà seuls tous les deux, en shorts et en tee-shirts, chair de poule au mollet, en train de grelotter par six petits degrés au sommet du Tsaranoro, en plein cœur de la Grande Île.

Ce qui frappe là-haut, c'est l'absence de lumière. On aperçoit au nord quelques maigres feux qui scintillent mais face à nous, face à notre camp de base, face au petit village, rien. Rien qu'une vaste nappe d'obscurité…

– De toute façon, il est trop tard pour trouver les rappels, on va attendre le jour, me dit Arnaud.

– À quelle heure, le jour ?

– 6 heures.

– Ah.

– Et là, il est quelle heure ?

– 19 heures.

– Ah.

Elles sont longues les nuits d'hiver malgaches. Un tour de cadran à dénombrer sur nos doigts meurtris le troupeau des étoiles.

– Si on essayait de trouver de quoi se réchauffer ?

Et nous voilà partis, herborisant de nuit et glanant des brindilles. Molles les brindilles…

– Tu as vu, il n'y a que des plantes grasses, je ne sais pas si ça va prendre…

Après dix heures d'escalade, ne nous reste que quelques gouttes d'eau au fond de la gourde et une petite saucisse sèche qu'Ali, notre cuistot, avait insisté pour nous mettre dans la poche.

Assise sur mon casque, menton au creux de la paume comme *Le Penseur* de Rodin, hypnotisée par notre feu de paille, je songe à la fragilité de notre condition : des vers de terre dans la nuit éternelle… Oui mais les vers de terre ont pensé à emporter un briquet, hé hé !...

Nous partageons la saucisse sèche. Moi qui ne mange pas de viande, je mâchonne mon zébu sans faire la fine bouche avec une pensée émue pour notre cher Ali !

Une rafale. « Ça va cailler, me dit Arnaud, même sous les tropiques… » Je mets la poche plastique qui contenait la saucisse sur ma tête et mon sac sur le dos, pour me protéger du vent. Arnaud se trémousse dans la poussière avant de s'enrouler dans les cordes de rappel comme dans un plaid de cachemire. On se regarde en riant et après avoir invoqué un certain Émile Coué, nous voilà partis pour la nuit. Blanche pardi !

Ce qui fait la différence entre une nuit en camping et un bivouac improvisé, c'est d'abord l'absence de choix. Puis le passage par trois états d'âme bien distincts. Premier temps, sentiment d'exaltation face à sa propre nudité et à l'infini du ciel étoilé… Deuxième temps, méditation stoïcienne : la sagesse consiste à ne pas s'affliger de ce qui ne dépend pas de soi. Troisième temps, irrésistible envie de jeter Épictète par-dessus bord et d'appuyer sur un bouton pour se retrouver propulsé instantanément dans ses pénates…

Finalement, retour à la longanimité. S'abandonner à l'instant, regarder les heures s'écouler, admirer le ballet des étoiles et voir le jour se lever, l'aube réconciliée…

De retour au camp, la tête me tourne. Hagarde, je trébuche sur la terre rouge. M'affale au sol comme une bête, secouée par les nausées, pour rendre le peu de bile qu'il me reste au fond de l'estomac. Quarante-huit heures déjà que cela dure. Je me dis que la mort ne peut pas être si violente et que si je me traîne ainsi dans la poussière, c'est que je suis bien vivante. Arnaud, compatissant, vient parfois me tenir la main pendant que je vomis.

Au village, le chef est formel. L'étrangère a grimpé sur un rocher *fady,* ces blocs interdits au pied desquels se nichent parfois d'anciens tombeaux. Les ancêtres se vengent…

Plus pragmatique, Gilles me dit que ça a tout l'air d'une crise de palud :

– Le mieux, c'est encore d'attendre que ça passe, je te déconseille le Lariam, me dit-il en faisant jouer entre ses doigts une petite boîte blanche. Lorsque tu lis les effets secondaires de ce médoc pourri, tu te dis qu'il vaut mieux s'en passer. Y'en a que ça a rendu fous…

J'ai toute confiance en Gilles. Il habite Madagascar depuis plus de dix ans et me raconte le retour des crises à la saison des pluies. La fièvre, le corps douloureux et frissonnant pendant des semaines et puis un jour, l'accalmie. Je ne sais pas si cela me rassure mais ça banalise assurément ce qui m'arrive.

Baudoin, notre chauffeur, est allé cueillir de la quinine sur l'arbre. Il fait bouillir une énorme quantité d'eau et quelques minutes plus tard, placée à côté de la bassine fumante, on me recouvre d'une épaisse couverture. Je reste un quart d'heure là-dessous, dans un état second, à inhaler par tous les pores de ma peau le puissant parfum des feuilles.

Un peu plus tard, alors que je somnole dans ma tente, c'est Bakoli, la compagne malgache de François, qui entre. « Bako est un peu chamane », m'a-t-il dit.

François, un ami de Gilles, nous a rejoints un matin dans un vieux camion de l'armée. Dans la benne, Bakoli, sa jeune femme, et Mélody, leur fillette de quatre ans, une fée malicieuse aux yeux verts et à la peau café au lait. Dans son bagage, une guitare et *Anatomie de l'errance*, de Bruce Chatwin dont il me recommande vivement la lecture. Cette petite famille m'enchante.

À 35 ans, François a décidé de ne jamais devenir adulte et il a bien fait. Son sourire et son ingénuité le préservent de tout. Il se réjouit de petits riens, s'émerveille de la vie. À son contact, on apprend le détachement et la gaieté.

Bientôt, entassés dans son gros camion, nous nous embourberons magistralement dans le sable à quelques mètres de la mer, du côté de Tuléar. François rameutera une foule enthousiaste pour nous dégager et après trois heures d'efforts, il s'exclamera : « Quelle magnifique aventure humaine ! Ces énergies convergeant vers un but commun, c'était d'une beauté ! »

Il est désarmant, François, et son enthousiasme est contagieux. Après tout, c'est là une merveilleuse façon d'envisager les déboires qui émaillent nos vies !

Bakoli pose un long moment ses mains sur mon ventre. Je ferme les yeux, m'abandonne et j'y crois… Elle est magnifique Bako, avec sa frêle silhouette d'Asiatique et son port de reine africaine, ses yeux légèrement bridés et ses belles lèvres pleines. Les yeux fermés, elle effectue au-dessus de moi des gestes étranges et entonne un chant délicat d'une voie profonde. Je me souviens des vibrations de ce chant mystérieux, déliant mes tempes endolories. Je me souviens de cette atmosphère surnaturelle que faisait régner la jeune femme sous le voile de la tente. Égarée en terre de magie, je m'en remets à l'invisible.

Émue par tant de gestes amicaux et de sollicitude, j'éprouve une langueur soudaine, comme une déconnexion du vouloir… J'ai 22 ans et redeviens la petite fille asthmatique dont prenait soin sa mère. Sous ma tente, défilent les mamans de substitution. Parfois, c'est Gilles qui vient aux nouvelles avec ses yeux brillants perçant sa face ronde, une autre fois, c'est Baudoin, sa large carrure et ses mains noires de cambouis qui passe la tête par l'embrasure. Puis apparaît Ali et son éblouissant sourire. Ali qui s'inquiète et qui aimerait tant que je remange bien vite de ses bananes braisées au chocolat.

La maladie en voyage est une chose étrange. Loin du confort et de ses repères habituels, on flotte dans l'incertain. Une simple piqûre de moustique a fait de moi un être plus simple. À fleur de peau, à fleur d'âme…

*

C'est à Madagascar qu'ont commencé mes années folles. Mes années d'inconscience, mes années d'insouciance. J'ai été éblouie par ce premier voyage et tout ce qu'il nous a été donné d'y vivre. J'ai tout aimé, tout enduré avec confiance et gratitude…

Nous sommes revenus une fois dans l'Andringitra, treize ans plus tard, en 2008, pour gravir l'incroyable muraille lisse du Karambony. La vallée avait changé. On pouvait y loger dans de confortables bungalows et des sentiers avaient été tracés. Mais les villages demeuraient les mêmes. Les pilons et le chant des femmes résonnaient toujours entre les maisonnettes de terre rouge. Au bord de la rivière, des enfants rieurs s'éclaboussaient de gouttes d'eau irisées de lumière. L'enfance aura toujours ce don des jeux simples et merveilleux.

Nous avons retrouvé Gilles. Lors de notre premier voyage, il avait eu le coup de foudre pour les lieux et s'y était installé. Aujourd'hui, Gilles est devenu l'homme qui plante des arbres avec les Betsileo.

*

Durant quelques années, j'avais tout mené de front. Les compétitions, les voyages et les études que j'avais reprises pour passer le CAPES de Lettres et m'assurer ainsi une indépendance financière vis-à-vis de mes sponsors. À l'automne 2001, je ressentis soudain le besoin de souffler.

Je rêvais de perdre enfin mon temps. Nullement pressée d'entrer dans le monde des grands, j'ai demandé une disponibilité pour préparer l'agrégation. Seul moyen alors de s'évader. *Les Brigands* de Schiller étaient au programme ainsi que *Les Tragiques* d'Agrippa d'Aubigné... Repensant aux livres qui m'avaient donné envie de prendre la route, je préférais rejoindre l'Orient avec Segalen et Nicolas Bouvier. Rien de tel qu'une bonne équipée, me suis-je dit, pour désagréger la routine et agréger sa vie. La vraie.

Abandonnant des kilos d'annales peu palpitantes, je suis partie en Inde, retrouver Guillaume, mon grand petit frère, un sac à dos léger sur les épaules et les mains dans les poches. Si diablement pressée de dilapider mon temps !

C'était la première fois que je partais sans motif, me souvenant, grâce à Nicolas Bouvier, qu'un voyage s'en passe fort bien...

Arrivée à l'aéroport de Dehli, je déchiffre les visages à la recherche de Guillaume. Dans le hall envahi de kurtas blanches, j'aperçois une tête sombre plantée plus haut que les autres. Je ne l'ai pas vu depuis huit mois et peine à reconnaître sa silhouette éthérée. Mon magnum de frère s'est laissé fondre sur une plage. Ne lui reste qu'une peau brune léchée de sel et des os, démesurément longs.

Joie des retrouvailles et nuit de bavardage.

Guillaume était parti en Inde pour écrire un mémoire de littérature anglaise sur Rabindranath Tagore, le grand poète indien. Au terme d'une semaine dans une université proche de Calcutta, il avait mesuré le caractère dérisoire de son entreprise. Écrire sur un si grand homme sans connaître le si grand pays qui l'avait vu naître, c'était ridicule ! Comment ambitionner de parler du monde sans en avoir fait l'expérience ?... Et c'est sur cette fulgurance qu'à 22 ans, il avait pris la route à travers le continent indien, se laissant dériver au hasard des rencontres.

Il vient de s'immerger, deux mois durant, dans les conditions de vie frugales et paradisiaques des pêcheurs des îles d'Andaman.

– Tu imagines. En restant assis la journée entière sans bouger, mon fil de pêche trempé dans les eaux immobiles du lagon, je pouvais assister à la migration du soleil, du lever au coucher... Un des rares endroits de la terre où tu peux faire cela !

Des étoiles de mer au fond des yeux, le sommeil nous prend à l'aube.

Le logeur frappe à grands coups contre la porte de la cellule qui nous sert de chambre. Il est midi et temps de libérer notre piaule pour laisser place à de nouveaux routards débarquant de l'avion, les yeux cernés et la bouche pâteuse.

Un rickshaw nous emporte dans une pétarade assourdissante à travers la ville. Nous avalons à pied des kilomètres de ruelles tandis que je tente, comme Rimbaud, de « fixer des vertiges ». Une minuscule petite vieille m'agrippe le bras. Je me retourne, étourdie quand elle plonge ses grands yeux pleins de supplications dans les miens. Deux grands yeux d'enfant ourlés de brun qui mangent son visage ridé comme une vieille pomme...

Un peu désemparée, je regarde mon frère, moins affecté par cette rencontre et qui m'entraîne à sa suite sans laisser paraître son émotion. Il a appris à jouer l'indifférence, me dit-il, à se blinder pour ne pas vaciller. Dans ce pays, c'est la seule solution.

Je ressentirai à nouveau cette stupeur devant la beauté qu'engendre la vieillesse en découvrant à Taghia, au Maroc, le visage de la vieille Fatima qui m'a fait chavirer…

Durant ces premiers jours à Dehli, je respire chaque bouffée de cet air vicié comme si c'était la dernière, sachant que l'esprit et le cœur se transforment au fil du voyage.

*

La nuit nous surprend dans un bus en direction d'Haridwar, sur les rives du Gange. Deux jours plus tard, nous débarquons à Rishikech. Il est 5 heures et l'aurore fume. On monte en bâillant une ruelle. On frappe trois coups à la porte d'une maison blanche aux murs lépreux. On enjambe les corps enroulés dans des duvets en travers des couloirs et on s'installe sur la terrasse, fermant les paupières alors que le soleil se lève.

Au réveil, il est 14 heures et on nous donne une chambre. Le bleu de la porte qui s'écaille, les deux battants qu'on ouvre à l'aide d'un verrou. Les murs de chaux nus aux teintes délavées. La lumière diffractée par une mince fenêtre. Une atmosphère de chapelle et une odeur d'encens. Deux lits de planche et c'est tout. On s'en voudrait presque de troubler la simplicité de la pièce avec ses bagages… Le vide, il faut le soigner, ne pas se hâter de le combler. Alors on pose son sac à dos dans un coin et on s'en va marcher le long du Gange.

Rishikech est une ville poème qui déroule le mantra de son fleuve nourricier, gonflé de l'eau des glaciers et des œillets de la puja. Près de ses ashrams, on croise ses semblables en quête de sérénité, des babas colorés, des charlatans et de vrais sadhus. Par les rues, la nuit, c'est un foudroiement d'ors et de saris.

Ici, la vie est un rituel éternel. On y célèbre à tout heure. On prie et on sacrifie à tout propos.

Voyager en Inde et ne pas prier, *« c'est du temps donné aux moustiques »,* a écrit Henri Michaux.

Ici, sur les rives du fleuve, l'athée est bousculé dans ses certitudes et l'agnostique hésite à s'agenouiller. Flotte dans l'air une telle ferveur que je me sens à mon tour aspirée. Inspirée...

Pressée de fuir ces aubes déliquescentes où s'enfonce une jeunesse oisive dans son fumet de joints, j'apostrophe Guillaume qui se serait volontiers attardé :

– Partons sacrifier nos semelles sur l'autel du sentier, veux-tu ? Partons offrir nos poumons à la déesse Altitude ! Partons sanctifier les sommets ! Prier en mouvement, y'a que ça de vrai !

– Ouais, bonne idée !...

L'avantage d'un petit frère, c'est qu'il acquiesce sans discuter.

Dans l'euphorie, nous sommes partis bien peu équipés. Randonner léger est plaisant et j'avais décrété que contrairement à l'alpiniste, le marcheur n'a besoin de rien. À la rigueur d'une paire de chaussures confortables. Quant au reste, les bonnes jambes et le cœur aguerri, cela ne s'achète pas.

J'avais oublié les frontales à Delhi et négligé d'emporter une tente. Nous avons déniché une petite lampe à pétrole au bazar. Une mèche de tissu ocre, un petit bidon d'essence et un briquet, ce ne serait pas pratique mais parfait !

Pour pallier la finesse de mon duvet, j'ai acheté une de ces fines couvertures de laine blanche qui font office de châle. Pour manger, deux paquets de nouilles chinoises périmées.

Remonter le cours d'un fleuve mythique jusqu'à sa source. Rejoindre la moraine sacrée… Pour l'instant, nous voilà assis pour quatorze heures de bus et autant d'arrêts dans un véhicule qui roule à la façon d'un crabe en travers de la route. À droite du pot d'échappement, le Gange défile derrière une fumée noire tandis que nous évitons les voitures qui surgissent d'en face, à moins que ce ne soit l'inverse. Guillaume s'amuse des panneaux rouillés, tout en malice et poésie, qui ponctuent le chemin : « *Vous qui roulez, soyez gentils avec ceux que vous croisez !* »… ou « *La vie est trop belle pour se terminer dans un virage. Be kind !* »

À côté du chauffeur, un type dort assis, enroulé dans une longue écharpe. Le bus cahote sur la route mauvaise et lui, il roupille, réellement, tranquillement, les jambes pliées, prises dans l'étau du tissu qu'il tient d'une main. De l'autre, il soutient sa tête.

Durant dix heures, il va dormir ainsi, face à nous qui soulevons déjà une fesse du siège au premier kilomètre pour soulager une crampe… Je plains mon frère. Le pauvre a plié son mètre quatre-vingt-treize sur la demi-place de la banquette en bois. Il faut être jeune pour s'infliger pareil traitement.

Quelques heures plus tard, dans l'entêtante fumée des bidies, tandis que le passager de devant caresse une poule qui caquette sur ses genoux, je sens une main furtive passer sur ma queue-de-cheval. Notre voisin de derrière ne résiste pas à l'envie de toucher mes mèches dorées, en dépit des œillades assassines de mon frère.

– Laisse tomber, va, dis-je à Guillaume, sur le point de se transformer en salafiste hargneux. C'est agaçant mais si ça lui fait plaisir, ce n'est pas si grave.

La mère Teresa en moi ne fait pas long feu. Frisant l'envie d'assommer le fâcheux, je me contente de faire disparaître mes cheveux sous un foulard.

Au soir, la température tombe. Le moteur ronfle de plus belle dans les derniers lacets et nous échouons à Gangotrî, désert, à près de 3 000 mètres d'altitude. Guillaume s'extirpe de son siège segment après segment, comme le mètre de la poche du charpentier.

*

L'avantage des lits de ce peuple de fakirs, c'est qu'on ne s'y attarde pas. Après une nuit glaciale dans une chambre spartiate, nous voilà sur le sentier dès l'aube. Il fait si froid que la perspective d'une halte dans un refuge ne m'attire pas. Et puis, le temps est magnifique. Je propose à Guillaume de monter d'une traite jusqu'à Tapovan, à 4 600 mètres d'altitude. Une bonne vingtaine de kilomètres et mille mètres de dénivelé. Mon petit frère débarque tout juste des rives de l'océan Indien mais il n'y voit aucun inconvénient…

En chemin, nous croisons quelques mulets et des habitants de Gangotrî qui redescendent dans la vallée. L'hiver arrive et tout le monde semble déserter… Plus un seul sadhu sur les rives du Gange. Mais qu'importe la morsure de l'air ! L'éclat sidéral, l'univers minéral nous enchantent et nous accélérons le pas, au mépris des règles élémentaires de l'acclimatation.

C'est en marchant vers eux que je tombe amoureuse des Baghirati. Dans l'échancrure ombreuse de la vallée que l'obscurité commence à noyer, le Baghirati III m'apparaît étincelant comme un diamant. Le Shivling est plus majestueux pourtant avec ses lignes nettes et splendides de grand Cervin mais c'est à la chaîne des sommets voisins que s'accrochent mes rêveries.

À 4 000 mètres, la nuit a envahi la moraine. La caillasse miroite sous la lune et le gel.

– Arrêtons-nous ici, dis-je à Guillaume en apercevant un abri sommaire entre les pierres, surmonté d'une toile. Nous monterons demain à Tapovan.

D'une minuscule tente que nous n'avions pas vue surgit alors une face noire et joviale. L'homme s'incline, ravi d'avoir de la compagnie et nous invite à partager son repas. Je m'y reprends à deux fois pour franchir le seuil de sa tente, tant est épaisse la fumée. Me frottant les yeux, j'entrevois une cocotte qui mijote entre deux pierres au pied d'un trident de Shiva. Rama, notre bon génie, nous sert un dhal fumant et quelques pommes de terre. La tente qui nous accueille est celle de son guru, parti faire des conférences en France ! La coïncidence ravit Rama.

Il nous prête deux couvertures et nous aide à assurer la bâche de notre abri de fortune. Le vent se lève et le bivouac s'avère désastreux. Malmenée par les courants d'air, notre lampe à pétrole se renverse sur le sac de Guillaume, noyant les nouilles périmées de notre petit déjeuner.

Six cents mètres plus haut, le lendemain, Guillaume s'allonge entre deux pierres à l'orée du glacier, prêt à tourner de l'œil. Aïe… Mal des montagnes.

– On a vraiment fait n'importe quoi ! Je suis désolée, lui dis-je.

Il était temps de redescendre.

J'étais partie sans idée d'escalade, je m'en retournais avec des rêves d'altitude. Si je n'ai jamais gravi le Baghirati, je n'en éprouve aucun regret. Peut-être est-il bon d'avoir dans son cœur des montagnes sur lesquelles on ne montera jamais. Des sommets que nul souci de logistique ou d'éthique n'est venu entacher. Des cimes que seul notre esprit s'autorise à arpenter et qui continuent de fleurir en nous, exhalant leur parfum de mystère…

*

Un mois plus tard, nous avons retrouvé Arnaud dans le Karnataka sur les blocs d'Hampi. Des jours durant, nous avons grimpé avec Rajesh, un ami de Bangalore, dans ce temple de roche et de lumière. Hum… le vernis des palmes dans les aubes dorées et les stupas immaculées ! Au sommet des collines se dressaient à l'infini des boules de granit orangé. En se faufilant entre elles, on découvrait parfois un cobra sculpté, un dieu tutélaire gravé dans la pierre ou un sadhu couvert de cendre, fumant tranquille son chilom sous le couvert d'un rocher. Et tant de singes pour nous faire la leçon, meilleurs grimpeurs que nous devant l'éternité !

J'ai quitté Guillaume avec une grande émotion après ces longues semaines passées ensemble. Nous avions le même goût pour la poésie et les marches enflammées sans savoir où aller, les mêmes désirs d'écriture, et si chacun possédait ses rêveries propres, un fil invisible semblait les relier. Cette éternité que nous venions de vivre, je pressentais qu'elle ne se reproduirait pas de sitôt.

*

J'ai retrouvé mon frère un an plus tard à l'hôpital de Grenoble. Absorbé dans la contemplation du massif de Belledonne, il avait perdu son hâle et ses illusions de jeunesse. C'était la première fois que je le voyais aussi pâle. Après notre périple indien, il était parti à Sydney toquer à la porte de la belle Zohra, rencontrée à Hampi, avec un bouquet de violettes et une déclaration d'amour aux accents shakespeariens. Il avait passé deux mois à lire des sonnets sous les draps de la belle métisse, issue des amours d'un professeur d'Oxford et d'une Indienne de Goa. Plus tard, il avait circumambulé autour des Annapurnas en compagnie de deux étudiantes de Bratislava. Au Laos, il avait été désarçonné de sa moto, une Enfield chromée, par le compagnon jaloux d'une jolie Française à laquelle il avait eu l'imprudence de conter fleurette. Mon petit frère était sincèrement tombé amoureux sept fois en douze mois. Il était rentré en France un peu déboussolé avant de repartir à Londres enseigner le français pour gagner son bock au pub.

À Grenoble, il avait rencontré une étudiante franco-vietnamienne, Xuanhi, l'amour de sa vie. Le seul, l'unique, le vrai. Finies les passades du voyageur ! Avec son visage de madone, un don inné pour les langues et un moteur de recherche à la place du cerveau, elle avait réduit à néant l'inconstance de mon frérot.

Les tourtereaux s'étaient promis de visiter Florence. Dans le train, entre Parme et Bologne, Guillaume avait vomi un bol de sang. On l'avait rapatrié en urgence pour soigner une tuberculose avancée, contractée en Inde ou dans les quartiers louches de Londres.

Xuanhi ne lui tint pas rigueur de son teint bilieux. Cette ultime mésaventure leur permettrait de passer plus de temps ensemble.

Tant pis pour les petits hôtels glamours de Toscane. Lorsqu'on aime, on ne s'afflige pas que le lit de la chambre soit numéroté !

Guillaume était las de la tournure picaresque qu'avait pris sa vie et bien décidé à lui intimer une nouvelle direction. S'installer avec son amie qui bûchait sérieusement son agrégation, passer lui aussi un concours et oublier les verres de cordial du samedi soir qui risquaient d'endommager son foie.

C'est dans cet état de conversion spirituelle que je l'ai retrouvé, hésitant entre une compote insipide et un yaourt. Xuanhi n'allait pas tarder à arriver et j'eus le sentiment qu'il n'avait jamais été aussi heureux que sous antibiotiques !

Chapitre VIII

Sadiya

L'Inde m'avait allégée. Rien ne m'apparaissait plus enviable que de vagabonder au fil des saisons. J'étais en quête d'un style de vie ; une vie qui pèse à peine plus lourd qu'une plume. Quelque chose au fond de moi me soufflait que l'existence que chacun de nous s'échine à mener n'avait rien de sérieux. Que la vraie vie était ailleurs et non dans les mille tracas quotidiens qui vrillent l'estomac et nous font les nuits blanches. On peut décider de s'alarmer à tout propos, un pneu crevé ou un évier bouché, ou décider de lâcher du lest en souriant à l'aube et s'élever dans l'air comme une montgolfière. Inutile de rajouter de la souffrance à celles, bien réelles, que les jours nous apportent tôt ou tard, me disais-je en repensant au départ d'Émilie. Il y a les vrais soucis et les autres. Ces derniers, autant les circonscrire et les considérer comme des farces.

En Inde, j'avais réalisé que l'escalade était un merveilleux prétexte au voyage. Qu'elle me permettait de vivre plus profondément un lieu et de nouer des liens. Ainsi, à l'avenir, je voyagerais avec un motif au risque de déplaire à mon auteur préféré. Mais lorsque j'y pense, Nicolas Bouvier et son ami Thierry Vernet, sous couvert de n'avoir pas de mobile à leur longue errance de voyageurs, avaient tout de même quelques motivations profondes. Travailler à leur manière, c'est-à-dire peindre et écrire…

Au printemps suivant, nous sommes partis dans le sud de l'Atlas marocain. Nous avions apprécié le charme des gorges du Todra, la douceur de l'air et les vues aériennes sur la palmeraie mais une route goudronnée et plusieurs hôtels touristiques étaient venus enlaidir la vallée. Nous rêvions de grimper dans un lieu plus sauvage et plus âpre.

C'est en repensant aux conseils de Bernard Domenech, un vieil ami alpiniste, que nous avons repris la route en direction des immenses murailles ocre qui surplombent le village de Taghia. Géographe, Bernard avait arpenté le Haut-Atlas dans les années 1970 avec l'œil du grimpeur.

Affable et discret, capable de disserter avec autant de passion que d'érudition sur les montagnes du monde entier, il avait l'art d'attiser la curiosité de la nouvelle génération. En l'écoutant, on avait le sentiment de partir à la découverte d'un nouveau massif quand bien même on ne faisait que suivre la trace des pionniers.

À Marrakech, nous montons à bord d'un bus brinquebalant qui met cap à l'est. Quatre heures et maintes escales plus tard, nous débarquons à Azilal, bourgade poussiéreuse où de petits vieux sirotent leur verre de thé entre le pouce et l'index. À l'écart de la rue centrale, un petit marché de légumes et de fruits. Une boulangerie où l'on achète pour quelques pièces des galettes de pain fumantes.

Les boutiques ont le charme désuet de nos dernières épiceries de province. Il faut avoir l'œil exercé pour trouver ce qu'on cherche. La lessive côtoie l'eau de rose et le Nido, cette infernale traînée de poudre lactée répandue par Nestlé dans toute l'Afrique. Ça fleure bon les épices, la menthe et le savon, tandis qu'à l'arrière, dans la ruelle, trois poules picorent les épluchures jetées depuis une échoppe où l'on prépare le tajine de midi. Entre les boutiques, un plateau volant circule avec le thé à la menthe et le café au lait.

Nous repartons, calés épaule contre épaule, dans un vieux Land Rover conduit par Mouha, le long d'une rivière bordée de somptueux noyers aux feuilles lustrées. La piste déroule ses lacets à flanc de collines minérales. Nous pénétrons un désert d'altitude. Au col de Tizi n'Illisi, à 2 500 mètres, la végétation se courbe et fait le gros dos. Les pentes du Jebel Azourki dévalent dans un talweg pommelé de bouquets de genêts, de brebis immobiles et de cahutes en pierre où s'abritent des bergers.

– Les tribus Aït Atta ont hérité du droit d'estiver sur les hauts-plateaux durant l'été, m'explique Mouha, qui attaque la descente en première pour ne pas user les freins du vieux 4x4. Certaines se sont même sédentarisées tandis que d'autres regagnent, en début d'automne, la vallée du Draa avec chameaux et troupeaux.

Pour reposer le Land Rover, on fait escale à Assam Souk, dans une baraque en pierres à toit plat. Le thé fume entre nos doigts gelés. Ce coin de désert s'anime tous les mardis, le jour du souk. Ces matins-là, un antique camion arrive dans un sillage de poussière avec son chargement d'hommes et de ballots joufflus, au sommet desquels trônent les précieux paniers de fruits. Avant l'hiver, l'opulence des grenades de Beni Mellal et des raisins dorés vient égayer le quotidien.

En ces jours de marché, de vieux bergers en djellaba, tenant par la bride un mulet, descendent en grappes des quatre coins de la montagne. Je revois encore l'un d'eux. Un agneau sur l'épaule, il allait, sa sacoche en bandoulière protégeant son Coran, échanger l'animal contre un sac de farine. Il était superbe. On devinait en lui une frugalité qui semblait précéder tous les dogmes et toutes les religions. Il était sans âge et l'âne grisonnant aux pattes grêles qui cheminait à ses côtés symbolisait l'éternel compagnonnage de l'homme et de la bête.

En quittant Assam Souk, on traverse les vestiges d'une forêt clairsemée de genévriers thurifères. Certains ont plus de mille cinq cents ans. À présent, ces arbres sacrés aux troncs torsadés et au parfum d'encens agonisent sous l'assaut des haches. Le combustible est rare et l'hiver bien rude dans les montagnes.

La nuit tombe doucement. Dans la pénombre rosée de la vallée de l'Ahansal, on devine le village de Zaouïat où s'achève la piste. Pelotonné sur lui-même, le vieux bourg semble naître de la terre dans une harmonie subtile de tonalités, avec ses admirables kasbas aux fragiles créneaux et ses fenêtres à claustras. Je ne connais pas de plus noble architecture que ces forteresses de bois, de paille et de terre qui défient la gravité et le passage du temps. Certaines ont plus de trois cents ans.

La légende dit qu'un saint nommé Sidi Saïd Ahansal avait été envoyé sur les chemins par Allah, en compagnie d'un âne et d'un chat. *« C'est à l'endroit précis où le chat sautera du dos de l'âne que tu édifieras la Zaouïa »*, lui avait commandé Allah.

Enfin, le moteur s'arrête. L'atmosphère paisible incite au murmure. Je comprends que le minou ait choisi de s'y installer… On affrète en silence deux mulets.

Comment expliquer cet amour que j'éprouve pour la vallée de l'Ahansal et le village de Taghia où ma vie a failli basculer du haut d'une falaise ? Ce sentiment de paix qui me dilate le cœur quand je quitte Zaouïat, nos sacs chargés sur les mules ? Depuis bientôt quinze ans que je parcours ce chemin, j'en connais chaque courbe, chaque relief. Après les dernières haies de figuiers, la rivière bordée de saules s'engouffre dans une gorge étroite, entre des parois de plus en plus hautes. Je me souviens de cette toute première fois. Il fallait traverser ce cours d'eau capricieux, tumultueux au printemps, débonnaire en septembre.

Le sabot fragile des mules chargées qui bute sur les galets. Le « Raaaa ! » sonore du muletier qui frappe le flanc de l'animal d'un coup de trique et tire sur sa bride pour l'aider à franchir l'obstacle. Le vent qui s'enfile dans le corridor et la démesure des parois qui se succèdent en un mirage de cathédrales.

Au sortir des gorges, la vallée s'épanouit. La rivière se prélasse et jouit de plusieurs lits. Dans les champs minuscules, le coquelicot aguicheur courtise un épi mûr et lascif. Au loin, la silhouette gracile des peupliers ondule et le regard s'attarde sur trois nuages ventrus, vaisseaux en suspension dans un ciel de Véronèse.

On croise un troupeau de brebis laineuses avec leur berger, un homme rentrant des champs avec le soc en bois d'une charrue en travers de l'épaule, des femmes courbées sous une charge de bois ou une gamine portant sur son dos un nouveau-né enveloppé de linges.

Soudain, la pyramide de l'Oujdad apparaît au détour du sentier. On se surprend à émettre un sifflement d'admiration. Ce sommet semble tout droit sorti de la lanterne d'un bon génie : pièce-montée et sa lichette de crème fouettée, à moins que ce ne soit le calot d'un schtroumpf… Ceux d'ici y voient un mouflon. Ils ne sont pas si nombreux les monts mirages qui nous renvoient à l'enfance !

– En somme, c'est un sommet qui manque de sérieux, conclut Arnaud.

C'est vrai qu'on l'imaginerait assez joueur pour filer en douce. Suffisamment effronté pour se carapater, faire pfuitt ! et partir en fumée !

Souvent, en quittant le village, je me retourne, étonnée de le voir. Il est bien là et jusqu'au dernier instant, je garde à l'œil sa cime impertinente.

Mais plus on approche du village, plus Oujdad découvre son véritable visage. Ses éperons se font plus escarpés, plus acérés. Une fois au gîte, il nous domine et nous écrase de toute sa masse cuivrée. De ses entrailles jaillissent les sources qui fertilisent la vallée de l'Ahansal.

À mon réveil, le village est recouvert d'une fine couche de neige. En ce matin de printemps, à près de 2000 mètres, il fait frisquet. Emmitouflée dans une bonne veste, je sors faire un tour. Quelques flocons achèvent leur course en fondant sur mon nez. Les gamins sont dehors, frissonnants de froid et de bonheur sous cette neige tardive. Je croise la petite Khadija, pieds nus dans ses chaussures en plastique. Un amour de gamine. Sept ans, des menottes gelées et un imper troué. Les plus beaux yeux qui soient et une moue timide à faire fondre. Khadija me fait les honneurs du village et me donne en zozotant mes premiers cours de tamazight. Je comprendrai plus tard que durant quelques années, j'ai parlé le berbère ainsi, comme les enfants édentés qui me l'avaient appris !

Le jour suivant, le soleil brille et Khadija m'attend. La neige a fondu et nous marchons le long des fines *seguias,* ces canaux qui irriguent chaque parcelle.

Lorsque ma petite amie croise une femme, elle baise avec dévotion le dessus de sa main et échange les salutations rituelles. Un peu plus loin, c'est un groupe de gamines qui reviennent des champs, le dos chargé de trèfle, une faucille à la main. Prise au filet des sourires et des grands yeux effarouchés, me voici embarquée à la sortie du village. On veut me montrer quelque chose. Khadija tient toujours ma main gauche tandis qu'une menotte plus hardie vient se glisser dans l'autre…

Je penche la tête. C'est une petite fille un peu plus âgée que Khadija. Les prunelles noires décidées, le sourire éclatant, la gouaille fière de l'enfance, elle mâchonne un épi de blé et porte sur le dos une charge énorme pour ses minces épaules. Je veux l'en délester mais elle me fait comprendre, dans un grand éclat de rire, qu'elle est bien plus forte que moi ! Je viens de faire la connaissance de Sadiya.

Sadiya brandit un lourd trousseau de clefs et ouvre le cadenas de sa caverne d'Ali Baba ; le moulin familial dont elle assure la marche. Elle pénètre la première par la minuscule porte de la cahute en pierre qui enjambe le canal. Je peine à m'y faufiler à sa suite. À l'intérieur, dans la pénombre, une vieille meule tourne sur son axe. La fillette jubile. Ses yeux brillent dans le noir tandis qu'elle remplit l'entonnoir d'un grain qui se déverse sur la pierre. Elle m'invite à mettre la main dessous pour récolter la farine et murmure : *« Irden aghrum »,* le blé pour le pain…

Chère Sadiya, j'ai tant pensé à toi et à tes amies, durant toutes ces années. Toujours il me tarde de te revoir, de t'embrasser.

Les saisons passent et je pense à toi. Lorsque je pars sur la colline avec mon sac à dos ramasser du petit bois pour l'hiver, toujours je pense à toi, arpentant les pentes avec ta hache pour débiter le vieux tronc noueux d'un genévrier.

Lorsque je m'en vais au jardin cueillir un brin de menthe, je revois la théière fumant sur la braise de ta petite cuisine noire de suie, au sol de terre battue.

Lorsqu'un arc-en-ciel s'épanouit après l'orage, je songe au beau nom que vous lui donnez là-haut : *Tislit n'Unzar*, la fiancée de la pluie.

Le miel que je savoure chaque matin me paraît bien léger à côté du tien, amer et fort aux essences d'absinthe et de thym. Te souviens-tu ? J'avais fait la grimace et tu m'avais dit :

– Mange, c'est notre médicament à nous.

C'est pour parler avec toi que j'ai appris le peu de berbère que je sais et toi, tu as demandé à Ahmed, ton frère, de t'apprendre quelques mots de français pour que nous puissions échanger. Nous n'avons pas beaucoup progressé alors on ne se dit pas grand-chose. Être ensemble, muettes, nous suffit.

Aujourd'hui, tu as 24 ans et l'an prochain, tu vas te marier, Sadiya. Je t'ai offert les boucles d'oreilles de ma grand-mère. En retour, tu m'as donné un petit napperon en laine.

Il est là, sur ma chaise, imparfait et précieux et les perles nacrées brilleront toujours mieux à tes oreilles qu'aux miennes.

Tu es restée petite, tu as travaillé dur. Tu ris toujours mais tu es plus grave, les cheveux retenus par ton voile ajusté à l'ovale pur de ton visage.

« *Taghia ichkra !* »

Tu me dis que la vie est difficile ici et tu ris.

Ahmed, la dernière fois que nous nous sommes vues, a traduit pour moi tes paroles :

– Sadiya souhaite te dire qu'elle t'aime. Elle t'aime vraiment beaucoup…

Une fois encore, nous allions nous quitter et sous mes lunettes de soleil, les larmes me sont venues. Tu m'as serrée fort contre ta poitrine et tu m'as suivie du regard lorsque je suis redescendue au gîte de Fatima et de Saïd. Parce que c'était toi, parce que c'était moi…

J'aurais aimé que nous passions plus de temps ensemble durant toutes ces années mais les parois me retenaient. Tu ne comprenais pas toujours ce que j'allais y faire. Tu demandais à Ahmed :

– Pourquoi ?

Et lui te répondait :

– Parce que c'est son métier.

Étrange métier, devais-tu te dire Sadiya…

Comment t'expliquer, mon amie, que lorsque la vie devient trop douce chez nous, il faut s'en extraire et éprouver ces sensations qui te sont familières, le froid et la fatigue ? Comment t'expliquer, à toi qui t'endors épuisée sur ton tapis de laine que chez nous, les gens ne parviennent plus à dormir en paix dans leur lit moelleux à cause de leurs soucis ? Comment t'expliquer, à toi qui bats ton linge l'hiver dans l'eau glaciale de la rivière, que pour nous, les cures d'inconfort sont une question de survie ? Comment te dire, Sadiya, qu'en dépit de leurs belles dents et de leurs machines à laver, les gens d'ici continuent de rechercher une vie meilleure ? Comment te faire comprendre que tout ce qui te manque ne fait pas la vie gaie ?

Chère Sadiya, je voudrais te dire que je te trouve plus belle avec tes mains gercées que les filles croisées dans les rues de Marrakech ou de Paris.

Car tu es belle de la vie vraie. Couper le pain, servir le thé, museler ta vache. Chacun de tes gestes a une grâce innée. Tu n'as jamais possédé d'autres ustensiles que tes mains agiles. Ici, chez toi, tu n'es pas empruntée. Tu as la beauté des fleurs écloses dans un terreau propice. Tu as la force de ta lignée. Moi aussi je t'aime, Sadiya.

*

Le dernier jour, nous avons chargé les mules qui nous précéderaient jusqu'à Zaouïat. Nous avions toute la journée pour une dernière escalade. Le soir, il s'est mis à pleuvoir à grosses gouttes. Nous courions en riant sur le chemin, éclairé par nos lampes frontales. La rivière avait changé de figure. Une eau noire et tumultueuse ronflait au fond des gorges. Sans même retrousser nos pantalons, sans même nous déchausser, nous sommes entrés dans les flots, luttant contre le courant. Il ne fallait pas tomber. La frontale éclairait les remous devant moi et bien qu'un peu effrayée, je me sentais extraordinairement gaie.

C'est bon de traverser une rivière en furie de nuit, me suis-je dit, de sentir cet équilibre fragile qu'il faut maintenir. Sentir son corps engagé jouer avec les éléments. C'est bon de courir à perdre haleine sur une piste, guidée par les lueurs du village. Excellent de troquer ses vêtements mouillés pour un pull sec et de bonnes chaussettes ! C'est délicieux enfin de boire un thé à petites lampées et de contempler ses amis à la lumière d'une chandelle. Ravis d'une escapade, ravis d'une escalade. Ces fronts apaisés, ces yeux rêveurs, ces masques abandonnés.

Manger lorsqu'on a faim et s'endormir bercés par la rumeur de la nuit, l'âne qui brait, la rivière derrière soi, le parfum du genévrier… C'est si bon de troquer ses bonnes manières contre des manières vraies…

Durant ce premier voyage, nous avons peu grimpé, nous contentant d'observer avec respect les grandes parois de calcaire qui tutoyaient le ciel. Nous n'en menions pas large en vérité. On se sent si petits à Taghia, entourés de ces hautes murailles. Et c'était bien, ma foi. Prendre le temps de marcher aux alentours, d'apprivoiser ces sentes vertigineuses et ces canyons profonds, d'ouvrir une courte voie sur un rebord de ciel en compagnie d'un troupeau de chèvres et d'un berger étonné.

D'immenses boucliers de rocher pur et compact jaillissaient de toutes parts, à ne plus savoir où donner de l'œil. Nous avions repéré une belle douzaine de lignes somptueuses à ouvrir. De quoi s'occuper pour l'éternité !

Nous savions que nous reviendrions.

Chapitre IX

Un été sauvage

Il y a des moments où la vie s'accélère. Où elle nous saisit à bras-le-corps et nous chavire pour notre plus grand plaisir. Cet été 2003 s'annonce magnifique. En août, nous partirons pour la Fleur de Lotus, une paroi du Grand Nord canadien qui nous fait rêver depuis des années. Et juillet est ouvert à tous les possibles.

Le beau temps est une tyrannie à laquelle l'alpiniste n'a pas le pouvoir de se dérober. Lorsque le soleil s'impose, sa nature lui intime de se lancer sur les sommets. Il serait sacrilège de ne pas y être lorsque la montagne nous ouvre les bras pour qu'on l'embrasse au plus large de soi.

Seul l'orage peut nous faire rebrousser chemin. Mais cet été-là, le ciel est désarmant de limpidité et rien ne vient obscurcir le soleil ni nos projets.

Alors que la canicule s'abat sur la France et qu'on étouffe en ville, le sang pulse dans nos veines et nous mettons les voiles. Une excitation joyeuse nous a saisis. Le fourgon presque vide, nous roulons vers les Dolomites, marchant de nuit pour rejoindre le pied des faces et dérouler la corde dans la douceur inespérée d'aubes toujours plus belles.

Les faces nord des Tre Cime n'ont jamais été aussi accueillantes. Vastes murailles qui se penchent au-dessus de la langue des pierriers, ces faces paraîtraient presque débonnaires par ces longues journées baignées de soleil.

Les hirondelles fendent l'air à mes côtés, tandis que j'avance dans la *Hasse-Brandler* sur un calcaire éblouissant. Les vieux pitons, le rocher qui demande un peu d'attention me ravissent. Les Tre Cime font partie de mes escalades préférées. J'aime cette dolomie blanche et fracturée qui offre de parfaites réglettes. Et quelle folle ambiance ! Dans cette paroi de 500 mètres, chaque longueur nous propulse davantage dans le vide. J'avale les mètres de la Cima Grande, jusqu'au sommet, dans un état proche de la transe.

Dès le lendemain, nous voilà partis dans la *Comici*, une voie incontournable des Dolomites ouverte en 1933 par le bel Émilio, le premier grimpeur médiatique de l'histoire de l'alpinisme. L'élégant grimpeur fascinait le tout Cortina par sa souplesse et ses exploits. Avec ses espadrilles à semelles blanches, ses pantalons bouffants et son torse bombé, il faisait de l'effet à ces dames et agaçait ces messieurs. En ce temps où Paul Morand écrivait que Coco Chanel « fanait l'avant-guerre », Émilio, lui, *fanait* la vieille garde, démodait l'ancienne génération d'alpinistes et de guides qui grimpaient en se faisant la courte échelle et crapahutaient en zigzaguant sur les montagnes à la recherche du passage évident. Comici découpait dans la paroi des lignes nettes et franches. Comme le tombé des robes de Coco, les voies d'Émilio filent droit.

– Impressionnant tout de même, dis-je à Arnaud. C'est incroyablement raide sans dépasser le 6a !

Et lancés comme des fusées, nous rejoignons rapidement une cordée italienne qui semble fossilisée sur la muraille. Au relais du dessus, le grimpeur nous jette un œil hostile, bien décidé à nous montrer qu'il ne cédera pas sa place. Je propose à Arnaud de ralentir :

– Pourquoi ne pas attendre ici en mangeant un gâteau ? Ce n'est pas agréable d'avoir des bolides collés à ses semelles d'autant que notre mérite n'est pas bien grand ; cette voie n'est pas trop difficile pour nous…

Mais pressé de rejoindre le soleil, Arnaud n'a aucune envie de s'éterniser en face nord.

– *Do you know* Arnaud Petit ? s'exclame-t-il soudain à l'adresse de l'Italien.

Mais qu'est-ce qui lui prend ? Il est fou ! J'ouvre de grands yeux effarés…

Et l'autre de répondre éberlué :

– Si, *perche ?*

– *Perche* c'est moi !

– *You ! You are* Arnaud Petit ! reprend l'autre, la mine transfigurée.

Il n'en croit pas ses yeux et je n'en crois pas les miens…

Quinze mètres plus haut, son leader, qui a tout entendu, s'arrête net de grimper, se pend à un piton, ouvre grand les bras et s'exclame à notre adresse :

– Arnaud Petit ! Et toi ? Stéphanie ?

– *Si…*

Incroyable ! Nos *tifosi* se confondent en excuses. Les voici ravis d'être dépassés et on se paye même d'une photo de groupe au relais !

Arnaud m'amuse et me surprend. Il a conscience de sa valeur et possède l'art du raccourci. La fausse modestie lui est parfaitement étrangère. Certains doivent s'en étonner et se dire qu'ils ont affaire à un fat. Lorsqu'on le connaît, on s'aperçoit vite qu'il est joueur et totalement décomplexé.

*

Une semaine plus tard, nous voilà de retour à Chamonix.

– Non, mais qu'est-ce que vous faites là ?

Arnaud pose la question en détachant chaque syllabe, tant il est surpris.

– Eh bien, on a bivouaqué hier au pied du dièdre Rébuffat…

– Non mais je veux dire, franchement, qu'est-ce que vous faites ici, dans la *Walker* ?

– Ben là, euh… On est encore en bout de corde. À vrai dire, je n'ai pas pu atteindre le relais, répond le leader de cordée, doté d'un âge respectable et d'une impeccable chemise à carreaux. Je ne comprends pas pourquoi d'ailleurs, poursuit le vieil ingénu. Dans *Les 100 plus belles,* Rébuffat parle de longueurs de 35 mètres, n'est-ce pas ? ajoute-t-il en prenant à témoin son compagnon. Et à chaque fois, on se retrouve pendus sur un piton, 15 mètres sous le relais. C'est à n'y rien comprendre…

– Mais c'est normal ! réplique Arnaud, éberlué. Le topo de Rébuffat date de plus de trente ans ! Aujourd'hui, dans la *Walker*, tout le monde utilise des cordes de 50 mètres.

– Ah ! C'est donc ça…

– Soyez prudents tout de même, conclut-il en les dépassant.

Si nous sommes surpris, c'est que nous avons déjà rencontré les deux compères dans une voie facile à l'aiguille de Blaitière. Leurs techniques peu orthodoxes nous avaient déconcertés : le huit décoloré posé sur le relais pour assurer le premier de cordée, les coinceurs qui avaient la fâcheuse habitude de rejoindre le fameux huit... Et ce matin, nous voici nez à nez avec les artistes ! En pleine face nord des Jorasses et au deuxième jour de leur ascension !

– Ça nous fait cent vingt-huit ans à nous deux, me disent-ils alors que j'arrive à leur hauteur.

Chapeau ! pensé-je. Mais attention tout de même car cette paroi a raccourci des longévités moins spectaculaires...

Une heure plus tard, nous débouchons au pied des cheminées rouges, le dernier bastion raide avant le sommet situé à 4 200 mètres. Pour y accéder, nous avons gravi un névé suspendu et une zone de glace d'où émergeait une vieille corde, comme scellée dans le néant.

Assurant Arnaud, je jette par hasard un œil vers le bas. Que vois-je ! L'ancien en train de remonter le névé en tirant sur ce lambeau de corde. Quand soudain, pfuit ! La corde se détache de la glace, projetant tête en bas le vieil alpiniste. J'observe impuissante son corps qui glisse sur la pente gelée, persuadée d'assister à mon premier drame en montagne... Aïe, aïe, aïe... Je retiens mon souffle, terrifiée à l'idée que la cordée puisse être éjectée de la paroi... Mais la chute s'arrête net. Ouf ! Retenu par le solide coton de sa chemise sur une pierre ancrée dans la glace, l'alpiniste se redresse tant bien que mal. Comme quoi, l'équipement à l'ancienne a du bon finalement ! Je crie un « ça va ? » et m'entends répondre un « oui » penaud... Les deux amis ont frôlé la catastrophe et nous poursuivons notre ascension, non sans inquiétude.

À midi et demi, nous émergeons au sommet douze heures après notre départ du refuge de Leschaux. C'est l'éblouissement. L'austérité de la face nord a laissé place à un univers de blancheur et de lumière. Nous savourons ce sommet mythique. Une douce chaleur nous envahit alors que nous entamons la longue descente de la face sud et je croise les doigts pour nos compagnons de fortune.

Le lendemain matin, en les voyant pénétrer dans le petit refuge de Boccalate, Arnaud n'a plus idée de leur demander ce qu'ils font là, trop heureux qu'*ils y soient.* Simplement là, ce matin, avec nous, la chemise déchirée et « incapables de s'asseoir pour chier », dixit l'un d'eux !

En montagne, il n'est pas rare qu'une fois la tragédie écartée, on frise le burlesque. Qu'est-ce qu'un incident finalement ? Un drame inachevé qui tourne au vaudeville…

*

L'été s'étire au loin dans le Grand Nord canadien. Début août, nous retrouvons – au fin fond du Yukon – Beth Rodden et Tommy Caldwell, un célèbre jeune couple de grimpeurs américains.

Nous avons rencontré Beth en 1997 au pied de la falaise de Rifle, dans le Colorado, le site calcaire majeur des États-Unis. Le coin était bourré de chasseurs et de grimpeurs, d'amateurs de wilderness rebelles et de buveurs de Budweiser ultra-conservateurs. On pouvait s'y équiper en mousquetons et en 22 long rifles. Beth avait 18 ans et en paraissait 12. Adorable petite blonde au visage mutin, elle possédait plus de combativité que ne le laissait présager sa silhouette d'ado californienne. Pour sceller notre amitié, elle nous avait invités à un barbecue… de marshmallows et nous avions grillé de bon cœur nos cubes roses sur le foyer. *Why not* !

Les années ont passé. Beth a échangé ses chamallows contre des *power bars* et nous sommes heureux de nous retrouver pour tenter l'ascension de la tour de la Fleur de Lotus, dans les Logan mountains. En lézard californien, elle s'inquiète un peu car elle vient de réaliser qu'elle a horreur du froid, du vent, bref, de la montagne ! Pour se détendre et se réchauffer, elle nous chante à tue-tête, *Lose Yourself*, le tube d'Eminem :

« If you only got one shot, or one opportunity
To seize everything you ever wanted…
Would you capture it or just let it slip ? Yo ! »

L'opportunité de l'instant, ce sont ces pavés de saumons que nous dégustons dans un hôtel de White Horse, grâce à la carte Visa de Petzl USA, détenue par la belle. Dépaysant pour nous car durant nos précédents voyages Outre-Atlantique, nous mettions un point d'honneur à débusquer les motels les plus miteux !

On a roulé des heures. Des arbres, des arbres, rien que du vert et le gris de l'asphalte, bientôt remplacé par la boue des pistes. On a atteint un petit aérodrome et l'on s'est envolés… Le pelage des forêts défilait sous nos pieds, ponctué d'une multitude de petits miroirs argentés. Ça me faisait tout chaud au cœur d'imaginer une faune précieuse vaquant tranquillement au bord de ces étangs où nul homme ne passe ! Et puis l'avion a atterri sur une piste privée et nous voici, éberlués, à la porte d'*Inconnu Lodge,* une retraite sauvage pour pêcheurs millionnaires. C'est splendide, cela va de soi. De petites cabanes de Robinson de luxe alignées en bordure d'un lac vierge, une vaste salle commune où trône un élégant billard, la porte surmontée d'une gigantesque tête d'élan d'un goût douteux. J'ai la sensation de me retrouver au cœur de l'Afrique coloniale.

Casquette de base-ball vissée sur son crâne carré, Warren, le propriétaire nous tend une franche poignée de main. Positif et jovial, le costaud Canadien est ravi de nous narrer par le menu, avec l'orgueil du pionnier, l'exploit de la construction du lodge. Il s'enflamme en évoquant le nombre de rotations d'hélicoptère nécessaires au transport des matériaux ! Puis fait une pause. Pensif, le regard grave soudain, il se gratte la casquette en fronçant les sourcils. C'est qu'il s'apprête à aborder un sujet qui lui tient particulièrement à cœur… Les toilettes qu'il a installées au camp de base de Fairy Meadows pour éviter que les grimpeurs ne fassent leurs besoins dans un trou de marmotte.

Surpris, nous l'écoutons nous faire la leçon sur la dégradation du papier toilette alors qu'il vient de nous régaler d'un nombre délirant de barils de pétrole héliportés pour faire tourner son générateur. Moi qui me torture avec mes contradictions de fourmi et les deux voyages par an que je m'autorise pour « limiter mon impact », je ne peux m'empêcher de sourire. J'ai senti poindre en moi la bonne vieille rhétorique du jugement… Mais après tout, nul n'est ici plus vertueux qu'un autre et chacun fournit les efforts qu'il peut. L'initiative pour préserver ce fragile écosystème est excellente et la vue depuis ce trône édifié au cœur du cirque des Unclimbables doit être splendide.

« Unclimbables »… Ingrimpables… C'est ainsi que son premier visiteur, Arnold Wexler, a nommé en 1955 ce majestueux massif : le cirque des parois impossibles. C'était frustrant pour un alpiniste, toutes ces citadelles de granit lisse. Il fallut attendre 1968 et l'équipe américaine menée par Tom Frost, pour que soient gravis les 600 mètres de la paroi de la Fleur de Lotus, la plus belle du cirque.

Le soir, nous nous attablons dans la cuisine avec l'équipe des vingt personnes chargées de faire tourner le lodge. Les cookies aux canneberges sont une folie sucrée et avec Beth, en bonnes marmottes que nous sommes, nous en engloutissons plus que de raison. De quoi sera fait demain ? Nul ne le sait ! « *Jouissez de la vie ; il est beaucoup plus tard que vous ne le pensez…* » À la veille d'une expédition, ces mots de Claude Lelouch sont à prendre à la lettre.

Si Robert Redford était sorti de la cabine de pilotage de ce modèle chromé des années 1950, cela m'aurait à peine étonnée… Nous grimpons à bord de l'hydravion, tout émoustillés à l'idée de voler dans un engin de musée. Une petite heure plus tard, nous nous posons sur Glacier Lake, un lac niché au pied des Logan mountains. Arnaud et Warren nous ont précédés en hélicoptère.

Depuis les rives s'offrent deux possibilités. Soit huit heures de marche éreintantes en forêt pour rejoindre Fairy Meadows, soit cinq minutes d'Alouette. Il nous reste un peu de budget. Outre la nourriture et le matériel de grimpe et de bivouac, nous sommes bardés d'appareils photo et de caméras. Notre ami Benoît Robert étrenne la sienne, décidé à tourner un petit film sur l'ascension de la Fleur de Lotus – le premier de notre carrière.

Je ne réussis pas à convaincre mes compagnons d'opter pour la longue marche. Me voyant un peu déçue de ne pouvoir commencer l'aventure ici, ils me rassurent :

« T'inquiète pas ! Tu auras tout le temps de te faire les cuisses à la descente ! On n'a plus un dollar de toute façon ! »

Je ne prends pas la peine d'expliquer mes scrupules à Warren, il ne les comprendrait pas. Il est en train de me raconter qu'il se fait un bonheur d'amener ses clients pêcheurs là-haut pour l'apéro.

Il déballe une glacière remplie de bières et lorsque des grimpeurs comme nous ont établi un camp, c'est encore mieux : ses clients peuvent faire un brin de causette. En somme, pour notre pilote, nous faisons partie de l'attraction !

Mes soucis d'éthique fondent à l'instant où l'Alouette quitte le sol. En quelques secondes, je me sens aspirée. Tout se miniaturise. Le lac et la cime des arbres que j'aurais pu toucher à travers la bulle vitrée s'éloignent d'un seul coup. C'est la première fois que je vole en hélicoptère et c'est magique. Une joie neuve m'inonde et en me retournant, je la vois rayonner sur les visages de mes amis. Quelques minutes plus tard, nous atterrissons un peu ivres et déboussolés dans la prairie des merveilles, Fairy Meadows, la bien nommée.

Je suis frappée par le contraste entre les flèches rocheuses aux reflets de zinc qui transpercent le ciel et la douceur du tapis de mousse sur lequel nous avons atterri. De petits ruisseaux miroitants s'y entrelacent comme de mignonnes couleuvres. Piquetée de bouquets de linaigrette, la prairie me rappelle un instant cette tourbière que j'aime : le joli vallon des Aiguilles, dans le Dévoluy, où nous allions camper autrefois en famille.

Alors que nous nous dirigeons vers un chaos de blocs noirs, cherchant un auvent de roche pour nous abriter, j'ai la sensation délicieuse de marcher sur du coton. Forêts miniatures de mousses tout en vert tendre et gris argenté, jungles de lichens qu'on devine phosphorescents après la pluie, c'est si beau qu'on ose à peine y poser le pied. Je rêverais de les arpenter en fourmi ou en scarabée. Tout est paisible et ouaté. Parfois, une lointaine chute de pierre fracasse le silence.

Dominant la prairie, La Fleur de Lotus nous attend. Ce nom qui sonne comme un conte laisse présager une escalade des *Mille et Une Nuits*. Lorsque je l'ai entendu pour la première fois, j'ai imaginé une muraille scintillante élancée comme un toboggan, avec ses contreforts disparaissant sous une végétation luxuriante… La couverture de *Passage,* une ancienne revue de montagne dont la verve poético-philosophique m'enchantait, a mis fin à mes visions naïves. La photo en noir et blanc montrait une flèche austère mais d'un fol élan. J'avais lu que son mur sommital, rayé de fissures verticales et agrémenté d'incrustations qu'on appelle des knobs, était à lui seul une curiosité géologique.

Nous ne sommes pas les seuls alpinistes dans le cirque. Il y a déjà trois autres cordées sur place. Deux Espagnols, dont les visages résignés ont pris la couleur de la mousse, se morfondent depuis plus de quinze jours. Ils ont le mauvais œil, se lamentent-ils. Leurs tentatives se soldent à chaque fois par un retour sous la pluie. Lorsque le soleil réapparaît, il ne leur reste plus qu'à faire sécher leurs affaires…

Nous sympathisons avec l'équipe héroïque de ce mois de juillet. Deux Américains en haillons, barbes hirsutes et mines joviales. Ils ont réussi le sommet la semaine précédente et coulent depuis des jours heureux. Le coin recèle des merveilles, nous dit le plus grand des deux, un prof de survie du Colorado qui passe son temps un couteau de Rambo à la main. Le matin même, il a aperçu un loup sur une crête. En nous tendant un mug de thé, nos nouveaux amis nous apprennent que deux Anglais sont en ce moment même dans la face.

Le jour suivant, le temps est maussade et nous décidons de fixer deux longueurs. À peine avons-nous eu le temps d'admirer l'aisance de Tommy dans ces fissures humides que le ciel descend d'un cran. Le lendemain, il pleut et nous avons la surprise de voir les Anglais repartir vers la paroi. Ils ont échoué l'avant-veille au soleil, sans doute jugent-ils que le mauvais temps leur sera favorable…

Leur flegme m'épate. Ils incarnent pour moi les valeurs d'Edward Whymper et de l'Alpine Club. Mon admiration pour les alpinistes de la fière Albion ne connaît plus de borne. Si, selon Livanos, « il n'y a pas de *mauvais rocher* mais seulement de *mauvais grimpeurs* », je comprends que pour les Anglais, il n'y a pas de *mauvaises conditions*… Lorsque je mets le nez dehors le lendemain, j'aperçois des chaussettes dégoulinantes et un amas de cordes en train de « sécher » sous la pluie. Nos Anglais sont rentrés. Mais de fort mauvaise humeur… Ils démontent leur tente en grommelant et n'usent que de trois brèves interjections pour appeler l'hélico au moyen d'un téléphone satellite qui nous paraît un luxe inouï. Nous étions jeunes alors et ces messieurs, proches de la retraite…

*

Au sixième jour de pluie, je quitte mon duvet et pars marcher sous la bruine en poncho, furetant entre les blocs moussus, les muscles tendus à l'approche du rocher et mes doigts réclamant leur dû de solide granit. Trouver de nouveaux passages abrités pour les jours qui n'en finissent pas de couler…

Sous l'auvent d'un bloc sombre, je tombe sur une petite caisse métallique. Intriguée, je soulève le couvercle. Elle est remplie de livres. Fureter dans un grenier ou dans de vieux papiers est l'un de mes grands plaisirs : en compagnie d'un bouquin, je suis partout chez moi.

Entre deux polars américains, j'exhume un ouvrage délavé par les intempéries. *Les merveilleux secrets du Petit Albert, traité de magie naturelle et de cabalistique*... J'ai déjà entendu parler de ce vieux grimoire qui affolait encore nos campagnes au début du siècle mais jamais je n'ai eu l'occasion de le feuilleter. Emporter un traité de sorcellerie pour venir à bout d'une paroi vierge, voilà qui est original ! Qui sait ? Peut-être y découvrirai-je une recette pour chasser les nuages, un élixir de druide ou quelque talisman assez puissant pour transformer un médiocre grimpeur en étoile du rocher ?

J'ouvre le bouquin au hasard, voyons voir : *« Pour réparer un pucelage perdu »*, bof. *« Pour faire danser une fille en chemise »,* Mai 68 s'en est chargé, sans chemise même... Ah ! Voilà qui est intéressant : *« Pour être fortuné dans les jeux d'adresse et de hasard »*... C'est un peu ce à quoi nous aspirons ces jours-ci : *« Prenez une anguille morte par faute d'eau et le fiel d'un taureau qui aura été tué par la fureur des chiens. »* Ça commence mal. *« Mettez-le dans la peau de l'anguille, avec une drachme de sang de vautour. Liez l'ensemble avec de la corde de pendu et mettez cela dans un fumier chaud l'espace de quinze jours... »* Explosive et pas simple, l'affaire ! *« Puis, vous le ferez sécher dans un four chauffé avec de la fougère cueillie la veille de la Saint-Jean. Enfin, vous confectionnerez un bracelet sur lequel vous écrirez avec une plume de corbeau et votre propre sang, ces quatre lettres HVLY et portant ce bracelet autour de votre bras, vous ferez fortune dans tous les jeux... »*

Mieux vaut encore s'accommoder du hasard que de tenter d'accommoder des ingrédients aussi hasardeux, me dis-je. Si tu as assez de veine pour te procurer tout ça, nul doute que grimper sur du rocher mouillé te sera aisé…

La voix d'Arnaud me tire de ma rêverie.

– Tu as trouvé de beaux blocs ?

Et me voyant assise.

– Mais qu'est-ce que tu fais là ? Tu n'as pas froid à lire dans l'humidité ?

– Cher ami, les parois vont tomber comme jeu de domino si tu m'aides à réunir ce qu'il faut, dis-je en énumérant la liste de nos courses à venir.

– Très drôle ! me répond Arnaud, moins sensible que moi à la poésie pittoresque de l'ouvrage.

– Oui mais ce sont les prémices de la pensée positive, vois-tu, car il est plus aisé de porter sur soi un symbole de bon augure que de s'en passer. C'est la force primitive du talisman. Ça aide, c'est humain. T'en as un, toi, au fait ?

– À part mon Grigri, je ne vois pas, sourit-il en évoquant son appareil d'assurage. Et toi ?

– Moi j'ai mon petit collier. Pas par superstition car je ne crois pas que ça me protège de quoi que ce soit mais c'est le seul truc familier que j'emporte en paroi. J'aime bien l'avoir… Mais avoue, t'as bien quelques rituels avant de grimper ? Ça aussi, ça fait partie de la projection positive.

– Aucun, me répond Arnaud.

– Mais si enfin, tu sais bien, lorsqu'à la maison, tu passes des heures en silence dans ton petit atelier à jouer avec tes mousquetons et à démonter cent fois tes dégaines.

– C'est pour optimiser.

– Moi, je crois que c'est plus profond, c'est ton moment d'intériorité, de méditation. C'est ton yoga à toi.

– Peut-être as-tu raison… Bon, on rentre à la tente ? On pataugе ici !

La pluie tombe dru et je referme la bibliothèque sauvage. J'aime bien l'odeur de ces bouquins qui vivent dehors, importés du civilisé par des alpinistes inconnus. Il me plaît d'imaginer que le vent, la neige, le soleil et la pluie fertilisent les pages écrites et que les mots dansent dans la nuit comme des feux follets.

J'abandonne la magie noire au profit de la blanche. La seule qui vaille, la pure, la lumineuse : la joie d'être ici en dépit du mauvais temps. L'entrain, l'enthousiasme qui nous font espérer et nourrissent l'énergie. Croix de bois, croix de fer, si je m'enflamme, je vais au sommet !

*

Quelques jours plus tard, nous nous élevons rapidement dans la paroi. Près de la cime, nous dépassons les Espagnols qui ont fait un bivouac. Tommy et Beth les encouragent : « *Venga* ! »

Un peu plus haut, dans la longueur la plus dure, la neige se met à tomber. Et moi de chanceler d'ivresse ; me voilà pour de bon en expédition !

À plus de 500 mètres du sol, tous les ingrédients sont réunis pour parfaire l'aventure : mauvais temps et neige sur les prises. C'est ma petite Patagonie à moi la Fleur de Lotus, c'est mon Himalaya. L'initiation tant attendue !

Le grésil me fouette le visage. Les joues en feu et la goutte au nez, je jubile. Beth doit penser que je suis folle à lier… Encapuchonnée, les doigts gelés, je pose un câblé dans la fissure et parviens à franchir au prix d'un jeté aléatoire le petit toit de la longueur difficile. J'aime bien cette sensation de recul sur le rocher, on s'apprête à tomber quand soudain, ça tient, on ne sait pas comment mais enfin, ça a tenu ! Un pied ancré sur un cristal, trois doigts refermés sur une petite pincette de granit et un biceps sans doute congelé qui refuse de s'ouvrir, le tour est joué, me voilà au relais.

Au sommet, tandis que Tommy réchauffe les pieds de sa douce dans sa doudoune, le vent tombe soudain. Une éclaircie déchire le voile de brume, la neige fond d'un seul coup en scintillantes traînées sur les parois alentour. Le lac apparaît au fond de la vallée comme une profonde échancrure dans la fourrure sans fin des forêts. L'atmosphère redevient accueillante, étrangement plate même et sans relief… Mais tant mieux pour la descente en rappel !

De retour au camp, il faut plier, ranger, effacer nos empreintes laissées sur la mousse et rendre à sa solitude le cirque des parois impossibles. Prendre congé d'un rêve avec un infime sentiment de perte et une gratitude extrême.

J'imprime au fond de mon cœur cette fenêtre de galère qui m'a enivrée. Avec une envie, recommencer… J'en viendrais presque à comprendre les Anglais qui mettent un point d'honneur à partir un jour de tempête !

La marche de retour achève de me combler. Ce ne sont pas les 15 kg dont je rêvais à 12 ans qui finissent sur mon dos mais 35. Je ne vois pas comment je vais parvenir à rejoindre le lac mais l'idée m'enchante. Ben, qui porte 45 kg, est dans son élément. Chargé un peu plus encore, Arnaud trouve notre enthousiasme suspect…

Nous entamons la descente d'un pierrier qui paraît sans fin. Il faut assurer son appui sur de gros blocs en équilibre instable. Avec le poids que nous avons sur le dos, mieux vaut éviter de glisser alors chaque pas est anticipé, chaque avancée de bâton, calculée. L'exercice est exténuant et requiert une vigilance excessive. Jamais je n'ai ressenti en marchant une telle concentration.

Puis le pierrier devient trop chaotique et Arnaud, jamais à court de réflexion, propose de diviser nos sacs en deux et de faire des allers et retours sur le tapis roulant. Idée salubre mais même vidés à moitié, les sacs sont encore diablement lourds !

On atterrit dans la forêt. Sans repère, on s'égare dans d'obscurs fourrés. On bataille pour enjamber chaque tronc d'arbre. Il faut parfois s'accroupir pour passer sous un sapin déraciné qui barre le chemin, si on peut appeler chemin cette sente griffue empruntée par les ours et quelque menu gibier.

Le sac coincé sous une branche, le front collé au sol, les mains et les genoux plongés dans la boue, je me demande combien de fois encore je parviendrai à me relever. Après sept heures de marche, les épaules meurtries par les bretelles, la sueur brouillant la vue, les jambes cotonneuses et le pas incertain, il n'est plus question de poser son sac car on n'arriverait plus à le remettre sur le dos… Heureusement, il y la main amie qui se tend. Une microchaîne de solidarité s'est formée. On s'aide tour à tour à se relever, on s'encourage. Cet effort coûte à chacun mais sans l'autre, on ne serait rien. Incapables de se redresser et de tenir debout.

Et cette soif, terrible. Plus rien dans les gourdes depuis trois heures déjà. Est-il possible d'avoir des sacs aussi lourds et pas une goutte pour s'étancher le gosier ! C'est absurde et bizarrement, ce non-sens me ravit…

Tout à coup, un murmure cristallin… Non, on ne rêve pas. Ce ne sont pas ces maudits acouphènes qui vrillent les tympans dans l'extrême fatigue mais bien un chant serein, une petite musique toute fine qui rajeunit l'âme, qui rince délicatement le cœur et l'oreille... Lorsqu'à bout de force, on s'incline au-dessus du mince filet d'eau, un sentiment d'amour extraordinaire nous étreint. C'est divin ! On lape le clair liquide au goût soufré. À cet instant, aucun millésime n'est meilleur que cette eau-là.

N'est-ce pas la parfaite adéquation entre un désir et sa satisfaction qui fait la merveille du moment ?

Lorsque des années après, je repense à ces ascèses qui me furent nécessaires, je n'y vois aucun masochisme mais la simple nécessité d'éprouver sa vie, de sortir de sa « zone de confort » pour reprendre l'expression consacrée aujourd'hui.

S'extraire du connu, du canapé, sortir des voies de la vie prévisible et frayer joyeusement son chemin, fût-il incertain. Cultiver en soi cette saine capacité à embellir la vie, à faire feu de tout bois. Il y a dans cet appel un élan quasi mystique, le besoin de dépasser sa nature pour s'ouvrir à plus large que soi, au-delà de toute croyance. Une spiritualité sauvage... Peut-être aussi, ancrée au fond de l'être, la nécessité de renouer avec la saveur d'une vie plus ancienne, l'héroïsme quotidien dont il fallait faire preuve pour survivre en des temps lointains.

Je pense à l'affût du chasseur de la préhistoire, à l'enchantement qui devait inonder le cœur d'un cueilleur tombant sur un arbre gorgé de fruits ou plus proche de moi, à ma grand-mère, capable de transformer un simple repas en festin, grâce à une poêlée de cèpes qu'elle a su découvrir...

Peut-être est-ce la résonance de ces sensations qui parcourt toujours nos veines et nous pousse à la recherche d'expériences intenses.

Je me revois, entrant tout habillée dans l'eau claire du lac, les bras écartés. Une allégresse muette au cœur, un soulagement calme et serein. Sur la berge, Beth s'époumonait :

« You better lose you yourself in the music, the moment, you own it, you better never let it go ! Go ! Go ! You only got one shot ! This opportunity comes once in a life time, yo ! »

Si la vie nous semble absurde parfois et dénuée de sens, rien ne s'oppose à ce que nous lui en donnions un !

Chapitre X

Se perdre et se trouver

Rester sur le chemin me demande un effort. La perspective de l'inévitable aller-retour *de peur qu'il ne fasse nuit* transforme la flânerie aérienne en pensum. J'ai un faible pour les cercles qui ne tournent pas rond et tous les parcours boursouflés de hors sujets. Je suis dotée d'un flair inné pour les raccourcis qui rallongent… Si bien que, souvent, c'est seule que j'emprunte mes chemins de traverse.

Mes proches se méfient de mes « petites balades » comme je les appelle. Ils savent qu'une banale promenade peut se transformer en guet-apens. Guillaume en a souvent fait les frais. Je l'ai berné durant des années en lui promettant des sorties sans épines mais qui s'achevaient irrémédiablement dans les ronciers ou d'interminables éboulis à chamois. Arnaud, lui, ne s'y risque même plus, refusant tout net de se commettre dans mes vulgaires *« embroussaillements »* au sabot du sanglier. Il garde son énergie pour les hauts faits ! Mon père, après maintes embuscades commence à chicaner lorsqu'il faut quitter le sentier. Lors des randonnées à skis, il s'est lassé de slalomer à la montée entre les mélèzes sur la trace d'un hypothétique renard.

– Que mes rhumatismes m'en gardent, dit-il, en brandissant son poignet gonflé comme un passeport périmé. Tu vois bien que je ne peux plus te suivre !

Ce qu'il ne me dit pas, c'est que lorsqu'il s'en va pêcher seul, ces bonnes excuses s'envolent. Soudain rajeuni, il dévale les rochers glissants des torrents pour guetter l'éclair de l'arc-en-ciel ou le soubresaut de la fario.

Serait-ce mon père qui m'a offert la confiance des épines plutôt que celle des voies balisées ? Ou Maman peut-être, prête à se faufiler comme un chat parmi les argousiers ou à ramper truffe au sol pour dénicher une morille. L'amour de la sente sauvage et des genoux égratignés m'a sans doute été transmis par mes parents.

Je soupire parfois face au manque d'élégance et de gratuité de leurs motivations mais j'en suis bien aise au fond. Me voilà libre de folâtrer à mon gré, libre de chasser sans cartouche ni filet, sans corde ni piolets, sans appâts ni panier. Enfin libre de projets ! Enfilant un pantalon de velours râpé et le gilet de laine légué par ma grand-mère, je m'en vais, chaussée de vieilles savates, me tendre mes propres embuscades. Jouir de m'y laisser piéger et jubiler d'en réchapper. On ne se perd jamais aussi bien que lorsqu'on est seul. Seigneur de mes lieux paumés, je me prends pour Dieu. Mes voies sont à peine moins impénétrables que les siennes !

J'aime vagabonder *à loisir*. Mais le loisir aujourd'hui se rapporte le plus souvent à une activité. On s'est éloigné de l'étymologie du mot dérivé du joli verbe de l'ancien français *leisir,* issu du latin *licere,* qui a donné « licence, licencieux » et qui signifiait *avoir permission*. On le retrouve au Moyen-Âge dans la locution *a leisir,* avec la nuance de *prendre le temps qu'il faut, sans contrainte*... C'est dans cette acception un peu désuète que je vénère le loisir, synonyme pour moi de liberté absolue, de solitude aussi et qui rime avec *faire selon son bon plaisir.*

Si je devais préciser ma pensée, approfondir les liens qui m'unissent à cette activité saugrenue en temps de productivité effrénée, je chanterais :

Marcher sans penser
Le nez au vent
Se faire bête et suivre un papillon
Embrasser un arbre
Saluer un ruisseau
Interpeller un chat qui minou minaude au muret
S'arrêter pour compter les fourmis
Ou détailler les nervures d'une feuille d'érable
Fureter dans une ruine abandonnée
Se faire lézard sur un tas de pierres sèches
Et ne plus bouger
Écouter un pivert
Cueillir un bouquet d'orties
Pour le jeter dans la soupe du soir
Avec une pomme de terre et un oignon
Grimper sur un haut bloc dans le bois de fayards
Se faire une frayeur en dérapant sous le sommet
Et se promettre de recommencer
Se dire : "Je devrais venir là plus souvent"
Et ne pas le faire justement
Car le loisir ne se commande pas
Partir rêver sur d'autres sentiers
Et se laisser façonner par le vent...

Si j'aime les grandes escalades, j'ai tout autant besoin d'humbles promenades. Ces petites sentes et ces sommets sans prestige sur lesquels je flâne, j'oublie trop souvent de leur rendre hommage. Pourtant ils sont là, simplement, lorsque j'ai besoin d'eux, comme des amis vrais qui m'écoutent en silence ou m'enrobent de pépiements joyeux. En leur compagnie, je me reconnecte à l'essentiel.

Assise dans un pré au côté des narcisses et des gros boutons d'or, j'ai entamé l'écriture d'un petit journal du vivant, éloge de cette capacité de présence simple que l'enfant possède, oublie et met toute une vie à retrouver. J'y trace des mots fleurs et des phrases fleuves. Des lignes empruntant la courbe mouvante et douce des nuages. Je rêve de paragraphes ouatés d'un lendemain de neige. De chapitres rayonnants de la joie bonne et douce du soleil. Je rêve d'un livre dans lequel la mésange aurait sa trille à lancer. Un livre musical, rythmé par le cliquetis de la pluie et le souffle du vent. Un livre qui ouvrirait sur la vie. Pour titre, un chant d'élytre…

Comme *Knulp*, le vagabond d'Hermann Hesse, autant musarder gaiement sans penser à la retraite. Faner sa pâquerette coincée entre les dents jusqu'à sa dernière heure !

*

« Heu… lè ! »

Un grognement indistinct me parvient du sommet de la 28e longueur. Arnaud doit avoir atteint le relais. Totalement sec, il ne peut plus parler. À moi de décrypter ses borborygmes codés.

Voilà plus de quinze heures que nous grimpons sur le *Nose,* la voie la plus longue et la plus célèbre du Yosemite, par 35 degrés, sous un soleil de plomb. Un soleil inhumain, levé à ma droite à sept heures et qui balaie inflexiblement l'horizon, décidé à se coucher le plus tard possible. Et sans le moindre nuage au ciel pour l'attendrir…

Nos trois litres d'eau pour deux sont épuisés depuis longtemps et la paroi m'apparaît comme une vaste fournaise décidée à nous faire griller… J'ai la tête qui brûle et ma langue est si gonflée que j'ai l'impression d'en avoir deux. Mourir de froid, passe encore, mais de déshydratation, c'est agaçant lorsqu'on devine à ses pieds les touristes pataugeant dans des seaux de Coca-Cola ! Je rejoins Arnaud en me traînant de plus en plus lentement, comme un gastéropode en mal de lubrifiant.

Tommy et Beth, spécialistes de l'escalade au Yosemite, nous avaient prévenus en nous quittant : « Sans une bonne technique en fissure, sans connaître la voie et sans que le second n'utilise de poignées d'ascension, gravir El Capitan en moins de 24 heures est impossible. Surtout en plein été ! »

Impossible ? Hum… Si c'est impossible, allons-y !

Nous étions confits de prétention, d'énergie et de confiance ! Deux semaines après être redescendus de la Fleur de Lotus et avoir embrassé nos amis, nous avions quitté vers minuit le « Camp IV », le rendez-vous des grimpeurs au pied d'El Capitan, pour tenter, que dis-je *réussir*, le *Nose* à la journée.

Dix heures plus tard, pendue assoiffée au relais alors que le ciel se teinte des vapeurs rosées du crépuscule, j'imagine les visiteurs s'extasiant sur la hauteur de la paroi, depuis la prairie où John Muir, le pionnier, a dû faire brouter son cheval. La toute première fois que je suis passée au pied d'« El Cap », en coup de vent, par un été de canicule, en 1998, je n'ai presque noté que cela moi aussi.

Un chiffre. Mille mètres de rocher immortalisés en un clic avant de reprendre mes claques, tout à la hâte de regagner mon véhicule climatisé. Quelques jours plus tôt, nous avions « raté » le Grand Canyon en y débarquant à midi. M'en reste l'image d'une vague ravine, cautérisée par le soleil… Nous avions poursuivi notre désenchantement en Ford de location tout au long de la route 66. Si jeunes et déjà blasés. Entre nous, les pages écornées de John Fante et un volume fatigué de Bukowski. L'envie de demander à la poussière du désert : elle est où la vie dans ce P. de pays ?…

Cet été-là, j'étais incapable de la voir. Je croyais la guetter, quand déjà, elle avait filé… Sans doute regardais-je du mauvais côté, aveugle aux beautés qu'elle offrait.

Cette semaine de vacances « manquées », de retour d'une compétition en Californie, avait eu le mérite d'éclaircir ce que nous n'osions nous dire : voyager ainsi ne nous convenait pas.

Je préférais mille fois ramasser du petit bois autour de chez moi plutôt que de faire le tour des parcs américains en coupant le moteur à chaque « view point ». À vingt ans, la connaissance du monde exigeait une implication, une participation active, une étreinte quoi ! « N'attends pas de te la faire délivrer par ton passeport tamponné et ton guide de voyage mais quête-la du bout de tes doigts et de la plante de tes pieds ! Sans le feu du chemin, sans l'épreuve de la voie, gravée dans ta chair, aussi minime soit-elle, le voyage risque de te décevoir », me disais-je.

Formidable en définitive ! Lorsqu'on sait ce qu'on ne veut pas et même si ce que l'on souhaite vogue dans l'incertain, le semblant d'un chemin se dessine enfin.

Il faudrait revenir un jour au Yosemite et s'arrimer à la proue d'El Capitan. Naviguer à vue dans cet océan de rocher, taquiner les déferlantes pétrifiées, danser dans la lumière ! Se payer des nuits d'étoiles et tenter de décrocher la lune...

Grâce d'un ennui vécu dans le désert qui nous propulse trois ans plus tard au pied du *Changing Corner*, une des dernières longueurs difficiles du *Nose*.

Les vertus émollientes du soir nous ramènent un peu de lucidité. On s'abreuve de la douce fraîcheur du crépuscule. Comme un mirage dans le désert, j'aperçois une bouteille d'eau abandonnée sur la vire de bivouac. En ouvrant le goulot, un relent infect de pisse tiède me saisit les narines... Les muscles raidis par la déshydratation et la bouche pâteuse, nous gravissons les dernières longueurs au bord de l'agonie. Et soudain, le plateau est là. Il est 21 heures. Après dix-neuf heures d'escalade, nous avons réussi notre challenge absurde !

Il est d'usage une fois au sommet, de s'embrasser et de se réjouir mais ce soir-là, on accélère le pas. Question de survie. C'est la rengaine de l'eau qu'il faut trouver à tout prix.

Une heure plus tard, nous nous écroulons au bord d'un ruisseau. Je me souviens encore du mince filet qui filtrait entre les herbes et que nous avions failli manquer tant il était discret. Avec la possibilité de boire revient celle de manger. Il nous reste quatre gâteaux secs et c'est fait.

Hypnotisés par la pleine lune, nous marchons tels des automates à travers la forêt. Les branches griffues des hauts pins découpent leurs ombres fantastiques dans la nuit constellée. Tant d'étoiles là-haut mais laquelle suivre ? Nous sommes perdus mais continuons d'avancer. Où allons-nous ? Nous n'en avons pas la moindre idée. Pourquoi marchons-nous ? Nous ne le savons même plus. Ah oui ! Pour avancer, disais-je. Oui mais vers où ? Nous marchons, voilà tout.

– Tu entends ? dis-je. Je crois qu'on approche d'une petite rivière !

Arnaud dort en avançant ou titube en dormant, traînant ses chaussons d'escalade qu'il a eu le génie d'enfiler en babouches – j'avais pris soin pour ma part d'emporter une paire de baskets. La perspective d'un peu d'eau fraîche lui fait soulever une paupière et nous dévalons une pente abrupte pour rejoindre le cours d'eau.

Les rochers scintillent et l'eau nous fait l'effet d'une fée. Assise sur une pierre, la fatigue et le froid me saisissent. L'escalade est un lointain souvenir… Vingt-six heures déjà que nous avons quitté la tente.

On allume un petit feu pour se réchauffer. Fascinés par les flammes, on s'endort assis, on se réveille gelés et on somnole encore jusqu'aux premières lueurs de l'aube… La faim nous tenaille à présent, il faut quitter le bord de la rivière et retrouver notre chemin. N'importe quel chemin !

Nous marchons encore durant des kilomètres avant de tomber sur une piste. Ça y est, nous ne sommes plus très loin. De quoi ? Nous n'en savons rien. Et la piste de dérouler d'exaspérants lacets à travers les résineux qui n'en finissent pas d'étirer leurs grands airs pincés de conifères… Lorsqu'on n'arrive plus à mettre un pied devant l'autre, la tentation est grande de noyer dans l'agacement tout ce qu'on voit…

– Regarde !

Une tong en plastique rose a réveillé ma pupille morne.

Arnaud se traîne loin derrière, les orteils recroquevillés au bout de ses Mythos.

– Tombée du ciel ou d'une voiture ! Ça prouve qu'on se rapproche de la civilisation ! Y'en a qu'une mais ça devrait te soulager un peu… Par contre, c'est du 38 !

Un chausson d'escalade à un pied et une Havaïanas de midinette à l'autre, Arnaud retrouve le sourire. Quelle allure ! Nous éclatons de rire. N'avoir plus mal qu'à moitié, c'est déjà formidable !

Vers six heures du matin, nous tombons sur une tente déserte. Un camping ? Pas vraiment. Une simple caisse métallique où glisser ses billets fait office de réception. Belle confiance américaine. Un panneau *« Warning »* décrit la conduite à tenir en cas de rencontre avec un *« mountain lion »*. Conclusion : *« If he strikes, fight back… »* S'il attaque, répliquez. Je me sens tout à fait d'humeur à rouler dans la poussière un puma trois fois plus gros que moi !

Nous débouchons enfin sur une route goudronnée, déserte à cette heure matinale. Nous guettons le bruit d'un moteur. Un ronflement se fait entendre à l'horizon. Je me plante au milieu les bras en croix, bien décidée à ne laisser passer aucun véhicule sans monter dedans.

Le pick-up s'arrête net.

– Où allez-vous ? nous demande le conducteur interloqué par nos tenues étranges et nos mines exténuées.

– Yosemite Valley !

– Whaou ! C'est loin ! Vous êtes grimpeurs ?

– Oui… Où sommes-nous ?

– Sur la route de Tuolumne Meadows…

Nous avons marché une vingtaine de kilomètres dans la mauvaise direction !

Notre chauffeur nous dépose dans une station-service où, à la grâce d'un billet de 5 dollars oublié dans la poche de mon pantalon, nous nous empiffrons de bœuf séché sauce teriyaki qui paraît d'un raffinement extrême à la végétarienne que je suis.

– Qu'est-ce qui s'est passé ? demandé-je à Arnaud. C'est dingue, on a bifurqué à gauche au lieu de prendre à droite. À croire qu'on l'a fait exprès !

*

C'était presque devenu une habitude pour nous de finir les grandes voies à la nuit, sans rien à boire ni à manger. Deux ans plus tôt, nous nous étions retrouvés piégés dans les broussailles au sommet d'*Astroman*, une autre voie mythique du Yosemite.

– Tu ne trouves pas que ça nous arrive de plus en plus souvent ?

Pour toute réponse, Arnaud m'avait tendu notre gourde presque vide et j'avais longuement fait rouler sous ma langue la dernière goutte d'eau...

Avec le recul, je crois que cela nous plaisait de vivre ainsi et de rentrer épuisés. Partir tard, toujours plus tard... pour se retrouver dans une situation où l'on est obligé d'accepter la faim, la soif, le froid. Passer la nuit à frissonner du dos et à se rôtir joues et cuisses face à la braise, ça dilate le temps, assurément. Cela permet peut-être d'« écrire le souvenir avant qu'il ne soit... » comme le disait Chantal Mauduit dans son livre, *J'habite au paradis*.

Au sommet d'*Astroman,* Arnaud se réveillait en sursaut, croyant entendre des clochettes...

Je le rassurai en lui disant que les ours n'en portent pas.

– Qui te dit qu'ils n'en mettent pas au cou des « *mountain lions* » ?

– Mais non, voyons !... Écoute... Ce sont seulement les braises qui tintent !

Dans le ciel constellé, on regardait passer les avions. « *Chicken or beef ?* » était notre blague préférée.

*

À l'époque, il nous arrivait de nous chamailler pour des détails à la maison.

– Mais enfin, ce n'est pas comme ça qu'on ouvre une plaque de chocolat !

– Ah bon ? Ben moi, j'ai toujours fait comme ça.

Et avec un grand sourire, j'achève d'éventrer d'un coup sec l'enveloppe d'aluminium.

Je tends la plaque à Arnaud, qui fronce le sourcil en grommelant :

– Quel dommage, on ne va pas pouvoir la garder...

– Tant mieux ! Ce n'est pas fait pour ça !

Je ris car dans ma famille de gourmands, le chocolat ne faisait pas long feu !

Mais ce désaccord trivial en dit long sur notre façon d'aborder la vie. L'ouverture d'une plaque de chocolat est un acte philosophique qui révèle nos caractères. Deux attitudes, deux postures contraires face à l'existence.

Je dévore dans la seconde tandis qu'Arnaud garde le meilleur pour la fin.

Arnaud fourmi, moi cigale. Arnaud qui anticipe et réfléchit, moi qui m'emballe et suis mes coups de cœur, mes coups de tête.

Comment avons-nous fait pour nous accorder ? Les phéromones peut-être ? J'aime bien glisser mon nez à la naissance de son oreille et respirer le parfum de son cou. C'est déjà beaucoup mais cela ne fait pas tout. Alors quoi d'autre ? J'aime son humour pince-sans-rire. Je sais que lorsqu'il s'apprête à taquiner, l'aile de son nez frémit et blanchit… c'est ainsi que nombre de fois, je l'ai déjoué !

Je me retrouve aussi dans son absence de concession. Tous les deux, nous aimons la vie simple, sans contraintes. Seules celles liées à notre passion nous semblent acceptables. Cela nous rend nombre de carrières impossibles, en particulier, les toutes tracées.

Le confort, ce n'est pas de ne plus avoir à penser à l'avenir mais seulement de n'y point penser. Le luxe, c'est de pouvoir vivre une vie indisciplinée, de continuer à imaginer, à se passionner, à vibrer pour une ligne, sur le papier comme sur le rocher. À s'émerveiller. La norme, c'est de nous retirer à l'heure qui nous chante pour nous embrasser, nous embraser, toutes affaires cessantes. Bien sûr, les jours d'incertitude et de doute existent mais il suffit d'une journée faste au dehors pour les justifier.

« Si l'on n'avale pas tout d'un coup sa fatigue et sa mort, on ne fera rien dans cette vie », a écrit Sainte Thérèse d'Avila. Elle était téméraire et drôlement enflammée la Mère, comme tous les mystiques ! Elle avait le Tout-Puissant à ses côtés mais nous, n'avons-nous pas nous aussi notre foi, une foi inébranlable en les voies impénétrables du divin rocher ?

Ce qui nous rapproche, Arnaud et moi, c'est aussi notre indifférence à l'égard des activités à sensations. Nous pratiquons l'escalade sous toutes ses formes, de la haute montagne à l'escalade sur bloc mais nous ne nous sommes jamais intéressés au base jump, par exemple, qui séduit nombre de grimpeurs. J'ai fini par comprendre que nous ne recherchons pas tant des sensations fortes que des émotions. Nous n'avons pas tant besoin de vivre de nouvelles expériences que d'approfondir celles qui nous sont familières. Ce qui explique peut-être aussi la longévité de notre vie commune.

Et quoi d'autre ? J'apprécie le langage direct d'Arnaud, pourtant si différent du mien. Il s'exprime comme moi j'ouvre les plaques de chocolat, froissant sans vergogne l'aluminium des mots. Et je m'exprime comme lui ouvre les siennes. Avec mesure et en prenant des gants. J'aime mettre des formes par peur de blesser quand Arnaud s'en est peu soucié durant des années. Il s'est adouci mais je l'ai connu cinglant, mordant. Moi, j'aime bien nuancer. J'ai peu de certitudes et lorsque j'écris, j'adore musarder, rajouter des « peut-être » et des « sans doute », qui ont le don d'agacer Arnaud. « Mais affirme-toi ! » me dit-il souvent. Mais je n'ai cure de m'affirmer. J'aime bien minimiser et les « petit », les « légèrement », affleurent à tout bout de champ… Tiens mais « Petit », c'est son nom à lui ! En somme, je préfère le chouette au génial, le charmant au fantastique, le je-ne-sais-quoi au je sais tout.

Lorsque je lis de la poésie pourtant, je suis sensible à la vitalité des mots. L'ébriété des sens, tout ce qui attise la flamme, nous met debout, enflamme la vigueur, j'adore ! Mais si le péremptoire est une vertu que j'admire chez les autres, elle prend chez moi des airs de faussaire.

Ultime divergence. Arnaud imagine le pire bien avant qu'il ne m'effleure. C'est ce qu'il nomme mon inconscience. À moi le grain de folie, à lui les talents d'organisateur. *Toi la mèche, moi l'allumette…*

Le risque en couple, c'est de s'anéantir l'un l'autre ou qu'un des deux fasse les frais de l'ego de son compagnon. Pour dire vrai, je craignais de nous voir transformés un jour en couple de jumeaux – ces anciens amants dont la passion s'est étiolée et dont il ne reste en matière de goûts communs que les paires de chaussettes et les baskets achetées ensemble chez Décathlon. Je n'ai rien contre Décathlon, ce qui m'inquiète, c'est l'uniformisation. Pas tant des chaussettes que des consciences.

Bien sûr, à force de vivre ensemble, on en vient à déteindre un peu l'un sur l'autre, à adopter certains motifs, certaines expressions et à se doter d'un langage commun. Mais rien n'empêche de conserver son propre caractère, et le risque, pour nous, s'est avéré à peu près nul. Jamais Arnaud ne perdrait une journée à lire Montaigne et jamais je n'en passerais une à étudier la forme d'un mousqueton. Pour l'essentiel, nous tombions toujours d'accord : le motif invariable du voyage, les amis avec lesquels partir, cette ligne à ouvrir sur une paroi vierge, l'emplacement du bivouac… Et Dieu sait si tout cela est sérieux pour qu'on y consacre sa vie !

Cet été-là s'est achevé à la mairie de Chambéry devant un adjoint au maire surpris qu'on ait l'idée de se marier un lundi matin de septembre, en compagnie de deux témoins et de quarante chaises vides. Pour conclure les festivités, nous avons roulé jusqu'aux falaises de la Chambotte, qui surplombent le lac du Bourget. Un lieu rêvé pour un mariage en petites pompes…

Chapitre XI

Flamme éternelle

Assise dans ma petite cuisine à Chambéry, entre deux copies à corriger, je me prends à rêver au pilier ouest du Makalu et aux immenses proues du Baghirati. J'ai pour livre de chevet un ouvrage admirable et dangereux, *L'Himalaya en style alpin* d'Andy Fanshawe et Stephen Venables. Avec le recul, je comprends mieux ma motivation. La haute montagne est source de joie immédiate. L'escalade en falaise, ce sacerdoce nécessitant une routine exigeante, ne me fait plus guère vibrer. La proposition de l'alpinisme est plus périlleuse mais aussi plus libre et plus artistique. Il suffit d'y être, d'y passer du temps, d'y étancher sa soif. L'euphorie est là, dans cet engagement corps et âme, en marche vers le sommet. Plutôt risquer de se geler les orteils que d'être condamnée à la neurasthénie !

Durant ces deux années et demie passées à enseigner le français dans un collège de Chambéry, j'ai entrevu ce que pouvait être l'ennui. Je suis plus efficace dans une fissure que sur le tableau noir. En dépit d'un zèle ingénu, je m'aperçois que je ne peux rien contre l'impitoyable reproduction sociale. Les bons sont devenus excellents tandis que les paumés poursuivent une irrémédiable dérive à laquelle il m'est devenu pénible d'assister.

Un an plus tard, en quittant définitivement l'éducation nationale, je recevrai pourtant des témoignages touchants de la part de mes élèves, à me mettre la larme à l'œil. Ils étaient heureux de venir à mes cours. Ils appréciaient mon enthousiasme, ma douceur et mon sourire. J'aurai même un doute. Et si c'était ma vocation ? Et si c'était là ma place finalement ? Mais je ne parviens pas à oublier ces ados résignés, ces jeunes dont l'ironie désabusée masque un profond désarroi. Ce sont eux, les plus démunis, ces enfants désenchantés qu'il faudrait aider. Face à eux, je suis désarmée. Rien ne me prédispose au métier d'éducateur. J'éprouve la plus grande réticence à me fondre dans un personnage, à endosser la tenue de l'autorité et à diriger. Rencontrer certains parents est source de tourments. Il est des situations qui dépassent mon entendement. Sans doute suis-je trop sensible.

Comment puis-je aider ces jeunes si leur attitude me fait déprimer ? Leur redonner espoir si je me morfonds ? Comment espérer me mettre honnêtement au service d'autrui si je renonce à ma voie véritable ? J'avais imaginé que le métier de professeur de français me permettrait de gagner ma vie en m'offrant du temps pour grimper et voyager. Résultat, je suis submergée par des cours à préparer, des copies à corriger, un calendrier à respecter. Moi qui n'ai jamais eu d'autres impératifs que ceux que je me fixe, j'ai tout à coup le sentiment de m'enterrer vivante et de trahir mes élans.

J'aspire à une vie plus intense, c'est ce qui m'a poussée à quitter les compétitions. La vision d'un agenda trop dense m'a toujours emplie d'effroi. Il me faut de vastes pages blanches pour rêver, organiser mon chaos et mes errances.

En somme, je préfère vivre dangereusement plutôt que m'ennuyer…

*

– Ça ne te dirait pas un jour ? dis-je en pointant du doigt les pentes affreuses d'un 8 000.

– Absolument pas, me répond une fois de plus Arnaud. Je n'ai aucune envie de risquer ma vie ou au mieux, de perdre mes doigts ou mes orteils. Pour moi, ça n'a pas de sens.

Arnaud sait exactement où il va et ce qu'il veut. C'est ce qui fait sa force et son inflexibilité. De mon côté, je me cherche, je suis indécise. En réalité, les sommets prestigieux ne m'ont jamais vraiment attirée. Ils sont trop courtisés et l'on y prend des risques insensés. La course aux 8 000, dénuée d'éthique et de sens, est souillée par trop d'opportunisme. Ces camps de base transformés en villages, ces sherpas exploités, ces cordes fixes balafrant la montagne… Ai-je réellement envie de partir loin, sans Arnaud, pour gravir un de ces sommets dangereux ? Je suis sûre que non.

Me vient alors l'idée de remettre sur le tapis un vieux rêve commun. Lorsque je lui en avais parlé de retour de Madagascar, en 1998, il m'avait taquinée :

– Tu ne te rends pas compte ! Grimper du 7 à plus de 6 000 mètres, ça n'est pas rien ! On ne fait pas assez de montagne pour ça.

Mais nous sommes en 2005, les choses ont évolué. Nous avons passé beaucoup de temps en montagne ces dernières années. Arnaud a obtenu l'an passé son diplôme de guide avec brio, sortant major de sa promotion. Le rêve est devenu possible…

– Et la tour Sans Nom à Trango, qu'en penses-tu ? lui dis-je un soir, en rentrant du collège.

– Alors ça, oui ! *Eternal Flame* ! La voie de Kurt Albert et de Wolfgang Güllich ! Bonne idée !

Nous sommes un couple comme un autre, finalement, obligés de faire parfois des concessions. Arnaud souhaite du bon rocher et je rêve de conditions extrêmes. En Himalaya, nous devrions être servis !

*

J'ai acheté un petit carnet à couverture de toile rouge au bazar de Rawalpindi. Sous la chaleur de mon foulard ajusté s'ébauche une réponse à la question de Baudelaire qui me trotte dans la tête depuis notre départ : *« À quoi bon exécuter des projets, puisque le projet est en lui-même une jouissance suffisante ? »*

Comme Rimbaud, je veux *« étreindre la réalité rugueuse »* ! Me coltiner au réel, me frotter à la rugosité du granit pour le rendre tangible à mon esprit rêveur, me refroidir les orteils pour sentir la vie qui coule fiévreuse en moi. M'abreuver au sublime et m'en retourner sereine pour quelques semaines, avant de basculer à nouveau dans la grande *intranquillité* ! Il convient d'éthériser nos vies et d'affiner nos perceptions ! Ne nous contentons pas de la norme dont l'anagramme est *morne*. Le voyage est salvateur qui réveille l'attention et les sens chloroformés par la triste habitude ! Ne pas s'embourber dans le monde mais y vagabonder, voilà la clef !

J'aime le beau. Les beaux vers, les belles fleurs, les belles âmes m'enchantent et j'aspire à leur compagnie. Quoi de plus naturel que cette attirance physique, mystique, pour cette tour de granit d'or qui m'appelle et murmure, me conviant au tango :

« Je suis belle, ô mortels ! comme un rêve de pierre
Et mon sein, où chacun s'est meurtri tour à tour,

Est fait pour inspirer au grimpeur un amour
Éternel et muet ainsi que la matière. »

Merci Baudelaire ! Biffant le *poète* et le remplaçant par *grimpeur*, je me fais voleuse de vers. L'auteur des *Fleurs du mal* ne pouvait imaginer que cette strophe conviendrait si bien à la tour de Trango…

*

Nous devions être quatre à partir pour le Karakoram : Arnaud et son frère François, Christophe Dumarest et moi. Pour nous acclimater, nous avons prévu une marche d'une semaine avec un col à plus de 5 000 mètres jusqu'à notre camp de base sur le glacier du Baltoro. Au dernier moment, François nous a dit qu'il ne se voyait pas partir sans son amie Christine et a ajouté : « Ce serait sympa de proposer à Papa. » Et Jean-Paul a pensé que ce serait une bonne idée d'en parler à Jacques, Henri et Jean… Nous, on se dit qu'après tout, ça ferait peut-être plaisir à notre copine Mahie, mais Mahie ne voudra pas venir sans Pierre, son nouvel amour. Heureusement, Christophe n'a pas jugé utile d'agréger ses propres connaissances à notre petite troupe… Nous étions quatre, nous voilà onze !

Je dois avouer que j'apprécie peu les voyages en groupe. Il m'est difficile de contempler, de ressentir en troupeau. Le silence est forcément rompu par les boutades de l'animateur autoproclamé à la psyché angoissée par le vide. Mais en ce temps-là, je n'étais pas si aristocratique dans mes exigences et peu m'importait qu'on soit deux, vingt ou cent pour partir vers le glacier du Baltoro. L'essentiel était de refermer derrière moi le portail du collège Jules Ferry et de faire fructifier les grandes vacances.

À Islamabad, le voyage s'annonce cocasse. On s'entasse dans un minibus sous la houlette d'un guide touristique zélé que nous n'avons pas sollicité et qui semble fermement décidé à nous occuper durant les heures perdues à rouler. Sourire obséquieux, chemise blanche ouverte sur un torse mâle, lunettes fumées et gourmette au poignet, le type sent le bakchich à plein nez…

J'ouvre de grands yeux lorsqu'il nous demande d'entonner à sa suite, en urdu s'il vous plaît, le refrain strident d'une starlette indienne qui vrille le tympan ; pendant cinq minutes, passe encore, c'est exotique, mais au bout d'une heure, alors qu'on quitte la Grand Trunk Road pour la Karakoram Highway, ça devient lassant.

Abrutis par le décalage horaire, n'aspirant qu'à somnoler en regardant défiler le paysage, nous voilà sommés de claquer des mains en souriant. Le type prend sa mission très à cœur et je me demande quel regard il porte sur les Occidentaux de passage dans son pays pour leur infliger un tel traitement.

À mes côtés, Arnaud se crispe. Je le sens prêt à expliquer à notre vedette de karaoké que ce n'est pas ainsi que nous envisagions le voyage… « On part en expé, pas en croisière Costa. La route est déjà assez épuisante sans qu'il faille encore supporter pareil zèbre ! »

Ses colères sont aussi soudaines qu'imprévisibles. L'outrecuidant est remercié à l'escale suivante.

– J'ai trouvé une voiture pour le ramener à Islamabad.

On proteste mollement : « Quand même, c'est pas cool, le pauvre… » mais sans trop insister. Dieu, que ça va être bon de roupiller tranquille… Même le chauffeur respire ! Après cet incident, chacun se tient coi, de peur de se voir offrir par Arnaud une villégiature en terre chiite !

Quel pays étonnant ! Cette jeune nation d'à peine soixante ans abrite le berceau des civilisations de l'Indus. Nous dépassons Mohenjo-Daro. Avec son urbanisme de pointe, le monde des Harappéens était l'un des plus avancés. Son écriture, que nul n'a pu déchiffrer, apparaît sur nombre de poteries témoignant d'un taux d'alphabétisation élevé. Sur ces sites vieux de cinq mille ans, les archéologues ont retrouvé des avatars en terre cuite de la déesse Mère, des prototypes du dieu Shiva et un petit cachet sculpté représentant l'ancêtre des yogis. Mais ils n'ont pu percer les causes du déclin soudain de cette civilisation florissante. Qui sait si les femmes n'y vivaient pas plus librement que les Pakistanaises d'aujourd'hui ?

Remonter l'Indus vers les hautes montagnes, c'est retourner à la source de mondes disparus. J'avais ressenti cette même émotion en cheminant vers Gaumukh, où s'écoulait en susurrant l'un des affluents du Gange. De la chaîne himalayenne naissent ces humbles filets d'eau qui se transforment en rivières et en fleuves puissants aux rives nourricières, pour s'ouvrir à la manière d'éventails, en deltas immenses vers la mer.

Au déjeuner, je commets l'impair de me goinfrer d'un yaourt local que tout le monde dédaignait, le trouvant « piquant » et mon calvaire commence peu après, agenouillée dans les toilettes sordides d'un café alors qu'il nous reste plus de quinze heures de route. Et quelle route ! La construction de la Karakoram Highway a commencé neuf ans après l'indépendance, en 1958. Un ambitieux chantier pour la jeune nation qui voulait créer une voie d'échange avec la Chine, à la barbe de L'Inde. Chaque kilomètre tracé à flanc de gorge au-dessus de l'Indus est une prouesse. Dix ans plus tard, c'est la Chine qui investit dans la construction des 1 300 derniers kilomètres : la *Highway of Friendship*. Une route de l'amitié qui n'a rien d'aimable… Car tout ici est démesuré et l'on serait tenté de croire que les dieux ont élu domicile sur ce pli du monde.

Dans ce paysage chaotique, avec ses vallées abruptes et ses grands pans de montagnes grises qui plongent dans le fleuve bouillonnant, il est émouvant de voir défiler les camions, comme autant d'insectes multicolores, grignotant les kilomètres en hoquetant. On rivalise de créativité pour embellir ces vieux baroudeurs. Les plus rutilants font l'orgueil de leur propriétaire et à voir le soin amoureux que les chauffeurs portent à ces carcasses de ferrailles sublimées, on comprend que le goût et la mode sont affaire de culture.

La mécanique est noyée sous le motif. Derrière chaque ornement se laisse deviner quantité de petits métiers. Le ferrailleur assis dans son échoppe qui récupère de vieilles tôles cabossées et les soude avec la tendresse d'une Miss Marple absorbée par son patchwork. L'ébéniste qui sculpte les frises des frontons de bois. Le peintre qui enlumine la carrosserie et calligraphie les portières de versets coraniques. Et au fond des maisons de terre, on imagine les mains habiles des femmes tissant dans l'ombre les brocards. Décorer un camion est une œuvre collective.

Les lieux sont si austères qu'on ne lésine pas sur les couleurs et les ors, les pluies d'ampoules vernissées et le nombre de talismans. Si le vide est partout dans ces paysages escarpés, on sent que le Pakistanais, comme l'Indien, son frère ennemi, en a horreur. Peut-être que l'art devient baroque lorsque la vie est incertaine…

Pour quarante dollars par mois, ces hommes passent leur existence sur la route, acheminant les marchandises dans les lieux les plus reculés du pays, au mépris de mille dangers. Dans la matrice des cabines embaumant le haschich, on oublie les risques d'éboulements et de glissements de terrain. On oublie les yeux injectés de sang et les nuits sans sommeil. La route passe comme un rêve, suave et musicale, sous le cliquetis des pampilles…

*

À 4 600 mètres d'altitude, il pleut des cordes et nous voici serrés duvets contre duvets dans la tente mess qui nous sert de dortoir. Plus haut, il neige depuis deux jours et nous attendons une éclaircie pour tenter d'atteindre le col du Gondoghoro, à 5 300 mètres d'altitude. De là, en passant à Concordia, à quelques kilomètres de l'incroyable pyramide du K2, il ne nous resterait plus que deux journées de marche pour parvenir à notre camp de base. Mais à mesure que la neige tombe, nos chances de franchir le col s'amenuisent…

Durant la nuit, j'entends la respiration de Pierre s'emballer à mes côtés. Ses poumons émettent un gargouillis inquiétant. Sans doute un début d'œdème pulmonaire. Tout le monde se réveille et voilà que Jean nous annonce à son tour qu'il ne se sent pas bien… Avec les mauvaises conditions météo, nos porteurs balti chaussés de baskets pour franchir un col d'altitude trop enneigé et nos amis mal en point, inutile d'insister. Raza, le guide qui nous accompagne, suggère que tout le monde fasse demi-tour, ce qui semble le plus sage.

Pour nous quatre, alpinistes, il est temps de déserter car plus on est de fous, moins on franchit de cols ! Après avoir souhaité bonne chance à nos amis marcheurs, qui redescendront tranquillement avec le second guide, nous dévalons d'une traite, à la suite de Raza et de nos six porteurs, le chemin qui nous avait pris trois jours à la montée. L'acclimatation est terminée ! Sera-t-elle suffisante ? Inch Allah ! Désormais, il s'agit de rejoindre Askole au pas de course car l'heure tourne. Il nous reste moins de quinze jours pour tenter l'ascension de la tour de Trango et nous en sommes encore bien loin.

Au moment de traverser pieds nus une rivière, Arnaud joue de désinvolture en visant l'autre rive avec ses baskets. L'une d'elles vient ricocher sur un arbre et plouf ! Impuissants, nous la voyons filer dans le courant…

– C'est pas de veine ! dis-je en gloussant.

Mais il en faut plus pour déstabiliser Arnaud. Une fois de l'autre côté, retirant la semelle de celle qu'il lui reste, il la flanque au fond de sa chaussette et poursuit son chemin avec une indifférence superbe. Son stoïcisme me semble de bon augure pour la suite !

De retour à Hushe, nous trouvons une voiture pour nous ramener de l'autre côté de la montagne, direction Askole au départ du glacier du Baltoro. La rivière Shyok a enflé et emporté sur son cours tous les champs de blé patiemment cultivés, ainsi que les habitations qu'il faudra reconstruire à l'écart de ses rivages tumultueux. Dans l'un de ses ouvrages, Sylvain Tesson qualifie la France de « paradis peuplé de gens qui se croient en enfer ». En revoyant la mine épanouie de notre chauffeur et de son ami, j'ai le sentiment qu'ici, c'est l'inverse.

Pour un chauffeur pakistanais, tenter la traversée d'une rivière boueuse et démontée relève de la nécessité et n'a rien d'exceptionnel. Je me souviens de cette fin de journée. Nous sommes tous les quatre serrés sur la banquette arrière du Toyota, chahutés par les cahots de la mauvaise piste. La lumière décline, irisant la pointe des peupliers dont les ombres s'allongent. C'est sublime... La rivière tumultueuse roule des blocs de belle taille... Notre chauffeur s'y engage en riant ! La voiture ronfle, patine sur les pierres et s'immobilise au milieu du gué, le flot tumultueux léchant les portières. Pendant que nous nous extrayons de l'eau glaciale, pantalons retroussés, notre artiste mécano dégage la voiture en quelques habiles coups de cric. Et la voilà sur l'autre rive !

Rebelote le lendemain. Des hommes sont rassemblés après l'orage au bord d'un large torrent qui vomit son écume grisâtre. Une vingtaine de voitures sont bloquées de chaque côté de ses rives mais très vite, on s'organise. Les plus anciens indiquent aux jeunes costauds le bloc qu'il va falloir rouler dans le flot car les Pakistanais ont l'art de paver à l'intuition une route submergée. Et c'est bientôt à notre tour d'inaugurer les hostilités... Le chauffeur fait ronfler le moteur et engage la première. L'eau cogne contre les portières et la voiture tangue violemment. Une dernière résistance et hop, le 4x4 bondit en ruant et poursuit sa route ; ou ce qu'il en reste... Cinq heures plus tard, nous échouons un peu nauséeux à Askole, trop heureux de retrouver nos véhicules préférés ; nos chers petits pieds !

Cette marche de trois jours, on nous l'avait promise fastidieuse mais la curiosité et le plaisir simple de marcher l'emportent. En chemin, nous croisons quantité de porteurs de tous âges. Je tente d'imaginer leur vie, rythmée par les incessants allers et retours au creux de cette vallée austère et sur ce légendaire glacier, courtisé par les alpinistes depuis la fin du XIXe siècle. Ceux qui cheminent ici sont certainement les descendants des porteurs du duc des Abruzzes, l'explorateur du Karakoram. Les plus jeunes avalent fièrement les kilomètres, mèche rebelle sur le front. La radio à la main, ils semblent à peine ressentir leur charge et bavardent avec insouciance. Goguenards, ils me lancent au passage un regard appuyé. Les plus âgés, eux, courbent l'échine, front vers le sol. Ils n'ont plus dans les yeux cette lueur de défi et vont à petits pas cadencés, parfois trottinant, parfois voûtant le dos pour attaquer un raidillon. La curiosité les a quittés. Voilà plus de trente ans pour certains qu'ils voient défiler ces êtres bizarrement accoutrés avec leurs visages blanchis de crème solaire, leur bob à large bord et leurs lunettes fumées. Sans compter les deux bâtons dont ils ont besoin pour tenir l'équilibre… Ces étrangers qui semblent tous si riches, si bien portants mais qui ne portent rien !

Le plus marquant pour moi, c'est qu'hormis leur charge, les porteurs n'ont aucun effet personnel : un lambeau de couverture, trois tomates et un oignon dans les poches de leur veste élimée et parfois une poule sous le bras… Le soir venu, ils s'installent à l'abri d'un rocher pour préparer ensemble un repas frugal.

Après Paju, verdoyante escale, le front de la moraine nous fait face. Seul un timide gargouillis de source émerge du front du glacier. Pour un amoureux des pierres, le paysage est extraordinaire ! Cathédrales de granit effilées ou augustes minarets, les tours de Trango nous laissent rêveurs…

Au camp de base, il fait un temps splendide. Après une courte nuit, nous voilà partis, l'estomac presque vide pour moi. La veille, je me suis sentie plus végétarienne que jamais. Sous la tente qui servait de garde-manger, la brave chèvre qui nous avait suivis en laisse, pendait tristement en guirlandes ensanglantées. Pour ménager ma sensiblerie, j'avais pris soin de ne pas trop sympathiser.

Alors que nous remontons en silence le long couloir de 1 200 mètres de dénivelé qui permet d'accéder au pied de la tour, une énorme chute de pierres fracasse nos songes. Une fraction de seconde, on est tentés de prendre ses jambes à son cou sans savoir où aller. Mais le cataclysme s'est produit dans le couloir voisin. Ouf ! Le nuage de poudre achève de se dissoudre et nos angoisses avec… Hé ! Si on mettait le casque ? Vu l'ampleur de l'événement, ça ne sert à rien mais c'est rassurant !

L'incident me rappelle une escale sur la Karakoram Highway, sordide et étouffante. Trente-neuf degrés sur nos têtes frappées. Chacun se repliait dans l'ombre, infime à midi, et les tournesols découragés baissaient la tête. En barde soucieux d'égayer la compagnie, Christophe avait ouvert au hasard mon recueil de Jules Laforgue et commencé à déclamer les premiers vers d'« Éclair de gouffre »…

« J'étais sur une tour au milieu des étoiles !
Soudain, coup de vertige. Un éclair où, sans voiles,
Je sondais grelottant d'effarement, de peur,
L'énigme du cosmos dans toute sa stupeur !
Tout est-il seul ? Où suis-je ? Où va ce bloc qui roule
Et m'emporte ? – Et je puis mourir ! mourir, partir,
Sans rien savoir ! Parlez ! […]
Astres ! je ne veux pas mourir ! j'ai du génie !
Ah ! redevenir rien irrévocablement ! »

En achevant ces lignes, notre jeune alpiniste, perché en rêve sur sa *tour au milieu des étoiles,* a blêmi sous son hâle…

Dans le couloir ce matin, je n'ai pas pu m'empêcher de murmurer en revivant la scène : « *Où va ce bloc qui roule et m'emporte !* »

*

Je me souviens de ce dernier bivouac à plus de 6 000 mètres d'altitude, sur une minuscule vire de neige que nous avions taillée aux deux tiers de la paroi alors que la nuit commençait à tomber. Les géants himalayens se teintaient de mauve et de rose. Un large sourire fleurissait nos visages épuisés et nos yeux pétillaient d'ivresse…

Durant trois jours, l'escalade avait été sublime. Dans l'action, au cœur de notre fragile mécanique humaine, s'était mise en branle une mécanique céleste. Absorbés par l'éther et la beauté, une douce euphorie s'était installée à mesure que l'oxygène se raréfiait. Nous étions là, perchés dans cet univers austère, inconscients et légers. Nous avions à cet instant l'invulnérabilité des Clochards Célestes et la vie nous semblait une éternelle épiphanie…

Bivouaquer avec pour toit un ciel criblé d'étoiles et pour lampe, une lune ronde et fertile. S'endormir le nez glacé et le cœur en feu. Vivre pour ces minutes, pour ces heures, pour ces jours où le temps n'a plus de prise. Hors-la-loi bénis du temps qui passe, du temps qui fuit, du temps qui coule… Vivre au-dessus de ses forces pour en créer de nouvelles !

Parti guerrier, on se découvrait Milarepa…

*

Sur le chemin du retour, quelques jours plus tard, une sourde colère m'assaille. Alors que nous approchons d'Askole, Raza vient me demander de cesser toute discussion avec des porteurs à l'avenir. Jusque-là, j'avais pris soin de respecter scrupuleusement les us et coutumes du pays.

Je m'étais vêtue de longues manches. J'avais voilé mes cheveux dans les villages et gardé mes distances. Mais de retour du sommet de Trango, j'ai baissé la garde. Décontractée, je me suis retrouvée à échanger naïvement trois mots au milieu d'un groupe de jeunes gens à priori charmants, sans imaginer le regard narquois qu'ils portaient sur une « pute de Française » qui osait s'adresser à des inconnus.

– *Sorry,* dis-je à Raza qui m'a traduit leur propos. *I understand.*

Mais au fond, je ne comprends pas du tout, jamais je ne comprendrai et le jugement de ces hommes m'est insupportable…

Et Raza, cet aimable Raza avec lequel j'ai discuté durant un mois, qu'en pense-t-il, lui, d'une femme alpiniste ? D'une femme seule dans un groupe d'hommes ? Il me dit que c'est son travail, qu'il est guide, qu'il a l'habitude des expéditions étrangères et qu'à contrario, les porteurs sont des hommes sans culture avec des visions déformées de l'Occident, véhiculées par ces publicités où de pulpeuses blondes aux épaules dénudées s'offrent pour vendre un savon ou une coloration.

La vie est dure ici mais il fait meilleur être un homme, me dis-je… Ils sont charmants entre eux, se tiennent par la main, s'embrassent affectueusement. Prennent le thé allongés sur des charpoys, ces lits à ficelle, sous d'opulents noyers ou dans les tchaïkana, ces petits cafés disséminés le long de la Karakoram Highway.

Pourquoi se transforment-ils en êtres jaloux et méfiants, en brutes parfois, de retour à la maison, ces hommes si affables et si souriants ? Comment font-ils pour priver de vie leur épouse et leurs filles ? C'est l'histoire universelle de la femme objet, soigneusement planquée ici et exhibée chez nous par la publicité.

Une scène est restée gravée au tison dans ma mémoire. Chaleur et poussière dans un village traversé par la Karakoram Highway. Ici les hommes portent la mitraillette en bandoulière mais c'est avec leurs yeux qu'ils vous assassinent. Depuis la fenêtre du premier étage d'un restaurant où nous faisons halte, j'observe la rue animée. Un taxi s'arrête. Un homme en sort, regarde à gauche et à droite avant de tirer du véhicule un être recouvert d'un grand drap noir. Ici, on appelle ça une femme et depuis quelques années, tout le monde sait que le voile intégral s'appelle une burqa. L'homme la pousse devant lui sans ménagement comme un bétail encombrant. La forme noire s'évanouit sous un porche.

Cet homme bouscule cette femme et je me sens bousculée au cœur de mon identité... Révoltée. Ces hommes qui ont droit de vie ou de mort sur une épouse et une sœur. C'est impossible pour moi à accepter...

Une amie jordanienne m'a expliqué que porter la burqa offrait un sentiment de confort et de sécurité. On est anonyme. J'ai pu le constater à Islamabad, lorsque soigneusement voilée, j'arpentais le vieux bazar de Rawalpindi. Certes, on jouit d'un certain mystère et d'une forme de liberté mais le problème, c'est ce regard névrosé, de désir et de suspicion mêlés, que l'homme porte sur la femme. Cette manie, semble-t-il légitimée par le livre saint, qui amène les hommes à légiférer sur leurs possessions : une mule, un agneau, une femme ou un sac de farine...

J'ai ressenti un peu d'espoir en apprenant qu'au XIVe siècle, le Cachemire était un haut lieu de spiritualité où les religions se côtoyaient en paix. Un soufi pouvait converser avec un vishnouiste, un bouddhiste avec un fidèle de Zoroastre ou un adepte des tantras. Une femme extravagante et cultivée, la poétesse mystique Lalla, déclamait ses quatrains devenus fameux. L'incandescente yogini, libérée des conventions, errait nue, couverte de cendre, indifférente aux regards désapprobateurs… La légende raconte que lorsqu'un brahmane s'indigna, elle commença par répliquer qu'elle n'offensait personne car elle ne voyait autour d'elle nul homme digne de ce nom. Puis elle arracha le voile d'une femme et s'en vêtit à la hâte. Au brahmane surpris, elle répondit : « C'est que j'aperçois là-bas un homme… », désignant un saint soufi qui venait d'arriver au pays. Le saint la reconnut et les deux mystiques qui ne parlaient pas la même langue poursuivirent leur chemin ensemble. Par-delà les appartenances, par-delà les différences de castes et de religions, leurs âmes communiaient via le verbe du cœur… Aujourd'hui encore, Lalla la Shivaïte, l'errante *vêtue d'espace*, est considérée comme une sainte chez les musulmans du Cachemire.

« Debout femme royale ! » dit l'un de ses poèmes.

Et l'on s'envole loin de ces contrées magiques et complexes, menacées par la lèpre de l'obscurantisme. Un regard sur l'histoire donne davantage le vertige qu'un gouffre ou qu'une face de mille mètres…

*

De retour du Pakistan, je demande un mi-temps annualisé, une formule qui semble sur le point de se démocratiser au sein de l'Éducation Nationale. L'idée est de travailler six mois à plein temps et de chômer le reste de l'année sur le rocher. Le rectorat me le refuse.

– C'est un mal pour un bien, dis-je à Arnaud. Je vais demander une dispo très très longue durée plutôt. De toute façon, un mi-temps annualisé ne m'aurait qu'à demi satisfaite. En réalité ce qu'il me faudrait, c'est un quart de temps tout au plus !

– Ça, ça n'est pas près d'exister !

– C'est dommage. Le monde se porterait tellement mieux s'il admettait l'idée d'un partage du temps de travail et des ressources. L'idée d'une vie simple !

J'obtiens ma disponibilité. Mes cotisations retraites à peine ébauchées resteront au point mort mais à défaut, je vivrai ! Sur la question de la subsistance, je suis confiante. Elle trouvera certainement à se résoudre en son temps. Nous avons quelques petits contrats avec des marques de matériel, Arnaud travaille parfois comme guide et fait de belles images. Il vient de réaliser un très vieux rêve en écrivant *Parois de Légende*, un livre rassemblant nos plus belles escalades autour du monde.

En communiquant davantage sur nos voyages et en rédigeant des articles, nous pourrons certainement nous en sortir.

Chapitre XII

Fugues

J'aime cette vie vagabonde. Je l'aime d'autant plus que très souvent elle m'est retirée. À maintes reprises, ma santé vacille. Toute jeune, j'ai compris que jamais je ne bénéficierais de cette magnifique et constante énergie que j'admirais chez mes amis. Était-elle jouée chez eux, cette frénésie, cette soif d'escalade que rien ne semblait tarir et qui m'épatait ? Je ne le sais mais de mon côté, je n'appartiens pas à la catégorie des inusables, des infatigables, des « machines » comme on dit dans notre jargon, alors je patiente après l'éclaircie. Je m'installe dans l'attente de longs mois durant, parfois angoissée, parfois désespérée mais toujours attisant au fond de mon cœur, ma petite flamme d'optimisme. Je sais qu'elle existe et c'est par elle que je me reconquiers. Il faut apprendre à se brider, à patienter car les choses ne tarderont pas à rentrer dans l'ordre...

D'ailleurs ces parenthèses me nourrissent d'une autre manière. Elles m'apportent ce que l'action volontariste et fébrile ne me permettrait pas d'éprouver. Un temps de suspension. Un moment d'oisiveté dans cette course effrénée qu'est l'existence lorsqu'on se laisse emporter. Plus frêle, je me sens plus proche de la vie aussi. Je lis, j'écris, je réfléchis. Je m'extrais de l'impératif d'efficacité et me donne le droit de paresser. Pour dire vrai, ces instants douloureux, il m'arrive, avec le recul, de les apprécier. Mais l'automne adoré signe mon renouveau. Alors que la nature s'endort doucement, je sors de ma torpeur, prête à saisir les opportunités. Prête à sacrifier mon petit bagage en une seule expédition, en une seule escalade ! C'est cela que j'aime : tout brûler dans l'action, tout miser sur un rêve sans se soucier de l'avenir. Je me fais l'effet d'une petite vieille, fatiguée d'avoir radiné de longs mois durant et qui sort de chez elle pour flamber son pécule ! Et à chaque fois, je rafle la mise ! Éperdue de gratitude, débordante de nouveaux projets, je ressors épuisée mais follement heureuse de ces échappées qui donnent un sens à ma vie. C'est ce que j'appelle mon *équilibre*.

Au départ, il y a cette sensation, ce besoin irrépressible d'agir qui naît du sentiment d'étouffer. D'avoir accumulé en soi trop de rêves, trop de projets, et que si l'on ne fait pas quelque chose, si l'on ne donne pas forme à tout ce qui vit, à tout ce qui frémit à l'intérieur, on risque d'éclater. Comme la grenouille de la fable. Pas d'orgueil, oh non, mais de trop d'inaccompli, de trop d'inachevé. Car il est bon de rompre la digue pour vivre follement. Il y a une saine folie qui consiste à suivre son cœur et une autre, plus sournoise, qui s'installe lorsque nous nous sentons empêchés. Mais qui nous empêche au fond ? Il est facile de s'en prendre aux autres, à la vie, à la fatalité alors que le plus souvent, l'interdit et la paresse gisent en nous. Une fois en route, tout n'a de cesse de rouler, avec plus ou moins d'harmonie certes, plus ou moins de facilité mais la question de savoir pourquoi, où et comment finit par se polir et disparaître en agissant. La fébrilité s'évanouit et l'équilibre se façonne jour après jour. C'est une question de salubrité mentale que de rompre avec le quotidien pour se laisser porter par ses profondes convictions. Il est bon d'apprendre à se connaître et cela prend toute une vie. À mon sens, le plus malheureux serait de se défendre de rêver, se figer dans des attitudes passées, penser « ça n'est pas pour moi » et s'interdire d'essayer.

*

À 5 ans, j'ai décidé de quitter la maison. C'était un dimanche. On m'avait injustement grondée et je ne pouvais tolérer de rester une minute de plus dans une famille où régnait l'iniquité. J'ai mis mon ours en peluche dans ma petite valise en osier et en traversant la cuisine, j'ai dit à Maman :

– Je m'en vais.

– Ah bon, m'a-t-elle répondu, masquant son sourire amusé sous l'air de la surprise. Et où vas-tu ?

– Je ne sais pas.

Et sans un regret, j'ai refermé la porte pour gravir la colline. Avec mes knickers de velours côtelé et mes chaussettes soulignant des genoux égratignés, j'avais fière allure ! La petite valise dansait à mes côtés.

Le talus était raide pour mes courtes jambes et à sa cime, je dépliai mon pull entre deux genêts et fis halte pour reprendre haleine. Le véritable sommet que j'envisageais d'atteindre était encore bien loin. À mes pieds, ma maison ressemblait à celle d'une poupée. Sa vaste toiture s'étendait avec ses tuiles couleur de terre. Côté véranda, elle atteignait le sol et aux premières chutes de neige, je me laissais glisser depuis son faîtage comme sur une piste.

La maison, si petite vue d'ici, me semblait d'autant plus troublante et attirante. Je repensais à ma chambre et à mes livres, à mes chats et à mon petit frère aussi, cause de mon malheur immédiat mais qui était bien gentil tout de même. Je pensais à Papa qui devait bricoler au garage et à Maman que j'avais surprise en train de préparer mon gâteau préféré.

On ne voit bien les choses que d'en haut et étrangement, la vue depuis un sommet nous rapproche de ce qu'on a quitté.

Quatre heures sonnaient au clocher de Rambaud. Mon ventre se creusait et je commençais à regretter ma décision hâtive. Q'allais-je devenir ? C'était idiot tout de même, j'avais négligé d'emporter un goûter… Mais l'orgueil m'interdisait de redescendre. Ce n'était pas cette mesquine sensation de faim qui allait me faire céder. Ah non ! Refusant de m'avouer vaincue, je tins bon.

Nouveau coup de cloche. Quatre heures trente, mon estomac gargouille, je feins de l'ignorer…

C'est alors que devançant mes souhaits, un bon génie apparaît, les bras chargés de délices attendrissants. Était-ce Papa ou Maman ? Je ne m'en souviens plus. L'apparition dépose sans un mot un pique-nique de princesse à mes pieds, prend une photo mais ne s'attarde pas.

Et je reste seule, les talons ancrés dans la marne grise, la petite valise à mes côtés, les papilles exultant de mie vaporeuse et de chocolat fondu. Vacille au coin de mon œil une larme de gratitude.

Cette scène enfantine est restée gravée dans ma mémoire. Elle me rappelle ce besoin précoce d'indépendance et cette difficulté que j'éprouvais en même temps à relâcher les liens et à m'éloigner tout à fait. Elle m'a longtemps évoqué aussi ces élans matés par ma santé fragile. Ces essors brisés, j'ai trouvé moyen de les contourner…

Peut-être y a-t-il des natures d'arpenteurs et des natures de grimpeurs. Si certaines constitutions sont adaptées à l'horizontalité, à la vastitude d'espaces sans fin, d'autres s'épanouissent mieux dans la verticalité. J'ai trouvé en quelque sorte mon milieu. Suspendue à distance d'un paysage que je surplombe et qui procure ce sentiment étrange d'éloignement et de proximité, je me sens à mon aise. À défaut de marcher loin, j'ai choisi d'aller haut.

*

Nous voilà de retour au camp de base de la Torre Central del Paine, Arnaud, François et moi. Un terrifiant vent d'ouest, celui que redoutent les navigateurs au cap Horn, nous a cueillis sur la moraine, menaçant de nous expédier directement vers l'Atlantique. La Patagonie est fidèle à sa légende et nous avons sagement fait demi-tour à quatre pattes…

Allongée dans notre petite tente, je réalise que jamais je ne me suis sentie aussi épanouie que ces dernières années. J'ai la chance de vivre exactement la vie d'aventure dont je rêvais plus jeune. Une vie simple tout entière vouée au voyage et à l'escalade. Des rencontres, un camp de base à atteindre, une ligne à gravir, un sommet à tenter. Quelle que soit l'issue de l'expédition, je me sens à ma place et la vie me semble gagnée d'avance. L'instant se suffit à lui-même dans ce quotidien réduit à l'essentiel. Nous marchons dans la mousse des forêts ou dans des pentes enneigées, déconnectés du monde et je respire à pleins poumons.

Une semaine plus tôt, en débarquant à Calafate dans les flots de touristes, je m'étais surprise à murmurer : « Où es-tu Bruce Chatwin ? Et toi Kerouac, cher fol errant rayant d'est en ouest l'American way of life ?… » La vue de mes semblables enfermés par des journées ensoleillées dans des cafés Internet à la recherche de la prochaine destination bon marché me troublait. On s'entassait dans un bateau pour assister à la fonte désolante du Perito Moreno. Après un trek de trois jours, on sautait dans un bus pour voir le coucher de soleil à ne pas rater. À vouloir tout voir, on en oublie de vivre, me disais-je. Mais j'étais loin d'imaginer qu'on posterait demain les photos de son entrecôte grillée sur Instagram !

Je ne prétends pas qu'une longue randonnée ou qu'une expédition soit une pratique plus vertueuse. Ce que je constate, c'est que l'alpiniste, le cycliste ou le marcheur, forcé de se frotter physiquement à la géographie, demeure plus longtemps sur son lieu de voyage. Aux horizons changeants, sirènes du voyageur pressé, je préfère l'univers de la verticalité, mon Graal de grimpeuse. Je ne me dis pas : je serai mieux là-bas, plus loin. Je suis simplement là et tout est parfait. Ces pensées me traversaient alors que nous parvenions, chargés comme de braves mulets, au « campo japonese », notre camp de base à l'orée du Valle del Silencio. Après cinq heures de marche, au tapage de mes frères humains se substituait la voix du vent…

Le mauvais temps s'est installé et nous éprouvons la fameuse attente patagonienne. Antichambre du désespoir pour certains, de la découverte de soi pour d'autres, l'attente est ici une initiation qui fait le charme des récits d'alpinistes de passage dans ces contrées.

L'attente, sans faire de jeu de mot idiot, c'est inévitablement *la tente*, l'antre douillet dans laquelle on voit s'étirer les journées au fil d'activités salutaires pour le corps et l'âme : dormir, se lever pour manger, se recoucher pour lire, se relever pour satisfaire ses besoins, se recoucher pour siester, recommencer à lire enfin, manger encore puis se rendormir…

Les jours passent, uniformes, et il s'avère utile d'y intégrer quelques menus changements afin de parvenir à les distinguer.

Lorsque le soleil daigne faire une apparition brève mais saluée, on improvise une partie de pétanque avec ses voisins de tente. On s'adonne à une petite toilette aussi rapide qu'indispensable. On trouve une branche pour tracter et retarder la fonte des muscles. On s'en va guetter les canards qui descendent en bouchonnant le torrent du Valle del Silencio. En se promenant à petits pas, on conserve sa précieuse énergie pour les jours suivants.

Le camp de base est étonnant. Le vent peut toujours courir, perpétuellement rugir, on est à l'abri dans cette forêt de bouleaux de Magellan, bercés par la sarabande qui agite leurs faîtes.

Les rafales sont si violentes que les arbres courtauds font le gros dos. Ils ont tous stoppé leur croissance aux environs de quatre mètres. Dans cette minuscule forêt de Blanche-Neige, le vert des branches griffues étincelle sous la pluie. Le discret puma s'y abrite, paraît-il.

À côté de notre tente, un abri fait de bric et de broc nous sert de salle à manger. Recouvert de bâches plastique bleues, il fait davantage penser à un taudis qu'à une poétique cabane de trappeur. L'intérieur ressemble à un musée consacré aux arts premiers. Bois sculpté avec plus ou moins de finesse, fil de fer tordu en d'étranges figures. Des gamelles noircies et des livres épaves rongés par les souris et gonflés d'humidité traînent sur de frustes étagères.

Plus étranges encore, des dédicaces funèbres pyrogravées avec soin, rendent hommage aux disparus. Brr…

Et la pluie, toujours la pluie qui décline toute la palette de ses nuances : fine bruine, crachin subtil, pluie torrentielle, diluvienne ou brève ondée, simple averse ou déluge. L'eau qui tombe sous toutes ses coutures, par toutes les coutures… Et le vent, toujours le vent : vent frais, vent du matin, vent du soir, plutôt bise que brise. Cinglant, mordant, vent qui glace et qui casse, à décorner plus d'un bœuf… À coup de vent, ventre à terre…

Puis une nuit, on ouvre la fermeture éclair. Calme plat… Le troupeau d'étoiles encalminées dans le ciel noir invite au lever. Il est temps de chausser les crampons, de s'outiller de cordes et de coinceurs et d'aller s'alléger sur les parois dorées. Faire fondre la graisse neuve au brasier de nos rêves !

Samedi 13 janvier 2007, 2 heures du matin. Après quinze heures d'escalade pour parvenir à la cime de la Torre Central et en redescendre en rappel, nous sommes piégés pour la nuit au creux d'une brèche exiguë, centre névralgique du « supersonique patagonien ». Nous faisons connaissance avec ce que les marins nomment les cinquantièmes hurlants…

Dans les dernières longueurs de la voie, le ciel s'était obscurci et un épais brouillard avait envahi la paroi. Nous avions émergé au sommet, noyés dans cette brume dense. L'atmosphère était étrangement calme… De ce calme qui précède les grandes tempêtes… m'étais-je dit. Et comme en réponse à mes pensées, le vent s'était levé. Prises de furie, les cordes s'étaient mises à claquer et à nous fouetter rendant les rappels terrifiants… Lorsqu'Arnaud descendait, la corde était rangée dans un sac pendu entre ses jambes. Il ne la dévidait qu'à mesure de la descente. Mais une fois rendus tous trois au relais inférieur, lorsque nous la rappelions, elle s'envolait quatre-vingts mètres plus haut et nous croisions les doigts pour qu'elle ne se coince pas. En quinze rappels et cinq heures de bataille, ballottés par les rafales, nous avions eu la chance de n'avoir à remonter qu'une seule fois pour récupérer notre corde.

Il faisait nuit déjà lorsqu'au rappel nous amenant à la brèche, j'ai commis une petite erreur en descendant la dernière. J'avais pourtant repéré cette fissure mal placée sous le relais mais secouée par le vent et affaiblie par le froid, j'ai négligé de décaler le nœud de liaison de nos cordes pour éviter qu'il ne s'y bloque.

J'ai beau prier, impossible de retirer notre rappel. L'effet Venturi de la brèche décuple la force du vent et aucun d'entre nous ne veut prendre le risque de remonter sur les cordes, qui frottent dangereusement sur un angle du rocher, juste sous le relais. La poursuite de la descente est compromise…

Dzing ! La gamelle s'envole et avec elle, la perspective d'un peu d'eau chaude. Nichés dans ce trou verglacé, nous voilà condamnés à attendre le jour par cent kilomètres-heure de vent, sans rien à boire ni à manger. Assis tous les trois à la queue leu leu, têtes penchées vers l'avant, on nous dirait partis pour un tour de grand huit infernal. Mais sans les effluves de barbe à papa… Seulement ce vent qui nous malmène comme de vulgaires pantins de cirque. Trr… Clac… Brr… Qu'il fait froid, tonnerre de Dieu !

« Sois sage, ô ma douleur, et tiens-toi plus tranquille ! » Je me récite Baudelaire en remuant mes orteils pour éviter qu'ils ne gèlent.

Autour de nous, ce ne sont qu'aplombs vertigineux, d'autant plus impressionnants lorsqu'on les devine dans la pénombre. Le vent mugit et le grésil nous aveugle. Les bras levés pour maintenir notre mince couverture de survie, qui claque à chaque rafale, nous avons l'air de demander grâce... Et c'est un peu ce que nous faisons, en vérité.

Pourquoi certains ont-ils besoin de se refroidir le bout du nez, au risque de le perdre, tandis que d'autres, les bienheureux, les chanceux, se contentent de la promenade journalière ? En claquant des dents, j'ai toute la nuit pour tenter de répondre à cette question qui me taraude souvent. Malgré tout, mon esprit conserve l'éclat des heures précédentes. L'émerveillement. La joie de grimper sur ce granit glacial inondé de lumière.

À l'aube, le vent tombe. Un ciel bleu gris s'éveille et des vapeurs rosées s'effilochent dans le lointain. La plaine ondule et les cathédrales de pierre s'enflamment. Nul n'aurait la force de traverser la nuit s'il n'y avait cette certitude, cette confiance. La promesse d'une aube nouvelle, d'un jour qui se lève... Ce don de vie qui mérite notre plus profonde reconnaissance, me dis-je, en ébrouant mon corps gelé, qu'un rayon bienfaisant est venu ranimer...

*

Un mois plus tard, de retour à la maison, je tente de sonder Arnaud, qui vient de se lever, sur les pensées qui l'ont traversé durant cette longue nuit de bivouac.

– Je ne pensais à rien, me répond-il.

– Ah bon ? Merci pour ton aide !

Calé dans le canapé devant un bon feu de cheminée, je sens qu'il n'est guère d'humeur à coopérer. Je reviens à la charge :

– Je ne te demande pas des révélations métaphysiques. Je voudrais simplement savoir comment tu as vécu ce bivouac infernal. J'essaie d'écrire un petit récit, moi !

Silence pesant, digestion du petit déj' sans doute entravée par l'attaque soudaine…

– Ah si, je sais ! reprend-il en bâillant. Je pensais que si la tempête forcissait encore, ça allait être encore plus la guerre mais qu'on allait s'en sortir.

– Charmant ! lui dis-je, mais ça ne colle pas avec ta vision de grimpeur hédoniste…

À cette heure, François est de retour au « Mur de Lyon », la salle d'escalade qu'il dirige. Je me rappelle qu'il ne craignait ni le froid ni le vent, endurci par ses cinq mois de voyage et de marche en Amérique du Sud avec sa compagne. Moins expérimenté que son frère dans ce genre de terrain, il appréhendait toujours un peu les grandes voies en montagne mais une fois dans la tourmente en revanche, il s'étonnait et nous étonnait par la facilité avec laquelle il supportait à peu près tout.

« Finalement, ce n'était pas si dur que ça », disait-il une fois l'épreuve achevée.

Après cette nuit de tempête mémorable à la Torre Central del Paine, les deux frères avaient souffert de gelures, heureusement sans gravité. Arnaud qui était insuffisamment vêtu, vu les circonstances, s'était blotti entre les jambes de François, comme dans les bras d'un fauteuil ! Quant à moi, j'avais pris soin d'entretenir un dialogue ininterrompu avec mes orteils et j'avais été épargnée.

Méditant entre une tartine de miel et une gorgée de thé chaud, la parole de Beckett : « Nous ne voyageons pas pour le plaisir de voyager, que je sache ; nous sommes cons mais pas à ce point », je réalise que de mon côté, je grimpe surtout pour le plaisir de grimper. *Serais-je idiote à ce point* ?

Chapitre XIII

El Capitan en libre

Un an avant le bivouac glacial de Patagonie, nous avions vécu une aventure extraordinaire à l'autre extrémité de l'Amérique latine, au Venezuela. La paroi sauvage d'où s'élance le Salto Angel, la plus haute cascade du monde, avait comblé nos désirs d'escalade les plus fous. Cette ascension s'était avérée si difficile, si complexe et si intense qu'au retour, tout nous semblait aisé… Une immense fringale nous avait saisis. Portés par cet élan, nous étions partis en Patagonie avant de mettre le cap au nord, direction le Yosemite, en Californie, un pèlerinage auquel tout grimpeur passionné de big wall se doit de sacrifier.

Notre longue journée au *Nose* était un lointain souvenir. À l'époque, nous avions grimpé les longueurs difficiles en tirant sur les coinceurs. Je brûlais de retrouver cette immense muraille de granit, sentinelle de la vallée. Nourrie des récits d'ascension des pionniers, émerveillée plus jeune par les photos de Lynn Hill, cheveux au vent sous la déferlante pétrifiée du *Nose*, je m'imaginais à mon tour affrontant en escalade libre les fissures de cette gigantesque paroi.

Il m'arrive, par sursaut, d'avoir de l'orgueil et de l'ambition. L'origine de ce sursaut avait été ce fantastique et éprouvant périple au Venezuela. J'en étais sortie vidée, essorée. Mon petit être sensible avait besoin de recoller ses morceaux et les fragments de confiance qui lui restaient. Pour ce faire, rien de tel que d'imaginer un nouveau projet. Pour moi. Sans caméra ni film à la clef. Sans rien qui s'interpose entre le vivant et le vécu.

Arnaud a accepté de m'accorder son soutien comme je lui ai si souvent accordé le mien.

Le désir de réaliser El Capitan en escalade libre ne l'a jamais effleuré même si aucun Français ne s'y est attelé. Il préfère ouvrir de nouvelles voies ou gravir des itinéraires moins connus. De mon côté, j'ai le besoin profond d'expérimenter mes capacités, une maladive *intranquillité,* qui sourd du fond de l'être et me fait faire des choses dont je ne me serais pas crue capable. Ai-je acquis les qualités nécessaires pour une telle escalade : endurance, patience, persévérance ? Je n'en suis pas sûre mais qu'importe. Moins il me semble que j'ai de chances de réussir un projet, plus il me tente !

Pour un grimpeur européen, la difficulté d'El Cap en escalade libre tient au long système de fissures parfois entrecoupé de courts murs de granit lisse à petites prises. Si je suis particulièrement douée pour tenir des microprises, je suis loin d'être une spécialiste de la fissure. Mais je suis curieuse de me frotter à une gestuelle nouvelle, de retrouver l'état exaltant du débutant.

Mon choix se porte sur *Free rider,* une variante de la voie *Salathé* qui correspond parfaitement à ce que je recherche. Trente-deux longueurs, 1 200 mètres d'escalade de dalles lisses, de fissures et de cheminées impressionnantes… Les passages les plus redoutés ne sont pas ceux dont les cotations sont les plus élevées. Ce sont les fissures les plus larges qui ont rendu la voie célèbre. Cet itinéraire n'a été gravi en escalade libre qu'une seule fois par une femme,

Photo © Arnaud Petit

Comme deux petites fourmis au pied de la paroi fantasmagorique de la Fleur de Lotus au Canada, en 2003.

Au Pakistan, les superbes fissures d'*Eternal Flame* sur la tour Sans Nom de Trango : 6 240 mètres d'altitude.

Photos © Arnaud Petit

Réveil à 6 000 mètres sur une petite vire de neige que nous avons taillée non loin du sommet,
lors de notre ascension de la tour de Trango avec Christophe Dumarest, Arnaud et son frère François.

Intense moment de jubilation après notre ascension de la tour Sans Nom ! Ici sur le glacier de Dunge, dans le massif du Karakoram, se concentrent sans doute les plus impressionnantes parois granitiques de la planète.

Photo © Arnaud Petit

Dernière remontée sur corde après douze nuits dans la paroi lors de mon ascension du Salto Angel en 2006 avec Igor Martinez, Toni Arbones, Nicolas Kalisz, Evrard Wendenbaum et Arnaud.

Photo © Nicolas Kalisz

Après une nuit d'averses torrentielles au Salto Angel. Trempée jusqu'aux os, j'ai la sensation d'avoir essuyé une tempête en haute mer – à 400 mètres du sol !

Photo © François Petit

Dans le brouillard, au sommet de la Torre Central del Paine en Patagonie, quelques instants de répit avant l'arrivée du vent…

Photo © Sean Leary

Dans le dernier Offwidth de *Free rider* sur El Capitan en Californie. Je démarre en dülfer avant de me coincer à l'intérieur de la fissure.

Je me suis rarement sentie aussi loin du sol que dans cette 28e longueur de *Free rider*, un dièdre lisse comme du marbre.

Au quatrième jour de mon ascension en libre d'El Cap, Arnaud prend son petit-déjeuner avec ce que la petite souris a bien voulu nous laisser !

Photo © Bertrand Delapierre

À 3 500 mètres d'altitude, au petit matin, le soleil réchauffe le granit et mes mains, au départ de la voie *Petit* au Grand Capucin.

Photo © Arnaud Petit

À Taipan Wall, sur le grès rouge australien, dans la célèbre *Serpentine*, 8a.

Photo © Olivier Balma

Un trait de lumière comme une invitation à tracer le mien dans la grotte de Getu, au fin fond de la province du Guizhou en Chine.

Photo © Jocelyn Chavy

Une escalade musicale dans *Lost in translation*, la voie que j'ai ouverte avec Arnaud à Getu, en 2011.

Méditation en mouvement dans les dalles lisses d'*Octogénèse* en Corse, en 2012.

Photo © David Kaszlikowski

Durant notre joyeuse ouverture de *Damai Sentosa*, « la voie de la paix », à Tioman Island, en Malaisie, au printemps 2013.

la grimpeuse américaine Steph Davis. J'ai lu un article inspirant où elle relate son ascension. Steph Davis se présente comme peu douée. À ses débuts, à 19 ans, elle était à peine capable d'enchaîner deux tractions. Elle n'est pas Lynn Hill, loin de là, et elle le sait. Exagère-t-elle ? Pas du tout, me confirment des amis américains avec qui elle a grimpé. Ce qui fait sa force et la différence, écrit-elle, c'est son mental. Un mental à toute épreuve. Une hargne, une opiniâtreté et une patience increvable pour les projets de longue haleine. Elle ne laisse rien au hasard. Ses solos sont préparés des mois à l'avance, soigneusement planifiés, et sa devise se résume en deux mots : *work hard*.

Pour réussir *Free rider* en escalade libre, elle a installé des cordes fixes sur les 500 derniers mètres d'El Capitan et durant six mois, elle a travaillé chaque passage. La première fois, elle était incapable de tenir les prises et d'effectuer les mouvements de la longueur clef mais elle savait qu'avec un entraînement approprié, elle y parviendrait. Pour moi, championne du doute, une telle confiance est étonnante.

Avant de me lancer dans les fissures d'El Capitan, une petite préparation dans ce style d'escalade s'avère indispensable. Je prends la direction d'Indian Creek, dans l'Utah. La Mecque du « crack climbing ».

*

Chaque matin, fin prête à huit heures, Martina nous attend assise sur son sac à dos, une tasse de thé vert kombucha à la main. Elle a déjà effectué une heure de yoga dans le désert et préparé son tupper de sarrasin pour la journée, lorsque nous émergeons de la tente et confectionnons à la hâte des pancakes arrosés de sirop d'érable que la jeune femme refuse poliment.

Face à notre amie, même Arnaud, pourtant organisé, a le sentiment d'être un amateur perpétuellement en retard. Quant à moi, remplie d'admiration, je songe qu'elle pourrait reprendre à son compte les mots de Monsieur de Sainte-Colombe dans *Tous les matins du monde*, le roman de Pascal Quignard : « Ce que j'accomplis, ce n'est que la discipline d'une vie où aucun jour n'est férié… »

Je connais Martina Čufar depuis mes premières coupes du monde. Le fair-play de la jeune grimpeuse slovène m'avait vivement impressionnée. Alors que je venais de monter, à l'âge de 19 ans, sur la troisième marche de mon premier podium aux championnats d'Europe, Martina qui ne s'était pas qualifiée pour la finale, était venue me féliciter, serrant ma main avec chaleur. Cette attitude m'avait touchée et j'ai toujours eu plaisir à la retrouver durant ces années de compétition.

Puis la vie nous a éloignées. J'ai arrêté prématurément le haut niveau pour passer du temps en montagne et voyager, tandis qu'elle a poursuivi une carrière de compétitrice couronnée par un titre de championne du monde de difficulté, et ce, sans jamais délaisser le rocher.

Particulièrement douée pour l'escalade à vue, où son endurance et sa grande souplesse lui permettent de venir à bout de voies difficiles, Martina est une grimpeuse exceptionnelle.

Après dix-sept ans passés sur les circuits de coupe du monde, elle venait de mettre un terme à sa carrière et rêvait de s'initier à la fissure. Nous voilà réunies.

Quel plaisir de retrouver le désert d'Indian Creek et ses monolithes de grès rouges émergeant du désert ! Ces couleurs m'émerveillent, ne m'évoquent rien de connu… Le site est pittoresque pour des Européens.

Nous avons installé notre petit campement sauvage au bout d'une piste qui s'efface dans le sable et nous passons nos journées à grimper jusqu'au coucher du soleil, nous confrontant à des fissures de toutes tailles.

Après la phase d'acclimatation, Martina s'en sort magistralement. C'est si bon de la voir découvrir à son tour ces sensations nouvelles. En escalade, on peut être champion du monde et avoir mille choses neuves à apprendre. C'est ce qui est formidable.

En assurant Martina sur le grès de Moab, je revis mes premiers pas en fissure. L'incompréhension d'abord, puis l'indispensable lâcher-prise, au sens propre. Ici, il faut renoncer à l'idée de trouver une prise sur le rocher. Renoncer, en somme, à s'agripper au connu. C'est le coincement de la main, du poing ou des doigts qui fait la prise, qui la crée. Parfois même, c'est le corps tout entier, dans les fissures extra-larges et les cheminées.

Devenir soi-même sa propre prise, voilà qui laisse songeur ! Mais lorsqu'on pige enfin, c'est le miracle ! La main proprement coincée dans la fissure, on sourit comme l'enfant émerveillé qui se dresse pour marcher. Eurêka ! Cette fissure qui nous paraissait impossible à grimper se transforme en « excursion de demoiselle » !

Au fil des jours, je m'aperçois que la compagnie de Martina me fait du bien, structurant mes journées, fortifiant ma confiance et ma persévérance. Les premiers temps, son rythme et son énergie, son sérieux et son besoin d'en faire toujours plus, m'avaient inquiétée. Déstabilisée même.

Son hygiène de vie me rappelait cette discipline du haut niveau qui avait été jadis la mienne et que j'avais abandonnée au fil de nos expéditions, au profit de l'immersion paresseuse dans la culture locale. Pour vivre pleinement le voyage, fallait-il sacrifier de temps à autre à la « malbouffe » ? Par velléité, j'estimais que oui.

Martina suivait une diète précise qui m'avait paru extrême. Je m'aperçois qu'elle était simplement en avance. Je m'étais accommodée du régime discontinu de l'alpiniste-voyageur qui pourtant, à la longue, fatigue l'organisme. J'allais m'en apercevoir plus tard... Aujourd'hui, adhérant à la formule selon laquelle on est véritablement ce que l'on mange – et ce que l'on pense aussi, soit dit en passant – je prends grand soin à mon tour de mon alimentation.

Avec Martina, nous nous entendons fort bien en dépit de qualités résolument contraires : elle est ordonnée, je ne sais jamais où sont mes affaires. Elle possède une endurance folle mais peu de force ; j'ai une puissance innée mais des avant-bras rétifs aux combats de longue haleine. Elle salue le soleil dès qu'il pointe son nez ; lorsque je dis « hello », il est déjà bien haut. Elle est disciplinée, court tous les jours et s'étire à heures fixes quand je lis un bouquin sans montre ni horaire. Elle est indéfectiblement positive et confiante quand ma propre motivation connaît des fluctuations. Elle accorde de l'importance à ses victoires passées quand j'ai depuis longtemps oublié les miennes. Elle aime les livres de Paulo Coelho, je leur préfère les aphorismes de Cioran. Elle attend de trouver une pomme quand je grignote sans façon des crakers à la pompe à essence. Dans la voiture, elle écoute Céline Dion, je lui demande de baisser le son ou lui impose la pop éraillée d'une Anglaise mélancolique...

En somme, je m'aperçois que Martina est une compagne bien plus motivante que moi. Mieux, c'est un coach-né. Jamais de ma vie, je n'ai mangé autant de brocolis !

*

Un matin, alors que nous finissons de laver nos gamelles, j'aperçois un coureur au loin, dans le désert. L'homme se rapproche, torse nu. Deux dreads flottent sur sa nuque. Je n'en crois pas mes yeux...

– Non... Ce ne serait pas Toni, par hasard ? dis-je à Arnaud.

– Mais oui !

À peine ravalons-nous notre surprise que l'Espagnol est face à nous, poings sur les hanches, cardio branché à la poitrine et sourire éclatant.

– *Que tal ?*

– Bien et toi ?

– Yé m'entrraîne pour les marrathone... yé loué oun camping-carr mais l'essence est chère ici, alorrs on né pé pas bouger. Miriam est à la voitourre avec la pétite. On monte grrimper cet aprrès-midi. Vous allez à quel sectorr ?

– *Ruby's Café*.

– Yé vous rréjoins alorrs...

– Avec plaisir ! À tout à l'heure !

Incroyable... Nous avons quitté Toni à Caracas, il y a un an, exactement. Au dixième jour de notre ascension du Salto Angel, je l'aurais volontiers jeté par-dessus bord, mais je le retrouve ici avec un réel plaisir ! Forcés de cohabiter sur nos minuscules vires de bivouac, nous en étions venus à ne plus pouvoir nous supporter. Les conditions s'y prêtaient. La paroi surplombante de 800 mètres de haut, le rocher inquiétant qui demandait une attention de tous les instants, la fatigue et le manque de nourriture... Un parfait huis clos vertical pour se détester une fois au sommet... Et pourtant, ce matin, quel bonheur de le revoir ! Car Toni, c'est de l'hyperbole incarnée. Impossible de résister à sa gouaille et à son énergie.

Arnaud et Martina viennent d'essayer une affreuse fissure de vingt centimètres de large et proposent à notre ami de la faire en moulinette. Mais Toni décline l'offre :

– Oh moi, les fissoures larges ça né mé pose aucun prrroblème.

Nous le regardons ébahis car ces fissures angoissent même les meilleurs grimpeurs du monde ! Affirmer qu'elles ne te posent pas de problème, c'est un peu comme prétendre parler le mandarin de manière innée. Mais c'est tout Toni. Il est comme ça, unique. Avec lui, inutile d'ergoter. Il excelle dans l'imprécis et en matière de réalisation, le flou est son univers. C'est ce qui fait son charme aussi, et nous passons une excellente journée.

En retrouvant notre compagnon, je repense à cette expédition au Venezuela qui a changé ma vie. L'aventure avait été si intense qu'au retour, j'avais éprouvé le besoin de la raconter par le menu. *Salto Angel* était né. Au départ, ça n'était pas un livre mais un cri. Des feuillets lacérés d'un seul jet dans lesquels je livrais tout ce que j'avais accumulé là-haut de colère. Un hurlement de louve venu du fond de l'être et qui ne me ressemblait guère.

Tant d'années après, je comprends pourquoi cette expédition s'était révélée difficile ; une hypersensible en partance pour la pire des parois, durant ses lunes, avec des compagnons mâles aux trois quarts inconnus, cela frôlait la démence !

L'écriture est un formidable exutoire, mais à part moi, cela n'intéresserait personne. Et je ne fis pas lire mon tissu de rancœurs, le déchirant bien vite, en abandonnant quelques temps les lambeaux au sol, que je flairais en passant.

Un matin, j'ai repris mon ouvrage à tête reposée, relisant avec surprise des bribes de ma prose des semaines passées : « Tiens, j'ai écrit cela ! Mais c'est exagéré !... » Ce qui m'avait semblé vrai ne l'était plus tout à fait, en ce matin de mai. Alors, décousant, reprisant, barrant et atténuant, je le raccommodai tendrement, me raccommodant en même temps.

Réduire une aventure aussi exceptionnelle à quelques malentendus aurait été fâcheux. Nos blessures s'érodent si vite sous l'action paisible du temps. Le dépit s'était évanoui, laissant place à l'afflux des souvenirs joyeux. En écrivant, je revivais le voyage et c'était merveilleux. Imaginez ! Naviguer au cœur de la jungle pour rejoindre l'immense cirque d'une paroi surplombante que l'on gravit à côté de la plus haute cascade du monde. Et se faire annoncer le sommet, quinze jours plus tard, par un colibri ! Je me souviens de ces longues heures d'attente au relais, qui me donnaient parfois le sentiment d'être piégée. L'estomac vide, les doigts gonflés et les ongles irrités. Mal aux pieds, mal au corps tout entier, meurtri par l'effort et les sangles du baudrier. L'esprit souffrant derrière ses barreaux de chair. *Qu'est-ce que je fais là ?*

Quand soudain... Le souffle d'un oiseau qui passe rapide comme l'éclair, un nuage qui s'effiloche dans le lointain, un arc-en-ciel surgissant du vaporeux de la cascade... S'effondrent les murs de la cellule imaginaire. Être *là* reprenait tout son sens !

Un peu plus tard, j'avais envoyé mon manuscrit à Michel Guérin, dont j'admirais le travail d'éditeur. Michel ne vit malheureusement jamais le livre achevé. Je garderai toujours un souvenir ému de notre rencontre dans un café de l'Argentière-la-Bessée. Ses encouragements, son regard à la fois lucide et bienveillant. Son écoute et son exigence m'avaient mis le pied à l'étrier.

*

Après trois semaines à vivre dans le désert de Moab, il était temps de mettre cap à l'ouest.

Sur les falaises d'Indian Creek, nous avons fait la connaissance de Sean Leary, alias Stanley, enchanté de faire cordée avec Martina au Yosemite. Nous roulons ensemble vers El Capitan. « C'est bon de savoir qu'il y aura toujours un rocher qui nous attend, un désir ré-enflammé, un plaisir renouvelé, un enseignement aussi », me dis-je.

Sans le pollen qui voltige en juin dans la vallée, tout serait parfait.

« Mais cesse donc de te plaindre et fais de tes faiblesses une force ! Positive que diable ! Jette Cioran et lis Maslow ! » m'exhorte le *hard worker* qui sommeillait en moi. Forte de ces bonnes résolutions, des encouragements de Martina et de l'aide d'Arnaud, je me sens prête à m'attaquer au gros morceau.

Une fois au pied de la paroi, hormis dire « whaou ! » me décrocher la mâchoire et préparer mon sac, il ne me reste pas grand-chose à faire.

« Tenter une longueur qui nous fait peur, c'est prendre rendez-vous avec soi-même », m'a dit un jour un ami, en plaisantant à demi. Tenter une longueur qui nous inquiète, c'est se promettre d'y être en dépit des doutes et des difficultés.

Ce matin, avant que le soleil ne pointe son nez, j'ai rendez-vous avec *Hollow Flake.* Cette longueur débonnaire sur le dessin (se méfier des dessins), cotée 5c (se méfier des cotations), cette longueur disais-je, c'est mon Everest à moi depuis deux semaines. Le plus irritant, c'est qu'en second, elle ne présente aucune difficulté. Alors si j'ai décidé de tenter *Free rider* intégralement en tête, c'est un peu à cause d'elle et du défi psychologique qu'elle représente pour moi. Sans ça, je suis sûre que par lâcheté, je l'aurais refilée à Arnaud à qui elle ne posait pas de réel problème.

Hollow signifie « caverneux, qui sonne creux… » Au figuré *to feel hollow,* c'est se sentir vidé. J'ai regardé le dico avant d'y aller et une fois au pied, je confirme : quelque chose en moi se liquéfie doucement. Comment dire ? Après dix mètres d'escalade, on mousquetonne un piton rouillé. De là, on jouit d'une vue imprenable sur une écaille gigantesque qui semble flotter sur une dalle lisse. Rien de bien méchant à première vue si ce n'est que l'on devine le relais, vingt-cinq mètres plus haut et que le mauvais piton est l'unique protection. Pour accéder à l'écaille, il faut descendre vingt mètres en désescalade à l'aplomb du piton, traverser cinq mètres à gauche, avant d'entamer une interminable remontée qui se corse à mesure que l'écaille s'élargit.

J'en ai passé des nuits à tergiverser dans mon duvet et à dérouler le film du semblant de méthode que j'avais trouvé en second lors d'un repérage dans le bas de la voie. Comme mes petits pieds ne coinçaient pas dans la fissure, j'avais décidé de grimper dos contre l'écaille, pieds à plat dans la dalle, le regard forcément rivé au fameux piton, planté de travers et tant de mètres plus bas…

Une posture aléatoire qui ne me satisfaisait guère mais je n'avais rien trouvé de mieux.

J'en ai passé des nuits à rembobiner le sketch de notre copain Nick, à en rire et à en trembler :

– At the end, it's just free solo, 25 meters with no pro. Not allowed to fall anymore… Actually, one Corean guy fell…

– Was he ok ?

– Definitly not ok ! Just better than dead…

Traduction : « À la fin, c'est comme du solo intégral. 25 mètres sans protection. Chute interdite… En fait, un grimpeur coréen est tombé… Et ça allait ? Juste un poil mieux que mort ! »

Depuis, je traîne cette longueur comme un caillou dans la chaussure…

Mais tout se simplifie une fois en chemin, c'est bien connu. Ce matin, rien ne peut me désarçonner. Je viens d'enchaîner les 300 premiers mètres du géant avec facilité et barre la route au doute. Les bras croisés au pied de la longueur, j'ambitionne de réunir *Hollow Flake* et un autre moi-même, capable de se hausser au-dessus de lui-même. Ça commence à faire beaucoup de monde, me direz-vous mais je vous assure que c'est le minimum !

« Ce n'est qu'un simple exercice mental », me dis-je en désescaladant le dièdre avant de traverser sur les écailles et de m'arrimer en dülfer à la crinière de l'étrange animal, que je remonte avec euphorie.

Jusqu'ici, tout va bien, je suis en moulinette et trottine allègrement. Hormis un pendule peu sympathique en cas de chute, je ne crains rien et tente d'oublier le pauvre Coréen. Je poursuis pleine d'entrain, dépasse le piton et sans attendre que mes mollets ne tressaillent, dégaine *mon* engin.

Car deux jours avant le départ, j'ai trouvé le remède à mon insomnie. Un Big Bro, alias big brother, que je me suis offert au magasin de la Vallée. Une sorte de mini barre à traction à visser dans les fissures très larges en escalade artificielle. L'objet coûtait cher mais ce jour-là, ma peur et la qualité de mes nuits n'avaient pas de prix. J'avais trouvé *la* solution technologique à ma défaillance psychologique. Installé de travers dans cette fissure moins rectiligne que prévu, mon Big Bro supporte à peine son propre poids mais avec une sangle mousquetonnée à ma corde, il m'apporte un réconfort certain. Merci grand frère !

– Tu es bien faible ma fille… N'as-tu pas honte d'avoir besoin d'une assurance de pacotille ? m'avait soufflé mon orgueil, lorsque j'étais sortie du magasin, rouge de contentement et prête à décoller sur le champ.

– Pas le moins du monde, cher ami, lui avais-je répondu.

L'astuce m'avait été soufflée, durant la nuit, par le souvenir d'une lecture, celle du *7e degré* de Reinhold Messner. Le vainqueur des quatorze 8 000 racontait qu'à ses débuts, lorsqu'il grimpait en solo, il portait un baudrier et laissait pendre entre ses jambes un bout de corde qui lui offrait un simulacre de sécurité et lui permettait de grimper sereinement. Alors si même Reinhold Messner avait besoin d'un petit soutien… moi, Stéphanie Bodet, je n'allais pas m'en priver !

Et c'est ainsi que je parviens sans difficulté jusqu'au relais, me trouvant bien sotte de m'être inquiétée pour si peu. Oui, mais enfin le pauvre Coréen… *Remember : just better than dead !*

Cent mètres plus haut, le lendemain, au sortir des dalles inclinées, la paroi se redresse. Il est midi précise. Par 30 degrés et un soleil inflexible m'attend *The Monster Offwidth,* le passage clef de la voie, le crux comme disent les grimpeurs. Une fissure féroce de quarante mètres de haut par trente centimètres de large. Incrédule, je contemple ses proportions inhabituelles qui entament doucement ma détermination. Mon poste à responsabilité, il est ici sur le rocher, me dis-je en levant le nez…

Ce caprice géologique, les grimpeurs américains l'ont résumé par cette formule : *offwidth*, hors largeur, hors norme, hors des tailles habituelles de coincements. Mais se glisser hors la norme, voilà qui n'est pas pour me déplaire !

Commet s'y prendre ? En fissure, le confort est mathématique : Rentrera ou rentrera pas ? Telle est la question. Si tu chausses du 46, pas de chance : il faut te meurtrir la malléole sur l'angle du rocher pour progresser. Si tu as une solide épaule gauche, tant mieux. Tu gonfleras ton fier pectoral et grogneras à chaque poussée. Plongée dans mes rêveries morphologiques, j'en conclus que l'idéal serait de posséder la carrure d'un bûcheron du Caucase et les petits petons d'une courtisane de l'époque des Tang… Quant à l'inverse, une sirène chaussant du 42, n'y songeons pas !

À défaut de la constitution idéale, on est sommé de faire avec soi. Et moi, c'est du 37 et demi et des épaules plutôt menues… Je contemple amoureusement mes petits pieds. Hum ! Mes armes pour cette fissure ! Ils s'y logent à la perfection comme dans la pantoufle de Cendrillon. Aucun doute, je suis l'élue ! Mais les quarante mètres de fissure qui m'attendent vont me forcer à persévérer dans le genre bestial. Or si j'ai un faible pour les escalades distinguées, qui demandent de se hisser en délicatesse sur la pointe des pieds, le style combat de rue est nouveau pour moi…

À présent, je bataille durement mais suis en paix. L'avenir est là, niché quelques centimètres au-dessus de moi. La prochaine prise de main à agripper. Il n'y a rien d'autre à faire. Le futur immédiat est gravé dans la pierre. Suivre pas à pas cette fissure, ce délire de la nature, sans se laisser intimider. Se souvenir du passé proche aussi. Jeter les yeux sous soi pour retrouver le gratton utilisé une fraction de secondes plus tôt et qui va servir, cette fois, de prise de pied.

S'ancrer sur le révolu pour avancer. Fabuleux !

Et mer… ! Je glisse et manque de me vautrer. La réflexion philosophique trouve ses limites. Recentrons-nous et poursuivons. Silence intérieur. Mes pensées de granit. Je suis tout entière fondue dans le rocher.

*

Si je vois le fond de cette fissure, en revanche, je n'en vois pas le bout. Me voilà tel un chien se refusant à lâcher son os. Le récit de Steph Davis resurgit dans ma mémoire : *« At one moment, you get throught a window »,* lui avait dit son amie, championne de marathon, à propos des efforts prolongés.

« Mais elle est où cette p… de fenêtre ? » Le nez collé au granit, je serre les dents : « Ah ! Si je pouvais les planter pour mieux m'y agripper ! » Ça hurle à l'intérieur : « Je n'y vois plus rien, je suis aveuglée ! Mal aux bras, mal aux doigts, mal aux pieds, mal partout… Je vais tomber… »

Contrairement à certains de mes pairs, la pudeur m'empêche de partager mes émois à haute voix. Mais si l'on avait placé ce jour-là un micro dans mon cœur…

« C'est fini… je vais lâcher… » À l'instant où je me sens aspirée par la gravité s'ouvre quelque chose de plus fort, d'inespéré. Du bout des doigts, je crispe férocement une minuscule aspérité. J'enfonce avec plus de fermeté mon épaule dans la fissure, je pousse sur un « pied » invisible et sans attendre que mon carrosse ne redevienne citrouille, me dresse au lieu de tomber. *Getting through the window ! Yes !* Elle existe donc cette fenêtre de la nouvelle chance !

Expérience inoubliable que ce second souffle comme un surcroît d'élan venu du fond de l'être…

– Allez, ne lâche rien !

Les encouragements d'Arnaud, plus bas, m'ouvrent la fin de la voie.

Il faut conserver sa lucidité toutefois car la fin de la longueur, à l'aplomb du bivouac, ressemble à du patinage sur une traînée de pisse. Redoutable l'urine fondue au soleil comme l'huile sur le bitume après la pluie. À toi de le rendre artistique ! Passe encore que l'odeur soit infecte lorsqu'on arrive au sommet du *Monster,* suant et un peu nauséeux. Mais cette traversée sans autre protection qu'un coinceur fiché dix mètres plus bas s'avère périlleuse. Pourquoi choisissent-ils de se soulager pile au-dessus de la longueur plutôt que dans la fissure d'artif voisine ? Maudissant les vessies de mes prédécesseurs et leur hygiène de hyènes, j'arque sombrement les prises et tente d'appuyer le moins possible sur mes pieds…

Lorsque je me rétablis sur la vire, j'aimerais m'époumoner, libérer de mon gosier un immense cri de joie qui retentirait dans la vallée. Mais, pfuit, rien. Un simple « whouuu » suivi d'un « relais ! » sifflant d'asthmatique. D'habitude, je suis réceptive à tout ce qui m'entoure, petites fleurs, cristal scintillant ou orbes d'hirondelles… Ici, la poésie a disparu. Cette satanée longueur m'a épuisée.

À présent, je me repose dans l'« Alcôve ». Doux nom que celui de ce bivouac qui incite à la rêverie. Qui fait intime, feutré, douillet… Comme un boudoir où il ferait bon siroter un verre d'absinthe par un soir d'automne. Mais ici, nul dandy solitaire à la santé fragile. L'Alcôve abrite de solides grimpeurs exilés du carcan de la société et affranchis des règles de bienséance élémentaires. Ça sent l'étable, comme partout sur les vires d'El Cap et cela ressemble à une épicerie des cimes. Sur des étagères de pierre s'alignent une dizaine de bouteilles d'eau et des sacs étiquetés renfermant les provisions laissées par ceux qui souhaitent revenir tenter la voie en libre. L'ami Nick a inscrit sur les siens des petits messages destinés à protéger leur contenu d'éventuels Rapetou. Sa prose mêle délibérément les registres de l'intimidation et du pathos : « Je travaille intensivement cette voie, ne détruisez pas mes rêves ! » Il espère tout à la fois émouvoir et terrifier : des têtes de morts sont dessinées sur le sac…

On a passé la journée à se reposer, à rire, à plaisanter. On a bu et mangé et la nuit est tombée. Nuit de juin qui frissonne. Pluie d'étoiles au ciel. Seuls et enveloppés d'obscurité câline, un désir confus qui chatouille et s'avoue à cette heure où plus personne n'arrivera. Alors on a rapproché nos deux bouts de matelas sans parler et l'on s'est embrassés. Langues de miel et visages couleur de lune. Et l'on s'est enlacés, un goût de sel sur nos peaux écorchées. Ce soir-là, un déluge d'étoiles s'abat sur notre lit…

Et l'on s'assoupit, ivres et légers. Puisant sur le rocher une paix pour mille ans. L'ombre est là, qui emporte tout et la fatigue. Reste l'éternité d'une caresse et le sommeil vient. Instinctif.

Simple et animal.

Au petit matin, nous sommes réveillés par un cliquetis de mousquetons et un imperceptible frottement de corde à notre aplomb, dans le *Monster Offwidth*. Comme une petite musique très douce. Le grimpeur est silencieux. C'est étrange. Il ne geint pas comme j'ai pu le faire l'avant-veille dans cette atroce fissure. Intrigués, nous nous frottons les yeux, les paupières encore ourlées de rêve, attendant qu'une tête émerge du vide. À nos pieds, les grands pins, comme mille bougies, attendent d'être allumés par le soleil. Comme nous.

Le cliquetis se rapproche, et la caresse de la corde, sur l'angle du granit. Mettre enfin un visage sur l'ange ou le fantôme qui effleure ainsi le rocher. C'est Tommy Calwell qui apparaît avec ses épaules massives ! Tommy que nous n'avions pas revu depuis la Fleur de Lotus, il y a quatre ans. Il vient d'avaler en douceur le *Monster* comme un pain au lait glissant dans le gosier.

Il nous sourit, heureux de nous retrouver ici, murmure quelques mots pour ne pas troubler l'aube et notre réveil et poursuit sa quête en silence. Il est parti pour tenter à la journée l'ascension à vue de *Golden Gate*.

J'observe avec admiration sa main mutilée. Deux phalanges lui manquent à l'index mais d'instinct, elle trouve le bon coincement. Tommy grimpe sans réfléchir. Confiant, il place peu de protections dans ces longueurs qu'il a gravies cent fois.

On entend percer plus bas un filet de voix suraigüe qui déchire le silence. Remontant sur la corde à l'aide de ses poignées jumar, Beth arrive à son tour. Petite perle aux yeux de source aussi volubile que son compagnon est taiseux. Beth, encordée au seul homme voué à déchiffrer, sa vie durant, chaque centimètre carré d'une muraille qui en compte assez pour y passer l'éternité.

Elle aussi a accompli des choses magnifiques ici ces dernières années mais je la sens un peu lasse ce matin-là. Je devine qu'elle a envie de tourner une page, ce qui me semble bien naturel. Tommy, lui, capable de s'enchaîner à ses projets avec une persévérance inégalée, ne refermera jamais le grand livre d'El Capitan. Il n'en est qu'aux prémices de sa quête.

Il a une telle foi en cette paroi qu'il me fait songer à un artisan du Moyen-Âge, sculptant une frise sur le fronton d'une cathédrale qu'il ne verra jamais achevée.

Beth nous embrasse et poursuit, sac sur le dos, son footing vertical à la trace de celui qui ne s'arrête jamais…

Quant à moi, j'ai pris le parti de la lenteur. Je n'ai guère le choix. Étant donné mon expérience limitée en fissure, si j'arrive à grimper toutes ces longueurs sans tomber, ce sera déjà beau. Je pense avec affection à Charles Tucker, alias Chongo, ce « dirtbag » du Yosemite qui a inventé le concept de *slowest ascent* ! C'est un type que j'aurais bien aimé rencontrer. Il prenait un malin plaisir à passer le plus de temps possible en paroi pour taquiner une jeunesse en quête d'horaires. Même si cette idée fait écho à mon tempérament rêveur, je me sais bien difficile à freiner. La vitesse a quand même quelque chose d'excitant. J'adore partir léger, grimper comme une flèche en corde tendue avec Arnaud dans des voies faciles. Sentir mon corps en mouvement, trouver le rythme adéquat, maîtriser l'emballement juste assez pour ne pas perdre haleine. Prendre de l'altitude sans s'en apercevoir et soudain lever les yeux et être là, au sommet. Se retourner et voir l'horizon onduler à la mesure du sang qui bat dans les tempes. Le cœur monté au crâne et les joues rougies, se tenir à la cime, arrêtée par le ciel. Être physiquement stoppée mais sentir que quelque chose en soi continue de s'élever.

Mais il y a cette vie en paroi que j'apprécie aussi. S'installer dans une lenteur nécessaire pour vivre une expérience plus profonde, peut-être. Lorsqu'on passe en coup de vent, on ne pense pas autant, on est touché moins longtemps. Le rendement véritable n'est-il pas dans l'instant vécu pleinement ?

Il faut de l'humilité et du courage pour hisser plusieurs jours durant ces sacs énormes qui ne contiennent pourtant que l'indispensable. C'est si lourd l'essentiel de celui qui cherche à s'affranchir de la gravité. Pardonnez si je rectifie le cliché. Lorsque je grimpe, je ne cherche pas tant à me libérer de la gravité qu'à m'ancrer avec plus de légèreté. Lézard ou papillon ? Un peu des deux à la fois. J'oscille de l'un à l'autre, revenant à la sage compagnie du lézard quand je me souviens que les papillons, eux, ne font hélas pas long feu.

Il y a bien mille façons d'envisager une ascension. Ce sont des expériences différentes, toutes belles à vivre. Et c'est dans l'alternance que l'on s'enrichit, non dans le repli sur une idéologie.

*

Cinquième et dernière nuit sur une vire minuscule au pied de la vingt-sixième longueur. Un crissement feutré me tire du sommeil. Une présence dans l'ombre, furtive… Une petite souris croque nos friandises et je la laisse faire. La douce compagnie ! Et le matin au réveil, se demander par où l'effrontée a pu arriver. Rien d'autre qu'une légère veine de quartz qui longe les flancs lisses et fuyants de la muraille. Une autoroute de souris !

J'attendais de *Free rider* un enseignement *vivant* et je ne suis pas déçue. Des leçons, j'en reçois à chaque étage, à chaque instant. Aucune longueur ne ressemble à la précédente. J'imagine avoir appris quelque chose et pouvoir m'en resservir plus haut, mais non. Tout conspire à me faire oublier mes maigres acquis. Chaque mètre de rocher m'offre une nouvelle épreuve, une occasion neuve aussi d'exercer ma créativité. Leçons techniques, physiques, géologiques, philosophiques. Psychologiques surtout ! Comme ces maîtres zen qui frappent sur l'épaule de leur disciple pour les inciter à rester sur le qui-vive, El Capitan est un maître exigeant qui me tient en éveil.

Enfin, le sommet ! Trente-deux longueurs et cinq jours plus tard, un cul-de-sac en plein ciel !

Arnaud a rouspété dans les derniers mètres. Il peinait à retirer les coinceurs que je plaçais trop au fond des fissures, selon lui. Sa patience a été mise à rude épreuve. Il était temps d'arriver ! Je claque un bisou sonore sur la joue de mon bougon chéri et le remercie. Il sourit et m'embrasse :

– Bravo quand même !

Ce bravo vaut son pesant d'or et me va droit au cœur…

L'horizon est noir. De gros nuages charbonneux couronnent les parois. Une tempête du Pacifique approche. Nous nous laissons glisser sur les dalles de granit avec nos sacs de 20 kg sur le dos avant de nous réfugier dans la tente, sous une pluie de grêlons.

*

Quelques jours plus tard, groggy de crêpes et de chocolats chauds, nous revoilà dehors, fin prêts à repartir. « *Shit* », le plus dur reste à faire. La voie est enchaînée mais un travail urgent et nettement moins gratifiant nous attend. Ouvrir, vider et nettoyer le « poop tube » prêté par Sean ; un tube de plastique long de 80 centimètres et de 20 de diamètre muni de bouchons étanches aux extrémités, que les cordées traînent pendouillant à leurs basques, à la suite du sac de hissage, durant toute l'ascension. Le lecteur me pardonnera d'évoquer ce sujet nauséabond : m'en abstenir serait passer à côté d'un point essentiel de la vie en paroi.

Une paroi aussi célèbre et aussi facilement accessible qu'El Capitan est victime de son succès. Un nombre incalculable de cordées s'y succèdent durant les saisons propices à l'escalade et hormis l'hiver, qui rend la vallée à sa légendaire et un peu surfaite « wilderness », la paroi grouille de monde.

Jusque-là, chacun accomplissait son naturel méfait dans une (presque) parfaite discrétion mais à la fin des années 1990, les bonnes histoires n'ont pas tardé à s'échanger sous cape. Une célèbre cordée d'amis français, engagée dans une voie d'artif extrême, s'était trouvée, un matin, dans l'obligation de se soulager à l'aplomb de la section clef d'*El Corazon*, la voie que travaillait justement à l'époque l'un des pionniers de l'escalade libre sur El Cap, le célèbre Alex Huber.

Les délicates marques de magnésie que le fier grimpeur allemand avait tracées avec précision pour se souvenir des méthodes et des prises de la longueur, se sont vus doublées des longues traînées d'une fresque nettement moins propices à l'enchaînement...

À peine les petits Français relevaient-ils leurs culottes qu'apparaissait, 50 mètres plus bas, la tête rouge de colère d'Alex qui remontait sur sa corde fixe. On n'en menait pas large sur ce relais déjà bien peu solide de *Jolly Roger*... Pour détendre l'atmosphère, on esquisse un timide « hello », en évaluant d'un œil craintif la distance – ouf, respectable – qui sépare les deux voies.

Ce salut de bienvenue, innocemment jeté et un poil goguenard tout de même, à présent que les risques de représailles étaient pour l'heure reportés, n'eut d'autres effets que de stimuler la fureur du solide gaillard.

– *Thank you for the shit !* hurla-t-il avec l'accent râpeux de sa Bavière natale.

Les autres réitérant leur « coucou » en souriant, le grimpeur allemand se racla ostensiblement la gorge et grogna l'œil féroce en accentuant chaque syllabe :

– Marrci pour la maerde !

Heureusement qu'une dalle lisse comme du marbre séparait les deux relais. Si proches et si loin à la fois, se disaient-ils... Certains jours, on remercie la paroi...

Il m'a été rapporté également l'expérience troublante dont a été victime un grimpeur dans le bas de *Salathé*. Alors qu'il se rétablissait sur une belle et large vire genre pays de Cocagne, il entend un sifflement à son aplomb... Le projectile, empaqueté dans un de ces sacs en papier qui aux US servent à emballer vos courses, vient, tel un missile, exploser à côté de lui.

Si ces petites histoires égaillaient les soirées de Camp IV, le légendaire camping de la vallée, elles risquaient à la longue de porter préjudice à la réputation du site... La communauté a pris des mesures. D'où la mise au point du fameux « poop tube ».

– Comment faire pour le vider ?

– Le souci, c'est qu'il est quand même resté dix jours fermé, me répond Arnaud en pointant l'objet.

Dans l'euphorie du sommet, nous l'avions abandonné pour redescendre plus légers. Nous sommes remontés hier par les *East ledges* pour le rapatrier. Ce matin, nous avons trouvé une aire de pique-nique calme et un peu excentrée. Absolument déserte à cette heure, elle est parfaite. Arnaud, doté de sens pratique, a prévu un bâton pour évacuer le contenu et m'indique l'ordre dans lequel nous allons procéder.

Nous entrons tous deux dans les toilettes pour femmes et commençons à dévisser craintivement l'engin au-dessus de la cuvette... Horreur ! Un remugle abominable s'en échappe et nous nous ruons à l'extérieur pour ne pas vomir. La tête nous tourne... Arnaud a changé de couleur et m'explique, en bon déserteur, qu'il se voit forcé d'abandonner l'opération ! Je vais donc devoir agir seule et dans les plus brefs délais.

Pendant ce temps, je m'aperçois que plusieurs voitures dont une limousine étincelante viennent de se garer. En sortent des personnes tirées à quatre épingles, visiblement étrangères à notre univers. Un gentleman ouvre la portière de la longue *Town car*, et une fée immaculée, toute dentelles et rubans, pose un petit pied gracieux sur les aiguilles de pin. Il ne manquait plus que ça ! Un mariage élégant qui réunit des gens raffinés en plein air... La noce se dirige en gazouillant vers le bord de la rivière pour la traditionnelle photo.

Il n'y a plus une minute à perdre !

Le visage et le nez enturbannés, je pénètre en moudjahidin dans la cabine où gît la bête encore fumante. Je me houspille : courage ma fille ! J'essaie de dévisser le bas du poop tub. Zut, il est coincé, le couvercle a été collé ! Le bâton est inutile. Je ne vois plus qu'une solution. Assener de grands coups sur la cuvette en acier pour faire descendre le contenu. Je me déchaîne avec fureur et produis un vacarme épouvantable. Tout a disparu au fond des toilettes et j'achève de nettoyer la cuvette. L'odeur est insupportable mais le cauchemar, presque terminé. Je pousse la porte, les yeux fermés. Hum… Me soûle de l'air pur et vivifiant des résineux, un sourire de contentement aux lèvres… Entrouvre les paupières : me voici face à la jolie mariée et son amie venues se repoudrer le nez… La première me jette de son œil de biche un regard interloqué tandis que la seconde, une blonde sanglée dans un corsage rose, me toise d'une pupille d'acier. Je souris niaisement en bredouillant un « *Hi !* » de circonstance qui sonne comme *aïe*, avant de fuir vers la voiture.

Je sens, collé à mes talons, le regard oxydé de la Barbie et demande à Arnaud de démarrer. Il étouffe de rire au volant, m'expliquant entre deux hoquets qu'il les a vues venir sans pouvoir m'avertir… Très amusant !

*

Depuis la prairie où je contemple El Capitan, je m'aperçois que chaque détail m'est intime à présent. Gravir une voie en libre, c'est peut-être cela. Savoir qu'ici se nichent une réglette ou un verrou salvateur, là une cheminée effrayante… En passant du temps en paroi, alors que je m'inscris peu à peu dans ce territoire vertigineux, il s'imprime en moi.

Adossé contre un pin, Arnaud griffonne en silence le tracé de la voie sur son carnet. Sans doute grimpe-t-il en partie pour s'octroyer au retour ce menu plaisir… Esquisser son topo méticuleux, sa *carte du tendre*, dans l'apaisement qui succède à l'action. Avec au cœur le sentiment d'une mission rondement menée.

Chapitre XIV

Babel

Allongée dans la grotte, ma chute m'est revenue au réveil et résonne dans tous mes membres lorsque j'essaie de me lever. Comment suis-je parvenue à me rattraper sur une pierre plantée dans ce talus raide, avant de franchir le rebord de la falaise ? Quelle chance ! Il m'est difficile de marcher mais je suis bien vivante. Les dégâts sont minimes et j'en tremble encore… Que faire à présent ? Avec Fred et Arnaud, nous sommes tous les trois au sommet de Tagougimt n'Tsouiant, à quatre heures de marche de Taghia. Je réalise que le plus simple consiste à redescendre en rappel par la paroi et à aviser lorsque nous serons parvenus au dernier relais équipé.

Dos au vide, je recule à petits pas le long de la muraille, le regard fixé sur le rocher, incapable de remuer la tête et le dos aussi meurtri que si l'on m'avait passé dans le tambour d'une machine à laver. Plus bas, lorsque nous parvenons à la longueur laissée en chantier, la dernière que nous avions équipée, la tentation est grande de poursuivre l'ouverture. Nous sommes là tous les trois avec le matériel, à 500 mètres au-dessus du sol. Tout est prêt et je sens que mon état s'améliore doucement. Il n'y a donc pas d'urgence à redescendre au village. Je passe la journée emmitouflée dans une grosse doudoune à assurer Arnaud qui équipe la suite pendant que Fred filme. Je ne peux pas lever la tête et il doit se sentir un peu seul durant l'escalade…

Le soir venu, nous bivouaquons cent mètres plus bas, sur la jolie vire du dix-huitième relais. Nous sortons la radio pour prévenir nos compagnons, Frédéric Gentet et Nicolas Kalisz, qui nous attendent au village. C'est bon d'entendre leurs voix !

Notre plateforme est d'une belle taille, trois mètres de large par un petit mètre de profondeur. J'éprouve un vif sentiment de reconnaissance pour cette paroi austère qui offre le gîte aux oiseaux de passage que nous sommes. Tout autour, ce ne sont que lignes de fuite impressionnantes et rocher lisse. À notre aplomb, la paroi plonge dans le pli d'un canyon effrayant dont on n'aperçoit pas le fond.

La muraille s'enténèbre et face à nous, sur l'autre versant, le village se prépare pour la nuit. Quatre cents âmes vivent ici sans électricité. Quelques points de lumière brillent malgré tout çà et là. On devine une chandelle ou un foyer sur lequel mijote le tagine du soir.

J'imagine mes amis, Sadiya et Ahmed, les habitants de la dernière maison, tout là-haut sur le coteau, réunis autour du plat fumant.

La mère soulève le couvercle, *Bismillah*… Le père met la viande de côté. Il sépare les morceaux de mouton avec attention, répartissant les portions. Chacun piochera ensuite de la main droite dans le plat avant de porter à sa bouche, avec gratitude, le fruit du travail commun.

En Occidentaux qui font leurs courses, on n'imagine plus vraiment ce que c'est que de faire naître l'agneau, de le tirer du ventre de sa mère, de l'élever ensuite, de l'amener paître là-haut sur l'herbe rare des plateaux. De tondre sa laine, de la carder, de la tisser. De dormir sur ces chauds tapis faits de lui. De s'y attacher, qui sait ? Et de devoir un matin l'égorger pour nourrir la famille...

La grosse tête noire et réconfortante d'Oujdad, le sommet voisin, veille sur notre sommeil. J'entends braire un âne, aboyer un chien puis plus rien... Rien que le ciel étoilé et je m'endors, confiante.

Au réveil, mon corps se rappelle à moi plus encore que la veille. Je ne suis que courbatures et douleurs. Me vient pourtant une terrible envie d'en découdre avec mes angoisses, d'enfiler mes chaussons et de me lancer sur le rocher. Je sens que c'est décisif et que je peux cicatriser l'effroi passé. Assurée par Arnaud, j'attaque ma peur de front dans une longueur à ouvrir. Se rajeunir sur un rocher neuf ! S'y purifier et s'y abandonner !

Dans les premiers mètres, mon style saccadé de gueule cassée est peu plaisant à vivre. Le cœur battant, le souffle court, je m'obstine, parviens à avancer et à poser un, puis deux, puis trois points. Et voilà qu'au détour d'une section engagée, alors que j'hésite, que je blêmis, que je faiblis à la vue du dernier spit à présent si loin sous mes pieds... je parviens soudain à « débrancher mon cerveau » comme on dit dans notre jargon. C'est au moment où l'on s'y attend le moins que le miracle a lieu. Instant précieux. Je grimpe cinq mètres dans un état second lorsqu'apparaît sous mes doigts le relief espéré, cette petite réglette plus crochetante que les autres à laquelle je me cramponne, sentant que je vais pouvoir y ancrer mon crochet, me suspendre et souffler...

*

De retour au village, trois jours après ma chute, je suis accueillie par les femmes, serrée contre d'opulentes poitrines. On peint mes mains déchirées de beaux traits de henné, on souligne mes yeux de khôl frais. On m'entoure dans des châles de mariée et on rit de me faire danser. À longueur de journée, on me fait boire des thés sirupeux. J'engloutis des pains brûlants tout juste sortis des fours de terre. En cet automne 2007, je passe au village les plus belles heures qu'il m'a été donné d'y vivre. Avec ce stupide accident, j'ai résolu d'une façon étrange l'équation qui me tourmente à chacun de mes voyages à Taghia et qui résonne au fond avec mes questionnements habituels : agir ou contempler ? Être ou faire ? M'accorder plus de temps avec mes amis berbères ou partir grimper sans tarder ? J'ai souvent sacrifié mes premiers désirs à l'escalade, ma passion, mon métier. Pour la première fois, je m'abandonne à l'oisiveté sans culpabilité. Je m'autorise d'admirables journées à *pure fin de nonchaloir*, comme j'aime les appeler. Des journées à ne rien faire d'autre que m'en aller par les champs en boitant, avec mon amie Sadiya. À m'accroupir avec elle sur la terre pour cueillir le trèfle qui nourrira sa vache. À la regarder tresser des bouquets de ses mains solides, à contempler ces mains, toujours, dont l'agilité me fascine, égrainer plus tard le couscous, filer la laine ou découper les haillons colorés dont on fait ici de merveilleux tapis, les *zerbiya*…

Aux heures les plus chaudes, je rejoins mes jeunes amies au bord de la rivière et me laisse bercer par leurs babillages sucrés. Apaisée, je regarde les sourires éclatants et le linge qui bariole les rives en songeant que vraiment, la vie se passe de motifs. Ne se dessine-t-elle pas sans cesse sous nos yeux lorsque nous prenons le temps de la voir telle qu'elle est ? De la contempler ?

Notre voyage s'achève par une fête mêlant l'odeur du méchoui aux clameurs de l'*ahidous*, la musique que nos amis aiment tant. Ahmed, notre complice de toujours, a allumé un feu d'amitié et de joie pour célébrer *Babel*, notre voie.

« Abrid ichka ! Abrid ichka ! »

On s'exclame à tout vent en tamazight : « Quel chemin difficile ! » Les villageois sont heureux que leurs parois offrent des itinéraires spectaculaires.

Pourquoi l'avoir nommé *Babel* ? Pour signifier l'émouvante variété des visages et des langues rencontrés ici, les amitiés nouées des quatre coins du monde dans ce joyau de vallée. Et *Babel*, peut-être, pour nos tentatives puériles, touchantes et désespérées de flirter avec l'inaccessible…

En quittant Taghia, je repense à ces mots de mon ami, le vieil Oulfakir. Lorsque je lui pose une question, curieuse d'éclaircir un point de culture ou d'obtenir son avis sur le progrès qui peu à peu pénètre la vallée, il me répond inlassablement, avec cet éternel sourire de gaieté qui flotte sur ses lèvres :

« D'un côté c'est bien, d'un côté ce n'est pas bien… »

Il n'existe pas de réponse unique à la vie et à ce qui nous arrive.

TROISIÈME PARTIE
À la verticale de soi

Un jour te sera dévoilé ton lieu
Et tu t'apercevras que tu cherchais bien loin
Ce qui t'appartenait

Chapitre XV

Sigoyer

Le petit village de Sigoyer domine la vallée de la Durance et l'échancrure de Sisteron, plus au sud. Adossé à la falaise de Céüse, à l'abri de son rempart naturel, c'est un lieu à la fois âpre et paisible. Un sentiment voluptueux m'étreint à chaque fois que j'emprunte le raccourci qui monte vers le col des Guérins. Comme un goût de vacances. À mesure que je m'élève sur les lacets de la petite route goudronnée, je ralentis, saisie d'un calme exquis et d'une douceur soudaine. La ville est loin et je respire plus largement. Enfin, je passe la seconde pour tourner à droite sous l'auspice bienveillant de la falaise et je me sens arrivée. Partout et nulle part. Chez moi. Au seuil d'un ermitage, d'un « *rêvoir* », d'un bonheur tranquille…

Il y a une dizaine d'années, alors que nous vivions en Savoie, j'avais repéré un terrain à vendre non loin de la falaise. Les Hautes-Alpes de mon enfance me manquaient. Ses ciels d'altitude d'un bleu intense et le calcaire parfait de Céüse. Arnaud partageait mon amour du lieu. Sur son carnet de jeunesse, il y répertoriait chacune de ses visites et nous y avions passé du temps ensemble durant les années « *Biographie* ».

Mes parents, vivant toujours près de Gap, sont allés voir le terrain pour nous. Ils ont eu l'œil attiré par une autre parcelle en contrebas, flanquée d'un gros bloc joufflu.

– Ah… Celle-ci sera pour mes enfants, leur a dit Georges, le propriétaire. C'est du sommet de ce rocher que je gardais les vaches lorsque j'étais gamin…

– Nos enfants sont passionnés d'escalade, ont glissé mes parents et votre rocher risque fort de leur plaire. Si vous changez d'avis, faites-nous signe !

C'est ainsi que Georges avait rappelé un matin pour nous proposer de venir voir son bijou.

Il n'était pas bien grand mais amplement suffisant et nous n'avions d'yeux que pour le beau rocher que je palpais amoureusement, devinant qu'il serait d'un voisinage inspirant. Georges était surpris et ému que sa pierre nous enchante.

– Tu imagines, elle a roulé depuis le sommet ! jubilait Arnaud, les yeux pétillants, en pointant du doigt la demi-lune creusée six cents mètres plus haut, à la cime de la falaise.

Aucun doute, ce terrain nous était destiné.

Nous rêvions d'une ruine à retaper, nous nous retrouvons avec un bout de champ où trône un bloc cyclopéen. Pragmatique, je décide d'y placer une caravane pour venir méditer à la construction de notre future maison.

– Il faut sentir le lieu, dis-je à Arnaud peu réceptif aux courants telluriques.

Pour une somme modique, nous dénichons une Georges et Jacques de 1954, dont le vendeur rusé flatte le flanc comme s'il s'agissait d'une Rolls. Trop heureux de débarrasser son camping de la future épave, il offre de la monter à Sigoyer. Et c'est à vingt à l'heure que nous suivons son auguste transhumance en tracteur. Par chance les pneus ont tenu.

Une fois sur le terrain, je me frotte les mains, vantant à mon compagnon guère convaincu par l'affaire les charmes de notre acquisition brinquebalante. Son faux air de roulotte me réjouit.

– Je vais peindre l'aérateur en rouge avec des pois blancs. Une amanite-tue-mouche sur le toit, ce sera sympa ! Et sur la façade, un slogan décroissant genre *Small is Beautiful, Less is more* ou *Vivons petit pour vivre au large*... dis-je en traçant dans l'air mes lettres invisibles. Qu'en penses-tu : on pourrait même habiter dedans en attendant de construire la maison ?

– Hum... On verra, répond Arnaud en auscultant d'un air soupçonneux le toit rouillé.

La première averse de grêle et une invasion de fourmis ont eu raison de mes velléités d'artiste. La Georges et Jacques était charmante mais peu étanche et mon pot de peinture est resté fermé. Comme toujours, il y avait plus urgent à faire : grimper !

Durant l'été, nous campons dans notre fourgon à côté de la caravane. L'automne arrivant, il est temps de trouver un vrai toit dans le secteur. La chose est bientôt résolue trois cents mètres plus loin dans la ferme d'un couple d'agriculteurs à la retraite. On se sent chanceux dans nos deux pièces. Au réveil, lorsque j'ouvre les volets, un gros châtaignier me tend ses bogues et une fontaine égaie notre promontoire rustique. Cinquante mètres carrés de bonheur, une cave voûtée pour ranger le matériel et toute la place pour imaginer de nouveaux projets. Rien que l'essentiel. Le parfait camp de base.

Pelotonnée devant un bon feu de cheminée sous notre toit enseveli par la neige, j'ai une pensée émue pour la Georges et

Jacques et me loue de « notre » bon sens. Nous vivons tout de même à 1 300 mètres d'altitude.

*

Trois années ont filé depuis notre installation à Sigoyer. Entre nos voyages et la falaise de Céüse qui nous accapare, le petit terrain est resté désespérément vierge. La caravane s'écaille doucement et menace de retourner à la terre. Nos propriétaires, auxquels nous avions dit que nous ne ferions que passer, ont fini par nous adopter. Parfois, ils se hasardent, mais de moins en moins souvent :

– Alors, à quand cette maison ?

Ils doivent se demander si nous ne quitterons jamais leur ferme.

Et voici qu'en juillet 2008, de retour d'un voyage à Madagascar, Arnaud me dit :

– Et si on s'y mettait ?

– Tu crois ? On n'est pas mal ici…

– C'est vrai…

– En même temps, si on ne s'y met pas un jour, on ne s'y mettra jamais, tu as raison… Et puis… heu… ça nous permettrait d'avoir un chat ! dis-je inspirée.

– Et un mur d'escalade !

– Et des étagères pour mes livres qui moisissent dans la grange !

Sur ce dernier point, Arnaud, lassé de soulever des kilos de papiers qu'il ne lit jamais, avait été clair :

– À l'avenir, je ne déménagerai que mes affaires et la moitié du commun !

J'aimais le petit gîte où nous vivions. Ses vieilles pierres surmontées d'une génoise et le gazouillis de sa fontaine qui versait sa ritournelle au gré des saisons. Unique bémol, interdiction d'avoir un animal. Or toute ma vie, j'avais vécu avec des animaux. Chez mes parents, j'avais cohabité avec des poules naines qui se perchaient sur le dossier des chaises de la cuisine quand Émilie leur faisait la leçon. Un couple de pies bavardes apprivoisées par ma mère et qui avaient la curieuse manie de se soulager lorsque mon petit frère passait à leur aplomb. Une souris blanche, qui avait disparu un jour sous la baignoire, et dont Papa affirmait avoir aperçu la descendance tachetée fureter dans la maison… Un chien bien sûr et jusqu'à sept chats aux noms invraisemblables. Guillaume avait baptisé le sien « Charles ». Nul ne sait pourquoi il s'était entiché du prince de Galles !

Et que dire du délicat pigeon blanc qui nous accompagnait dans un panier d'osier lorsque nous partions en vacances. C'était l'animal préféré de Maman. Quel drame ce fut lorsqu'elle trouva un matin son beau plumage ensanglanté et sa carcasse à demi dévorée par la buse, dans le pré voisin. Sans compter ce scorpion que j'avais déniché un été sous une pierre, lors d'un camp des Éclaireurs à Forcalquier. Je le nourrissais de mouches dont il aspirait goulûment les entrailles. C'était fascinant ; je les retrouvais sèches et plates comme des outres dégonflées. Guillaume avait trouvé moyen de l'assassiner d'un coup de cuillère à café alors qu'il venait de se glisser dans le tiroir des couverts…

Je n'avais pas la prétention de recréer cette arche de Noé mais la gent féline commençait à me manquer. En Savoie, nous avions eu un chat que nous avions légué à Mémé Brun en partant pour le Pakistan. Billou avait éclairé ses dernières années puis Sylvette en avait hérité.

Je me demande si nous n'avons pas fini par nous atteler à ce projet pour accueillir le quadrupède que nous aimons. À moins que ce ne soit lui qui condescende désormais à nous recevoir chez nous, la pupille hautaine. Lorsque je le retrouve de retour de voyage, abondamment nourri et caressé par nos voisins, je me dis que le vrai propriétaire, l'unique, c'est encore lui !

*

Voir sortir de terre notre maison est une chose qui ne cesse de m'étonner. Une fois qu'elle est « hors d'eau hors d'air », comme on dit dans le métier, nous prenons la suite des travaux à plein temps et en nous faisant aider par Serge, un ami bricoleur de génie, qui a l'art de régler en une heure ce qui nous prendrait quinze jours. Jean-Paul arrive parfois d'Albertville pour nous donner un coup de main et Jean-Louis est là la plupart du temps.

L'inachevé me ravit. J'ai dégoté un antique Godin qui fume et nous fait tousser. Posé une vieille table et une chaise tout contre ce mur de chaux d'un jaune d'or éclatant que nous venons d'enduire, et je rêve d'en rester là et de m'asseoir. De passer l'hiver à écrire avec des mitaines, un chat sur les genoux et deux fagots aux pieds. Une théière fumante, un stylo, trois feuilles et c'est tout.

La voix de Jean-Louis brise ma rêverie :

– Alors elle arrive cette truelle ?

– Oh pardon, la voici !

Et je reprends mon seau et mon arpent de mur.

Les premiers temps, mon peu de dons pour le bricolage m'a reléguée aux tâches subalternes. Je me suis spécialisée dans le ponçage des cloisons de bois et dans le nettoyage des outils. Il fait un froid polaire alors que je brosse seaux et taloches dans la neige, sous un filet d'eau glaciale, par moins dix degrés. Mais nous manquons de mains et je poursuis mes enduits. Cathy et Julien, un couple d'amis, m'ont enseigné les subtilités de la chose. Si à mes débuts j'en fichais plus au sol que sur les murs, je lisse à présent d'un geste artistique la pâte dont la consistance m'enchante et que nous préparons dans une grande poubelle en plastique. Deux volumes de chaux aérienne, un de sable et quelques pigments aux noms poétiques : ombre naturelle, terre de sienne, jaune soleil ou bleu Majorelle...

À la fin, je me paye même d'un essai de tadelakt dans la salle de bains. Resté inachevé évidemment car je n'ai pas la patience nécessaire pour gorger de savon noir chaque centimètre carré de chaux, en repassant cent fois mon petit galet de marbre pour la rendre imperméable. Le mur est resté poreux mais c'est parfait. Arnaud et moi sommes sur la même longueur d'onde en termes de finitions. *À quoi bon se hâter d'achever ce qui n'a pas de fin ?*

Et mon cher Papa, qui à l'inverse est un bâtisseur-né, n'en finit pas de me taquiner : sur un chantier, je ne suis bonne qu'à rêvasser ou à faire du thé !

Imaginer une maison faite de matériaux sains et qui consommera le moins d'énergie possible donne du sens à la construction et s'avère une belle aventure. Les coûts sont un peu plus élevés mais nos goûts en matière d'aménagement intérieur sont modestes. Nous n'avons cure d'un dressing ou d'une cuisine design. Nous préférons vivre sous une bonne couche de laine de bois ou de ouate de cellulose et chauffés par le soleil.

J'ai toujours éprouvé un grand dédain pour tous ces équipements qui faisaient rêver la ménagère des années soixante. Les visiteurs s'étonnent parfois que nous n'ayons pas de lave-vaisselle. Ce qui apparaît comme une corvée à mes amis grimpeurs, réticents à laver les assiettes par crainte que la peau de leurs doigts ne ramollisse, me semble au contraire un moment propice à la rêverie.

Certes, je ne retournerais pas au lavoir battre le linge comme ma grand-mère mais j'aime l'idée que l'on puisse faire les petites choses par soi-même, sans s'en remettre à des machines dont l'obsolescence programmée est l'un des scandales de notre époque. De l'évier placé au sud sous une fenêtre, on jouit de la vue sur le noyer accolé au gros rocher et le feuillage d'un grand frêne. Les mésanges et les geais y batifolent et trois couples de pies effrontées viennent boire au sommet du bloc, où un abreuvoir naturel, creusé par l'érosion, propose une décoction d'eau de pluie et de sommités de frêne, qui semble satisfaire aussi bien les oiseaux que le chat. Devant un tel spectacle, avec le filet d'eau chaude qui réchauffe mes mains, faire la vaisselle est un petit enchantement.

Durant ces longs mois de chantier en compagnie de divers artisans, j'éprouve un peu de gêne lorsqu'on nous félicite à la fin de nos conférences : « C'est incroyable ce que vous faites tous les deux, vous êtes extraordinaires, bravo ! » J'ai le sentiment qu'avec Arnaud, nous sommes des gens tout à fait ordinaires qui vivons, de temps à autre, des expériences qui sortent du commun. Un maçon ou un charpentier qui s'éreinte cinquante heures par semaine, c'est un type incroyable qui fait des choses époustouflantes mais que tout le monde semble trouver courantes ! La constance, le corps mis à l'épreuve… ce sont eux les vrais héros pourtant, les héros du quotidien. À côté de pareils hercules, nous faisons figure de gamins.

Un matin d'avril, nous déménageons nos meubles de bric et de broc. La grande table des Noëls de mon enfance héritée de mes grands-parents, un canapé de velours vieux rose et deux coffres de marins sortent de la grange à l'heure où les bourgeons se gonflent de sève. Et c'est avec l'aide d'une aimable brouette que j'achemine ma bibliothèque vers notre nouvelle demeure !

Je prends un grand plaisir à aménager simplement le petit terrain alentour, récupérant au gré de mes balades, ici un rhizome d'iris retourné à l'état sauvage, là un plant de primevères ou une ancolie sous le couvert d'un bois. Voir reverdir une joubarbe de Céüse arrachée par des marcheurs et dont les racines blanchissaient au soleil m'est toujours un grand bonheur. Déterrer avec soin quelques pousses de genêts, un minuscule mélèze et les voir grandir depuis la fenêtre de ma chambre, autant de petits riens, de choses simples qui me procurent une joie intense. Aujourd'hui, l'arbuste est devenu un bel adolescent. Les mésanges s'y posent et de leurs pépiements joyeux l'encouragent à poursuivre sa croissance.

Les mains dans la terre, je ressens un calme profond. M'inscrire dans une lignée, reproduire les gestes des anciens, savoir que ce bulbe de pivoine me vient du Périgord, et que ma grand-mère l'a hérité de sa Charente natale, me touche. Elle est émouvante cette transmission des plantes, cette transhumance du germe à travers les âges et les régions. C'est une façon de prendre soin du souvenir des êtres qui ne sont plus que de perpétuer le vivant qu'ils nous ont confié. À observer les mille stratégies que la nature déploie, on constate que tout veut la vie, que tout conspire à trouver sa place sur terre, à s'y épanouir…

Chapitre XVI

Vertiges

Au printemps 2009, aussitôt installés dans notre maison, nous reprenons l'escalade avec plus d'entrain que jamais. Nous nous envolons pour l'Afrique du Sud et les magnifiques blocs de grès de Rockland, au nord du Cap. Nous n'y étions pas revenus depuis plus de dix ans. Les lieux, que nous avions connus déserts, ont changé. Nous réalisons l'ampleur qu'a prise l'escalade. De volumineux « crash pads », ces matelas qui servent à protéger le grimpeur en cas de chute, ornent à présent le pied des blocs et les passages sont blanchis de magnésie. Une foule de jeunes de tous les pays s'usent le bout des doigts dans les faces les plus difficiles. Le monde entier semble grimper !

Au milieu de ces jeunes loups, nous faisons l'effet de dinosaures qui ne s'en tirent pas trop mal dans une activité qui n'est pas leur spécialité. Arnaud réussit une douzaine de 8a et 8a+ et je fais *Nutsa*, mon premier 8a, un superbe bloc ouvert par Fred Nicole.

Jorg, un jeune Autrichien de 20 ans avec lequel nous grimpons souvent, ne tarit pas d'éloges. Alors que nous venons de gravir tour à tour *The Hatchling*, un merveilleux rocher en forme de coquille qui tient en équilibre sur un socle, le jeune homme nous demande si nous avons eu l'occasion de toucher les prises de *Memento*.

– C'est quoi *Memento* ? dis-je.

Jorg me jette un regard interloqué :

– Tu… tu ne connais pas… *Me-men-to* ?

– Non, désolée.

– *Really ?* Et toi ? dit-il en se tournant vers Arnaud.

– Moi non plus. Jamais entendu parler…

– *Holy fuck !* s'exclame-t-il. Vous débarquez de quelle planète ? *Memento*, c'est juste le bloc le plus dur d'Autriche et l'un des plus durs du monde ! Son ascension n'a été rentrée que deux fois dans *8a.nu* !

– Ah bon ? dis-je en souriant à l'évocation de ce site Internet populaire où l'on raffole de premières, de chiffres et de cotations et dont l'esprit dépourvu de poésie m'afflige.

Depuis quelques années, de plus en plus de grimpeurs finissent leurs journées en falaise scotchés à leur smartphone pour répertorier leurs croix sur ce site qui propose ensuite un classement. Mais Jorg n'en revient pas de notre ignorance…

– Et toi, tu connais El Capitan ? lui demande soudain Arnaud, saisi par l'envie de taquiner notre ami.

– Heu… non, c'est quoi ?

– C'est dingue ! reprend Arnaud en pouffant. T'as jamais entendu parler d'El Cap ? !! C'est juste la paroi la plus célèbre du monde ! Et les Grandes Jorasses ? Et le Salto Angel ? Ça te dit quelque chose ?

– Ben, non…

– Et l'Everest ?

– Ah oui, quand même !

Et nous éclatons de rire tous les trois. Du point de vue de l'autre, chacun arrive toujours de Mars ! Nous sommes déconnectés de l'actualité du bloc et ce jeune grimpeur ne connaît rien à l'univers des grandes voies et encore moins à celui de la montagne. En se spécialisant, l'escalade se cloisonne. Les jours suivants, Jorg prend très à cœur de nous mettre à la page. De notre côté, nous lui faisons un bref historique de l'escalade libre.

Un peu plus tard, nous faisons la connaissance d'un jeune Australien, né en 1991 à Sydney.

– Vous avez commencé à grimper dans quelle ville, vous ? nous demande-t-il alors que nous nous échauffons sur un bloc facile.

– On a grandi en montagne et on a commencé en falaise. Les salles d'escalade n'existaient pas à l'époque.

– Vraiment ? dit-il d'un air suspicieux, comme si nous nous moquions de lui.

– Vraiment.

Son étonnement est sans borne et à chaque fois que nous le croisons, il nous regarde avec des yeux ronds comme si nous émergions du Jurassique !

– Tu crois qu'on a vieilli ? dis-je à Arnaud.

– Il semblerait, oui…

*

Mes biceps ont forci durant ces longs mois de chantier et les journées passées à Rockland, à tirer sur de toutes petites prises et à claquer des plats fuyants, ont achevé de me redonner la forme. La tendinite au doigt qui m'a ennuyée durant des années s'est à peu près cicatrisée. Pour la première fois depuis longtemps, je sens que je vais pouvoir renouer avec la haute difficulté. À Céüse, il y a *L'Arcadémicien*, un mur gris avec de minuscules arquées, qui me tente. Et pourquoi ne pas imaginer un projet qui allierait montagne et escalade extrême, me dis-je ? Inutile de chercher bien loin. La voie d'Arnaud au Grand Capucin m'attend. Plusieurs longueurs dans le huitième degré à près de 4 000 mètres. L'une des voies les plus dures du monde en altitude et dont la première en escalade libre a été réalisée par Alex Huber.

Arnaud y a pensé lui aussi et il a toutes les chances d'y parvenir. Pour moi en revanche, cela représente quelque chose d'ultime mais n'ai-je pas retrouvé le corps d'athlète de mes vingt ans ?

– En attendant, me dit Arnaud, ça te dirait une nouvelle ouverture en Corse, cet automne ? J'ai repéré une super ligne l'an passé... On pourrait proposer à Sylvain Millet de nous accompagner.

– Bonne idée !

*

À la tombée du soir, je suis assise sur une jolie pierre ronde, non loin de la maisonnette que nous louons au lieu-dit de la Pinzutella. Au loin, l'horizon dentelé brille d'une multitude de clochetons que le soleil éclaire encore. À mes pieds coule la Solenzara. L'atteindre depuis le gîte, à cent mètres de là, m'a pris plus de dix minutes... Décidément, la vie est pleine d'imprévus... On court d'une chose à une autre en imaginant maîtriser son existence tandis que celle-ci s'évertue à nous montrer que nous ne sommes qu'un galet dans la rivière du monde. Un petit galet qui n'échappe pas au courant mais auquel le sens du courant échappe...

Je m'absorbe dans la contemplation des boules de granit aux teintes d'or qui affleurent sur la rive, polies par les flots et recuites de soleil. Flatter de la paume leur surface accueillante me redonne de l'énergie. Assise jambes croisées, j'apprends l'immobilité. J'apprends à patienter, j'apprends à accepter. Le mental s'apaise au couchant. Les pensées s'étalent et voguent au fil de l'eau, s'effacent et se remplacent…

Tout a commencé un matin, au réveil. Ce matin-là, il m'est arrivé une chose étrange. Impression que le lit tangue lorsque je me tourne. J'ouvre les yeux, regarde sur le côté. Vlan ! Les murs de ma chambre s'abattent comme une vague. Je les ferme et réitère l'expérience à droite. Re vlan ! Alors je me mets à secouer la tête jusqu'à ce que la nausée me stoppe net. La maison est un château de cartes qui s'effondre au moindre mouvement. Que se passe-t-il ? Je me lève péniblement, cherche appui contre le mur et sors de la chambre en rasant les cloisons. Évaluant ensuite la distance qui me sépare de la cuisine, je parviens à atteindre une chaise à trois mètres de là. Moi qui n'ai jamais eu le vertige, voilà que l'idée d'évoluer sur le plancher des vaches me terrifie ! Peut-être un coup de fatigue, une baisse de tension. Je vais rarement chez le médecin, préférant me reposer et attendre que tout rentre dans l'ordre. Et au bout de quelques jours, les vertiges s'atténuent peu à peu. Nous partons en Corse dans deux semaines et j'espère retrouver l'équilibre d'ici là.

La nuit dans le ferry, allongée sur ma couchette, j'ai l'impression d'avoir la tête en bas. Au réveil, je demande à Arnaud et Sylvain s'ils ont senti tanguer le bateau. Mais non, la mer était d'huile. Nous rions mais en tentant de me lever, je comprends qu'une nouvelle crise se profile, plus violente que la précédente. Quelque chose s'est déréglé en moi et je ne sais pas quoi.

« Tu devrais en parler à un médecin, tout de même », me dit Sylvain. C'est inquiétant !

Quelques jours plus tard, pendant que les garçons poursuivent l'ouverture de leur voie à la Punta d'U Corbu, je pars consulter un spécialiste à Porto Vecchio. Arnaud craignait de me laisser prendre seule le volant mais je l'ai rassuré. Je roule tout doucement à la descente du col de Bavella, à travers les forêts de châtaigniers. Les bandes blanches se dédoublent mais je garde le cap, tranquille, à cinquante à l'heure. Les arbousiers débordent de fruits. J'avance au cœur de l'automne splendide, ma saison préférée, avec un sentiment contrasté de légère angoisse et de paix.

Le gros médecin est sympathique. Il me fait faire une batterie de tests.

– Marchez le long de cette ligne, s'il vous plaît.

Fixant les joints des carreaux, infailliblement, je dévie. Pensif, il me demande si j'ai subi un choc ces derniers mois. Je réfléchis mais je ne vois rien. Il attend que je poursuive.

– Hum… Peut-être une overdose de bruit et de contacts. Peut-être ai-je trop parlé ?

Il sourit et me dit que la Corse regorge de retraites sauvages et silencieuses ! Le brave homme m'a devinée !

– Cela m'a tout l'air d'être un problème de cristaux, conclut-il.

– De cristaux ?

Je le regarde, surprise, et il m'apprend que notre oreille interne est constituée d'une multitude de cils vibratiles sur lesquels reposent de fins cristaux qui permettent de s'équilibrer. Pour des raisons inconnues, ces derniers peuvent basculer de leur cavité et nous avec.

– C'est bénin mais invalidant.

– Et combien de temps cela peut-il durer ?

– Impossible à dire. Un mois, un an ? Ça dépend…

Par précaution, il me conseille de rentrer sur le continent approfondir les examens afin de s'assurer que les symptômes ne dissimulent pas un problème plus grave.

La route et l'incertitude du diagnostic m'ont épuisée. Je rentre par la côte et m'arrête sur la petite plage de Pinarellu. Allongée sur les rochers au bord de l'eau, j'offre mon visage au doux soleil d'octobre. Dans l'immédiat, il n'y a rien d'autre à faire. S'inquiéter est inutile. J'adopte *l'amor fati*, cet amour de la destinée cher à Nietzsche, et ceci d'autant plus facilement que l'hypothèse des fameux cristaux – qui se confirmera par la suite – semble la plus plausible.

Dans l'instant, reprendre contact avec mes sensations. Une tendre quiétude fleurit sur le terreau de l'anxiété. Les parois de mon cœur s'ouvrent… Qu'en est-il du bonheur, de la sérénité ? Oh, rien de spectaculaire… Du fugace, plutôt, de l'indicible. Une certaine douceur dans l'atmosphère, une adéquation subtile entre la température du corps et celle de l'air. Une inclinaison particulière de la lumière assortie au clapotis de l'eau. On ne nage pas dans le bonheur, on s'y laisse baigner plutôt…

Le soleil déclinant balaie le ciel de filaments mauves et laisse sombrer le souvenir de son or dans les flots. Le vent se lève et je quitte mon rocher. Dans le halo de ma lampe frontale, tout semble se dédoubler, c'est effrayant. Je marche à pas menus, appuyée sur mes deux bâtons comme une petite grand-mère. Je fais l'expérience de ce que peut vivre le malade ou le vieillard. Une vie où chaque minuscule effort est un achèvement, une vie où le moindre pas effectué pour avancer couronne la journée. C'est une expérience nouvelle et d'autant plus intéressante que je la devine réversible…

*

Durant ces quelques mois d'immobilité forcée, j'ai eu tout le loisir de réfléchir aux années passées et à la manière dont notre vie a évolué. Je me souviens qu'au retour du Maroc, après ma chute, j'avais songé à calmer le rythme effréné de nos escalades et de nos voyages. Curieusement, jamais je n'étais parvenue à ralentir réellement. Certes, j'avais enregistré cette première alarme mais je continuais à exiger beaucoup de mon corps, à lutter et à ignorer les messages qu'il tentait peut-être de me transmettre.

Sans oser me l'avouer, j'avais commencé à ressentir un certain malaise. Ce monde de l'image qui me permettait de gagner ma vie me laissait parfois insatisfaite. Nos voyages de jeunesse s'étaient peu à peu transformés en véritables expéditions, au terme desquelles il nous fallait rapporter de plus en plus d'images. À la photo s'était substituée la vidéo, et de grimpeurs, nous nous étions peu à peu transformés en acteurs.

J'étais toujours heureuse de pouvoir partager nos expériences à travers des films et des conférences mais je sentais bien que je ne vivais plus aussi pleinement le voyage qu'autrefois. La nécessité de rapporter un film faisait écran au présent, au vécu immédiat, en particulier lorsque la voie était difficile et l'engagement important. La tentation de surenchère, au-delà des risques physiques qu'elle impliquait, me soufflait que j'empruntais peut-être le mauvais chemin.

Une forme de culpabilité s'est installée. Je me sens insatisfaite, j'ai peur de perdre ma vie à la gagner alors que je vis de ma passion. Ailleurs sur terre, des milliards de femmes et d'hommes survivent avec difficulté et n'ont pas le loisir de se poser la question. Serais-je une enfant gâtée ? Sans doute.

Je m'interroge aussi sur l'opportunité réelle que présentent les nouveaux moyens de communication, commodes mais formidablement aliénants. Vais-je passer le restant de ma vie à alimenter un blog, à poster frénétiquement des nouvelles sur un compte Facebook, des photos sur Instagram, sur Pinterest ou Tumblr ? Twitterai-je à chaque heure du jour dans ce monde où s'exerce la tyrannie du *feel good* à tout prix ? Où chacun devient le trader de son quotidien ? Où la valeur de chaque « action » est soumise à l'approbation d'autrui sur la grande bourse du net ? Un monde où l'image remplace peu à peu la présence…

Décider de ne pas monter dans ce train-là n'est pas sans conséquence lorsqu'on vit en partie de sponsoring et donc d'image. J'avais relevé cette phrase dans *La Dame de pique* de Pouchkine : « Dans l'espoir du superflu, je ne puis risquer le nécessaire. » Hermann, le héros, s'inquiète pour ses finances. De mon côté, c'est l'essence même de l'être que je sens en péril…

Si la vie se résume à ceci
Cliquer like au fil de la journée
Je préfère m'absenter du monde connecté
Rejoindre les fleurs et les oiseaux
Jouer sur un rocher
Embrasser une joue vraie
Plutôt qu'un smiley
L'âme est un satellite archi-perfectionné
Qui me relie
Qui me suffit

Follow me or not
Je vous offre mes chansons
D'âge révolu

Ermite sous les étoiles
Profil sur la toile
Devinez quoi ?
Je clique « j'aime » au premier !

*

Au fil des années, nous avions acquis une petite notoriété, certes relative et de chapelle, mais qui commençait parfois à m'encombrer, à me priver de ma spontanéité. Depuis que je m'étais mise à faire rêver des gens autour de moi, j'avais l'impression d'avoir égaré mes propres rêves en chemin. J'avais entrevu le sens du mot de Madame de Staël à propos de la gloire, « ce deuil éclatant du bonheur ». Trois ans plus tard, profondément attristée par la disparition de Patrick Edlinger, j'écrirais ces mots, à l'orée d'un carnet : *La célébrité, cette désagréable impression d'exister sans vivre. Il est décidément plus facile de devenir quelqu'un que d'être soi…* Je songeais que la vie ne tarde pas à nous retirer « ce manteau de puissance » pour reprendre la belle image de Christian Bobin. Lorsqu'il vient à glisser de nos épaules, on a froid soudain, on vacille et on réalise enfin que cette nudité est une grâce qui permet de redevenir humble et humain. À l'avenir, se méfier de la réputation, me disais-je. Et se défier de soi car « *sait-on bien toujours si l'on vit ou si l'on se joue ?* » comme l'écrit René Daumal dans sa correspondance.

– Ça vous fera quarante-neuf euros et cinquante centimes, me dit la propriétaire de cette petite station-service, avec son accent chantant du Gapençais.

Tandis que je tape mon code, elle ajoute :

– On se connaît, non ? On s'est déjà rencontrées !?

– Heu… non désolée, dis-je en levant le nez, je ne crois pas. C'est la première fois que je m'arrête chez vous.

– C'est bizarre, insiste-t-elle en hochant la tête. Votre visage me dit vraiment quelque chose… Je suis presque sûre de vous avoir déjà vue…

Et elle continue de me scruter tandis que j'appuie sur *valider*.

Dans une petite ville comme Gap, il arrive que l'on me reconnaisse. Faut-il lui dire que je suis passée la semaine dernière dans un reportage télévisé ? Sans doute m'y a-t-elle aperçue… À moins que ce ne soit dans le *Dauphiné*… Je n'ose pas mais derrière mon embarras, je sens percer ce très léger, ce très discret renflement d'importance qui a vite fait d'affleurer si l'on n'y prend pas garde. Ce sentiment de gloriole, oh certes pas bien gros, mais qui guette celui qui pense avoir une existence exceptionnelle, hors norme, qui fait rêver… et moi d'emprunter l'air modeste de celle qui n'en fait pas cas…

– Ça y est, je me souviens ! s'exclame alors la caissière en frappant dans ses mains.

Ah, peut-être que l'émission lui revient ?

– Hé Gérard ! poursuit-elle à l'adresse de son mari qui range les revues sur le présentoir, tu ne trouves pas que c'est Florence tout craché ?

Le petit homme hausse un sourcil indifférent tandis qu'un étonnement ravi me dilate le cœur. Une neuve candeur…

– Mais si, tu sais, Florence, la femme d'Hervé qui construit à la Roche ! Florence, la belle-sœur de Jean-Marc le plombier ! Vous lui ressemblez, vous pouvez pas savoir ! dit-elle en se tournant vers moi, ravie d'être parvenue à faire coïncider ses pensées. C'est que je suis physionomiste, moi !

En me tendant mon ticket, elle ne se doute pas qu'elle vient de me rendre ma simplicité. Je souris.

– Bonne journée !

Il est certaines petites leçons de la vie qui valent mieux que des kilos de philosophie !

*

Au cours de l'été qui suit, pourtant, une nouvelle alarme a lieu, moins spectaculaire mais sans doute plus profonde. Il faut errer bien des fois et se tromper avant d'emprunter la bonne direction. En dépit de mes beaux raisonnements, j'allais tomber dans un nouveau piège car il est souvent plus aisé de discourir de la sagesse que de la vivre.

Chapitre XVII

Une autre vie que la mienne

15 septembre 2010, combe Maudite, 4 heures du matin. Je me réveille en sursaut. La neige tombe sans discontinuer. De lourds flocons s'amoncellent sur notre sarcophage de toile. La nuit nous enserre, l'espace se resserre. L'air et les duvets sont humides et froids. Je respire de plus en plus difficilement, par saccades, et me sens prise d'une sourde angoisse. Un sanglot que je ne parviens pas à étouffer me monte à la gorge. J'ai l'impression d'asphyxier et peut-être suis-je en train de m'étouffer pour de vrai. Ce n'est pas le moment de craquer… Qu'est-ce qui m'arrive ? Des mauvais bivouacs, on en a vécu plus d'un et celui-ci est loin d'être désagréable ! On a une tente, de quoi manger, on dort dans un bon duvet et dans quelques heures, la neige aura certainement cessé de tomber. Pourtant je me suis réveillée tenaillée par l'angoisse et le manque d'air. Prise dans l'étau d'une terrible anxiété.

Il fait nuit encore et je ne peux pas bouger. Nous avons posé notre bivouac à 3 400 mètres d'altitude au pied du Grand Capucin. Le glacier est un piège. Nulle part où aller. Impossible de m'échapper. Impossible de partir seule, de nuit, dans la tourmente. Impensable de me désencorder sans y rester.

Je me sens ficelée et Arnaud, réveillé par mes sanglots, s'inquiète à mes côtés.

Est-ce l'hypoxie qui me guette ou notre désamour qui m'afflige ?

Dans leur tente, face à la nôtre, Thomas Vialletet, notre photographe et Bertrand Delapierre, notre ami réalisateur, dorment tranquillement. Ils sont adorables et on s'entend bien tous les quatre mais ce matin, je donnerais cher pour être seule, pour ne voir personne. Car je voudrais pleurer toutes les larmes de mon corps, faire sortir cette douleur qui me ronge l'âme et le cœur.

Tout à l'heure, il faudra faire bonne figure. Rejouer les scènes qui manquent pour le film. Je me connais. Par pudeur, je ne craquerai pas. Pas en public. Je n'aime pas imposer mes humeurs à autrui. Mais ici, dans le noir, je peine à me maîtriser et sanglote de plus belle. Qu'est-ce qui t'arrive ? Arnaud rouspète et s'impatiente. Comment lui faire comprendre que cette frustration que j'accumule depuis trois mois déborde et m'asphyxie. Je me suis mise à détester ma vie et à me détester de la détester…

Objectivement, j'ai tout pour être heureuse pourtant. J'ai choisi d'être ici, au pied de ce sommet que j'aime et j'ai choisi d'essayer cette voie qui est un peu la nôtre aussi. Une voie semée d'émotions et de joyeux souvenirs. C'est ça le plus triste, j'ai tout choisi dans ma vie et je suis malheureuse. Je n'ai jamais cessé de faire ce dont j'avais envie et je me sens déprimée. Alors, qu'est-ce qui cloche ?

L'homme que j'aime est à mes côtés et depuis 15 ans, nous partageons tout.

Je suis en forme, j'ai 34 ans et ne suis pas moche.

J'ai un joli nid qui m'attend à Sigoyer, un chat noir et blanc et une famille bienveillante.

La vie dont je rêvais en somme…

Mais ce matin, je vois tout en noir. Je suis épuisée. Je voudrais être ailleurs et être quelqu'un d'autre. Quelqu'un de normal et de moins tourmenté, avec une vie toute simple. Je voudrais semer des fleurs, faire des gâteaux et apprendre à tricoter, même si je n'ai jamais su tenir une aiguille. Je rêve d'une petite routine tranquille, sans rien de spectaculaire.

Et puis non au fond, je n'ai même plus goût à rien… J'aimerais juste disparaître. D'y penser me fait remonter les larmes. Mes bronches irritées sifflent de plus belle et je panique.

Il y a deux heures, j'aurais voulu mourir mais à présent, je crains de manquer d'air ! Allez reprends-toi, tu es ridicule ! me souffle mon orgueil. Respirer par le ventre, retrouver un semblant de contenance et mimer la gaîté au réveil… Parfois, faire semblant permet de se redresser et de tenir debout.

À l'aube, emmitouflée dans ma doudoune, je peux enfin sortir pelleter la neige pour me défouler. La tente en est recouverte. L'effort et le vent glacial qui fouette mon visage me tirent de ce mauvais pas. Lorsque tout va mal, il n'y a qu'à agir pour se guérir. À grand renfort de coups de pelle, prête à déneiger le glacier tout entier, je me détends et retrouve un brin de clarté.

Au fond de mon désespoir, je mesure tout à coup la chance d'être ici. Les joues en feu, je souris à travers mes larmes. Je suis malheureuse comme jamais mais je souris pour de vrai lorsque le Grand Capucin apparaît entre deux bourrasques, plâtré de neige. Je suis au pied du mur et je constate que j'ai échoué sur tous les plans mais c'est si beau… Une mise au point nous attend.

Dans l'immédiat, faire une trêve, en terminer avec cet été, ce film et après ?

*

Tout n'avait pas si mal commencé pourtant. Fin février, à peine remise des vertiges qui m'avaient assiégée durant près de six mois, j'avais recommencé à m'entraîner comme si de rien n'était. J'avais le don de passer sans transition de la vie de convalescente à celle d'athlète, et en juin, comme prévu, nous étions de retour au Grand Capucin.

Grimper dans la voie *Petit,* sur ce beau sommet de granit qui culmine à 3 800 mètres au cœur du massif du Mont-Blanc, c'était revenir ensemble sur les traces de notre jeunesse.

Je me souviens de l'approche de nuit, dans le halo de la lampe frontale. Un moment magique...

En quittant le refuge, on marche entre deux mondes. Une part de soi dort encore et peine à s'affranchir de la chaleur du duvet qu'elle vient de quitter, tandis que l'autre s'encorde déjà, avec des gestes d'automate, engourdie par le froid. Attrapant la première par le bras, elle l'entraîne dans son sillage et ensemble, elles se mettent en marche, accordant peu à peu leur cadence et se réunissant à mesure que le corps sort de sa torpeur.

Tout est silencieux et une atmosphère mystérieuse nous enveloppe. Le sentiment d'un calme étalé dans la montagne, d'une sérénité d'avant la naissance du monde... Le silence est à peine rompu par le crissement des crampons qui mordent la neige froide. Nos ombres traversent la combe Maudite, un cirque de parois sombres. Nous avançons sans penser dans cette paix glacée. L'instant est propice à l'intériorité. Le jour se lève, éteignant les étoiles une à une et les mauvais présages, alors que le soleil naissant embrase peu à peu les rochers du sommet.

Au pied du Grand Capucin, nous sommes bien réveillés. L'aiguille est magnifique ce matin-là. Elle me fait songer à un cairn géant et la voie qu'Arnaud y a tracée est d'une grande pureté. Elle se fraie un passage dans les dalles et les dièdres les plus lisses, avant de rejoindre le fil d'un pilier déversant qui projette nos corps au-dessus du vide étincelant de la mer de glace. Depuis le relais, on jouit de cet univers blanc et scintillant et de la magnificence des faces dorées qui nous entourent.

Nous avons passé plusieurs journées à déchiffrer patiemment les longueurs difficiles, à revivre les sensations anciennes dans la primeur de l'action nouvelle.

« L'acte est vierge, même répété », a écrit René Char sur un galet de la Sorgue. Ces mots sont ceux d'un sage et je tente de les imprimer dans mon esprit rétif au travail de longue haleine, aspirant toujours à l'inconnu et à la nouveauté.

Sur cette paroi verticale, les coussins de silènes se sont lentement épanouis en treize ans. Mille étoiles minuscules et roses où viennent parfois se reposer de fragiles papillons, des passagers inespérés… Je me demande où ils sont nés, par quelle étrange témérité la nature les a poussés, pour une journée, dans ces parages austères. Se poser sur le glacier, c'est pour eux la mort assurée. Ivres d'altitude, ils folâtrent le long des faces dorées avec une immense et frêle inconscience. Comment imaginer ce que signifie leurs courtes vies ? Joie d'être, peut-être, dans l'intensité et la plénitude des fragiles instants vécus ici ? *Comme nous ?*

Malgré la douce dilatation du temps dont je jouis durant ces heures suspendues, malgré notre exquise intimité dans cette paroi que nous aimons tous les deux, malgré notre amour et le sentiment de rare privilège qui nous habite, la pression s'est installée.

J'ai senti venir la vague et la laisse me traverser sans pouvoir l'éviter. Je plonge. Je me suis prise à penser qu'il me fallait *absolument* réussir à enchaîner cette voie cet été, de même que *L'Arcadémicien,* le 8c que j'essayais à Céüse. Je me suis convaincue que c'était la dernière fois et qu'ensuite, il serait trop tard car je me sens lasse tout à coup et de moins en moins motivée par des projets extrêmes.

Cherchant à tout mener de front, je me suis imposée un été sans répit. Des allers et retours épuisants entre le massif du Mont-Blanc et le pied de Céüse. Plus de quatre heures de voiture pour aller à Courmayeur, une courte nuit au refuge Torino à 3 300 mètres d'altitude, un réveil à 4 heures, des cordes fixes à installer dans le bas de la paroi pour travailler les longueurs dures et permettre à Bertrand de nous filmer. Et sitôt de retour à Sigoyer, au lieu de me reposer, je monte à la falaise en pleine canicule sans avoir récupéré des journées en altitude. Je m'échauffe, fais un essai ou deux dans la soirée et le temps de redescendre et de dîner, je ne suis jamais au lit avant une heure du matin.

Durant un mois, j'essaie d'assurer ce rythme avec constance. Mais à mesure que je sombre dans cette hyperactivité, mon organisme se détraque.

Épuisée, l'esprit manquant de clarté, le regard verrouillé, embastillé par l'impératif de la réalisation, la peur de l'échec m'envahit. Et avec elle, la peur du mauvais temps, des orages, de la neige sur les vires… La peur de cette fragile écaille qui me rend dingue à chaque fois que je lui confie ma vie. Peur du rocher mouillé aussi qui peut me faire échouer… Peur du film à réaliser et peur de l'été tout entier qui se projette à une vitesse effarante. Un été à peine né et qui me semble soudain si court… Trop court.

La perspective des essais se mue en calvaire et je perds ma légèreté. La spirale de *la peur de la peur* m'a entraînée. Prisonnière de ce calendrier, je ne suis plus capable de relativiser et mes craintes se réalisent. À Céüse, je parviens à agripper l'infime prise de *L'Arcadémicien* et à enchaîner la section clef pour échouer plus haut, à deux centimètres du bonheur ou de ce que je croyais qu'il était. Une brève hésitation lors d'une poussée de pied que je n'ai pas suffisamment affirmée m'a renvoyée au bout de la corde. Au Grand Capucin, il a neigé entre-temps sur les parois. Les prises du dièdre dégoulinent et je chute une nouvelle fois en haut de la longueur. J'ai échoué.

J'ai surtout l'impression d'avoir échoué car j'ai perdu le plaisir immédiat, la joie première. Grimper dans ces deux voies que j'aimais tant ne me réjouit plus. C'est là mon véritable échec…

Septembre arrive et le découragement m'étreint. Même si je suis jeune encore, je n'ai plus 20 ans et certains efforts violents qui laissaient peu de traces et m'enchantaient même à l'époque, m'épuisent à présent et je n'en comprends plus le sens. Le temps de l'ascèse physique intense et du portage des sacs de trente kilos est peut-être révolu. Durant nos ascensions, l'effroi me rend parfois visite. Conscience accrue d'un danger que je n'accepte plus.

La peur, insidieuse et nouvelle, aurait dû me faire réaliser que l'enthousiasme n'était plus tout à fait là, que mes désirs n'étaient plus parfaitement *adéquats* et qu'il me fallait songer à trouver une manière plus douce de grimper et de mener ma vie. Mais je me suis entêtée à faire comme avant, à exiger même de faire *mieux* qu'avant… Perturbée par « ce » corps qui ne veut plus, qui ne réussit plus à la hauteur de mes attentes, je me suis repliée et l'amertume s'est installée.

*

De retour à la maison, l'automne est là, installé au cœur doré des hêtres. Tout en ombre penchée et en velours moiré, la lumière est sublime en ce matin d'octobre. Mais l'air est lourd, chez nous, à Sigoyer. Lourd de regrets. Étouffant de projets avortés. Nous sommes face à la paroi la plus effrayante de notre vie. L'incompréhension mutuelle. Je me sens oppressée par un sentiment de malchance et de faillite que je ne comprends pas, qu'Arnaud non plus ne comprend pas. Il me reproche de me plaindre et d'être négative depuis des semaines. Je me doute qu'il a raison mais je supporte mal d'entendre la vérité. Et les mots, ces mots que je regrette déjà, sortent de ma bouche.

– Je m'en vais. On ne peut pas rester ensemble sans plus s'aimer. On ne peut pas continuer à vivre ainsi si tout est bancal.

Je pars sans espérer qu'il me retienne car les mots, pour Arnaud, ne sont jamais prononcés au hasard. Mais je sens que ma scène a sonné faux. J'ai cette aptitude étrange à pouvoir m'observer. Autrefois, j'aurais souri face à l'indigence des arguments de ma colère et l'aurais désamorcée. Mais ce matin, c'est plus grave. Je ne me maîtrise pas. J'ai l'esprit querelleur et le besoin d'agir, de réagir. Le besoin de réussir quelque chose, fût-ce un déchirement absurde, une séparation douloureuse.

Et je me retrouve seule, comme une idiote, chez mes parents partis à vélos rejoindre l'océan.

L'affreux tic-tac de la pendule, les heures fiévreuses passées sur internet à la recherche d'un nouveau logement, d'une autre vie que la mienne et la nuit qui tombe désespérément. La nuit blanche à se retourner dans un lit trop grand. Plus goût à rien. Plus soif de rien. Un sentiment de stérilité total qui m'étreint. Pas même capable d'avoir un gamin…

Pleurer, s'apitoyer sur son sort et se lever avec des idées sombres. Lâcher le volant de la voiture, raccourcir un virage et tout serait fini.

Je me regarde dans la glace. C'est bien moi mais je ne me reconnais pas. Je ne me ressemble plus. Pourtant ce sont bien les mêmes grands yeux bleus, rougis un peu plus par la fatigue, les larmes et l'insomnie. Mais éteints, sans la moindre lueur de gaîté à l'intérieur.

Et je regarde mes mains. Mes mains égratignées par le rocher. Comment en suis-je arrivée là ? Comment l'homme et le rocher que j'aimais ont-ils pu se transformer en ennemis ? Comment ces deux échecs insignifiants en sont-ils arrivés à me faire basculer ? La vie était si simple autrefois, si libre et si joyeuse, si folle et si insouciante… Pourquoi mes deux amours ont-ils fini par s'épuiser ?

Je réalise que ma vie, notre vie, manquait de douceur et de tendresse, ces derniers mois.

Elle s'était accélérée et nous passions sans cesse d'un projet à un autre, sans plus prendre le temps de savourer le moment. Hormis ce jour de juillet où Arnaud était parvenu à enchaîner sa voie et durant lequel nous avions vécu dans une totale complicité, j'avais le sentiment que notre amour s'était peu à peu distendu. Sans compter que je n'étais pas très drôle depuis le mois de juin. Comment lui demander de me supporter quand je me supportais à peine moi-même ? Un rien me crispait. Les allergies qui m'épuisaient ou notre maison qui ne désemplissait pas… Céüse est une falaise cosmopolite et populaire l'été. Il y avait sans cesse du monde pour passer nous saluer à l'improviste alors que j'essayais de me reposer. Je manquais de solitude et de silence.

Mes objectifs ambitieux m'avaient durcie et je m'étais éloignée de ce qui faisait autrefois l'essentiel de ma vie. Le partage, l'amour, l'amitié et la joie simple d'évoluer dans un cadre splendide. J'avais délaissé mes aspirations profondes pour rejoindre le tunnel de la performance, cette fois-ci en pleine nature…

Un ronron me tire de mes ruminations. D'un bond, Miellou quitte mes cuisses et secoue sa petite tête ensommeillée. Les oreilles pointées et la truffe humide, il s'étire avec délice. Perdue dans mes songes, je l'avais oublié. En quittant mon giron, il m'a fait ressentir la perte de sa chaleur.

« Le bonheur, cette sensation douce et fugace que tu n'as pas su apprécier et que tu regrettes lorsqu'elle s'est envolée… » me dis-je…

Et tout à coup, je me vois là, assise dans la cuisine, comme à distance. Courbée, plus une seule larme à faire couler. Je me lève de ma chaise et me prends à douter de l'authenticité de mon désespoir tandis qu'une petite voix me murmure à l'oreille : « Es-tu obligée de t'apitoyer sur ton sort ? D'enfanter ton chagrin ? De le dorloter ? À quoi ça t'avance de pleurnicher devant le portrait d'Émilie en caressant son vieux chat ? Que te dirait-elle, elle qui n'est plus là pour t'embrasser et sécher tes joues ? Que te dirait ta fée qui aurait bien aimé goûter plus longtemps la vie ? À quoi te sert d'avoir fait tant de beaux voyages, tant de belles rencontres et lu tant de grands livres ? À quoi bon tes échecs s'ils ne te permettent pas de rebondir ? Je te croyais plus sage, ma fille, et plus fine mais tu t'es laissée attraper, comme tant d'autres, au filet du *faire*… Souviens-toi ; on n'est jamais prisonnier que de soi-même. On n'est jamais encerclé que par les buts qu'on s'est assignés et par notre impatience à les gagner. C'est ce qu'enseignent la montagne, les rochers, la vie même lorsque tu prends le temps de les écouter ; un peu d'humilité… »

Je jette un œil à la pendule. Il est 10 heures. J'ai quitté Arnaud la veille à 15 heures et il me manque déjà. Atrocement même. Quelle idiote ! Comment ai-je pu m'égarer à ce point !

Je m'asperge le visage d'eau fraîche. Il n'y a pas une minute à perdre. Après quinze ans d'amour, le désastre est amplement rattrapable ! J'ai le désespoir éclair et il ne m'en faut pas plus pour quitter mon manteau de chagrin et la maison de mes parents. La vie est trop courte pour laisser place au doute. Je suis dénuée d'orgueil amoureux. En dépit d'une grande sensibilité, je ne suis jamais triste longtemps. J'ai la mélancolie gaie et ne connais pas la rancune. Les états d'âme me traversent comme des orages et pour un peu, j'en sortirais fertilisée.

Une demi-heure plus tard, je pousse la porte et fais mes excuses. Arnaud les accepte mais il est profondément peiné, je le sens. Mes marées de l'âme l'affectent, lui, plus maître de ses émotions et de ses paroles. Je me promets de tout faire à l'avenir pour les modérer.

On se retrouve émus et bientôt réunis par les ronrons d'un animal insensible à nos tourments.

Hé ! Toi qui te sens prisonnière !
As-tu jamais songé à modifier l'orientation des barreaux
De ta cellule pour en faire une échelle ?

En quelques jours tout s'est éclairci. J'ai pris conscience que ma valeur ne dépendait pas de quelques performances ajoutées à mon curriculum vitæ. Que chacun d'entre nous vaut infiniment plus que la petite vie qu'il s'évertue à faire fructifier. Suffit-il d'engranger du butin pour se sentir vivant ? Suffit-il d'accumuler des réussites extérieures et de la reconnaissance pour exister ? Tôt ou tard, on s'aperçoit que non. Plus jeune, je l'avais déjà pressenti mais il m'a fallu le vivre encore, pour en prendre acte.

On peut passer sa vie à ânonner que le but est secondaire et que seul compte le chemin mais si l'on n'en fait pas l'expérience pour de bon en se vautrant dans l'ornière, ça ne reste qu'une image. Il y a tant à apprendre de nos chutes. N'est-ce pas du fond du puits que l'on voit le mieux la lumière ? S'ils ne nous paralysent pas, le doute et la remise en question peuvent s'avérer un puissant moteur de transformation.

Chapitre XVIII

Grave ta joie dans la pierre

Quinze jours plus tard, un voyage en Chine achève de nous réunir. L'ambiance est joyeuse. Sous la houlette d'Erwan Lelann, nous partons en mission pour notre partenaire, la société Petzl, dans la province du Guizhou, avec un petit groupe cosmopolite de grimpeurs et d'alpinistes passionnés par l'ouverture et l'exploration.

En atterrissant à Guiyang, une ville de cinq millions d'habitants dont je n'ai jamais entendu parler, je réalise soudain le caractère dérisoire de mes angoisses passées. Une foule compacte et affairée circule sur les trottoirs. Des milliers de mobylettes et de voitures rugissent sans fin sur les boulevards. Je contemple ces essaims de visages de tous âges en songeant que partout sur terre, les mêmes interrogations sur la vie, les mêmes joies et les mêmes soucis éclosent derrière chaque front.

Certes, il n'est pas nécessaire de courir jusqu'en Chine pour en faire l'expérience mais le voyage agit souvent comme un révélateur prodigieux, c'est ce qui le rend si précieux à mes yeux. S'il ne sert pas à cela, autant rester chez soi, me dis-je, en repensant aux mots de Nicolas Bouvier :

« On s'aperçoit qu'on n'est rien. Que l'ego n'est rien, que ce dont on se faisait fort a disparu : il n'y a plus rien. Et faire l'expérience de rien est une chose très nécessaire sur le chemin de la vie. Il faut la faire au moins une fois. Sinon, on continue à se pavaner comme un dandy jusqu'à la tombe, ce qui est grotesque. »

Après six heures de route, les collines remplacent les plaines. Dans cette région, l'une des plus pauvres de Chine, vit une population métissée. Entre les Chinois des grandes villes, avides de modernité et les ethnies des montagnes que nous allons rencontrer, le fossé est immense.

Nous entrons dans la vallée de Getu avec sa large rivière et ses petites rizières. Erwan, qui a fait un premier repérage, attend notre verdict.

– Alors ? nous dit-il en ménageant son effet au détour du chemin.

Nous n'avons pas de mots pour décrire notre émoi. Surplombant la rivière, une arche immense déploie son corps éléphantesque. À son lever, le soleil la traverse. C'est sublime !

Toutes nos énergies convergent vers ce pôle durant les deux semaines qui suivent. L'idée est d'ouvrir des itinéraires sur ce rocher vierge pour le prochain « Roc Trip », un rassemblement qui réunira dans un an plus de quatre cents grimpeurs de toutes les nationalités, auxquels se mêleront les paysans de la vallée.

Nous partageons nos journées avec dix grimpeurs chinois venus des quatre coins du pays. La grotte résonne de rires et de sonorités variées. On entend parfois mugir Dani Andrada, la « machine » espagnole aux « vérins » puissants. Volant de prise en prise dans un toit sans fin, il jubile et le plaisir qu'il éprouve à grimper est contagieux.

En contemplant le plafond qui nous sert de ciel, la joie m'inonde moi aussi. La vraie !

Jusque-là, cet Extrême-Orient, je ne l'avais visité qu'en rêve, en lisant des haïkus à l'affût de l'humble et du minuscule, dans ces poèmes brefs qui tentent de peindre l'éternité dans le passage, l'immanence dans l'éphémère. J'avais arpenté mentalement ces estampes où j'aimais me fondre, me retirer : visions de l'âme, paysages de rocs et de cascades où tournoyait une brume délicate, paysages de source, de lune claire et de roseaux où se laissait parfois deviner une silhouette lilliputienne. Ce petit personnage qui figure le peintre-poète, il fallait presque une loupe pour le déceler mais on l'imaginait attentif au brin d'herbe qui pousse ou à l'éclosion d'un bourgeon, méditant sous une hutte de jonc ou facétieux, se soulageant gaiement dans un coin du tableau. Les anciens lettrés ne manquaient pas d'humour. Dans leurs délicates « vanités », nul besoin d'un crâne grimaçant en gros plan comme chez nos maîtres flamands.

En Chine, la peinture s'est unie à la poésie dans le trait du calligraphe. Elle m'invite à repenser ma condition au sein de l'univers. C'est pour cela qu'elle me touche. Elle fait la part belle aux montagnes et non aux hommes qui l'arpentent. Elle fait la part belle à l'invisible, au vaporeux d'une pivoine ou à ces insectes dont elle a su rendre à merveille la transparence d'un élytre. Elle me suggère ma juste place sur terre, sans moralisme ni démonstrations. Elle me convie à davantage de lucidité et me rappelle que si je ne possède rien, je n'en suis pas moins une parcelle en lien.

Je retrouve dans la pensée orientale cette intuition formidable. Nous serions nés d'un souffle primordial, en éternelle mutation. Nous appartiendrions à un vaste réseau de significations où tout se correspond. Ce serait *cela* le Tao, la voie. Nous serions réellement *poussière d'étoiles,* comme l'a dit l'astrophysicien, Hubert Reeves.

La pensée chinoise, comme la pensée hindouiste, bouddhiste ou celle plus tardive du zen, cultive ces résonances entre microcosme et macrocosme que William Blake avait si vivement pressenties :

« Voir l'univers dans un grain de sable
Et le ciel dans une fleur des champs,
Tenir l'infini dans la paume de sa main
Et l'éternité dans une heure. »

Bien sûr, ces idylles en tableaux et ces jolis mots peuvent sembler assez éloignés de la réalité lorsqu'on traverse d'immenses villes polluées et des campagnes moribondes… Mais il faut se souvenir que ces artistes les ont peints dans des âges troublés, en temps de guerre et de famine et pas seulement durant les périodes apaisées de l'histoire. En somme, cultiver à leur exemple l'émerveillement quotidien, cette capacité à entrevoir la beauté dans le commun, est l'une des grandes forces dont nous pouvons faire preuve face à l'adversité. Une résistance active qui nous invite à vivre le vœu fameux d'Hölderlin : « habiter poétiquement la terre ».

C'était un petit vieux sans âge, à la mine épanouie, qui semblait rire de l'intérieur, les yeux mi-clos, en tirant sur sa pipe. En le voyant sourire, assis sur le rebord d'un champ contemplant les gras sillons du labour, une pensée m'a traversée : « Si tu parviens à t'alléger un jour du poids des ans et de la volonté, si tu parviens à vivre, ne serait-ce qu'un instant, ce contentement tranquille, cet enchantement simple, alors peut-être que ton passage ici n'aura pas été tout à fait vain… »

J'avais regagné cet esprit d'enfance qui m'avait fait défaut ces derniers mois. J'ai nommé ma première voie, *Dance with the dust*. Danse avec la poussière…

*

Avec Arnaud, nous avons découvert une longue ligne de draperies aériennes qui permet d'atteindre la sortie de la grotte, cent-vingt mètres plus haut. Ouvrir *Lost in translation* est dur. L'escalade en surplomb continuel s'avère extrêmement physique mais j'ai rarement ressenti un tel enthousiasme. Le dialogue muet que j'entretiens avec les éléments est restauré. Et ici, c'est une polyphonie.

Car il y a cette vie émouvante du rocher que l'on devine en la tutoyant de près. Quel bonheur d'évoluer dans le vide, accrochés à de vénérables stalactites qui pendent comme autant de chandelles ! Les doyennes, les plus lourdes d'entre elles, rejoindront bientôt le sol ou s'y fracasseront tandis que mille gouttelettes, comme mille pousses naissantes, percent déjà le plafond de pierre, poursuivant l'œuvre lente de calcification. Tout bouge sans cesse, tout change, tout renaît sous une forme nouvelle, me dis-je, attentive à une infinité de détails tandis que vibrent sous mon poids les grandes orgues de calcaire.

Les jours de pluie, l'eau s'infiltre de toutes parts. Le bas des stalactites tourne au vert-de-gris et devient fragile. Avec leur texture d'éponge, elles peuvent se briser au moindre geste brusque. Ces jours-là, il faut se faire léger, s'y poser en douceur, éviter les grands écarts secs et volontaires en les enveloppant au contraire avec tendresse. Pour nous assurer, il nous arrive de cravater les plus petites d'entre elles au moyen d'une sangle, sans les serrer trop fort, de peur de nous retrouver dans le vide, un obus entre les jambes ! Arnaud excelle à ce petit jeu et son audace m'amuse.

Les jours de soleil, le rocher retrouve sa solidité. Le vase des calcites tinte comme du cristal lorsqu'on y pose le pied. Chacune a son timbre et on a la sensation de grimper sur un xylophone géant. L'escalade est musicale et l'on y interprète à tour de rôle notre partition.

Perchée à cent mètres du sol, cherchant mon chemin à l'envers dans ce dédale de pierre, je me sens comme Alice à travers le miroir. En me penchant pour tenter de deviner la suite de l'itinéraire, par-delà cet enchevêtrement de formes fantastiques, j'aperçois l'horizon renversé des mille collines… Une multitude de pics karstiques couverts de végétation s'étend à perte de vue et j'ai le sentiment de me tenir au seuil du pays des merveilles…

J'ai regagné mon univers. Le grain de la peau aimée et celui du rocher.

Le soir, à l'auberge de notre hôte Wang Shu Shu, après un dîner frugal arrosé pour les plus téméraires d'un alcool de riz épouvantable, je m'enroule comme un nem dans ma couverture sur ma couche de bois, avec un simple drap pour matelas. Tandis que l'ampoule grésille au plafond, et qu'un cochon grogne à la fenêtre, valse dans ma tête ce proverbe chinois : « *Apprends à écrire tes blessures sur le sable et à graver ta joie dans la pierre…* »

*

L'hiver suivant, heureuse de retrouver ma falaise préférée, je ne prends pas garde au mistral glacial qui me fouette le dos et mon épaule se bloque violemment. Affaibli par les mois passés, mon corps me lâche. Ce n'est guère étonnant car jamais je ne lui ai laissé le temps de récupérer. J'acquiesce sans grande résistance, profondément persuadée que « ce qui nous sort du monde malgré nous est toujours une grâce », comme l'écrit le poète Christian Bobin.

Je comprends qu'au-delà d'un tendon endommagé, c'est à un changement plus profond que m'invite la vie. Le temps de prendre soin de soi est venu.

Chapitre XIX

Aventures intérieures

Je me souviens de mon premier passage à La Baume, près d'Aix-en-Provence. Un week-end d'observation qui devait me permettre de juger de ma motivation. M'inscrirais-je ou non à cette formation de yoga qui s'étalait sur quatre années ? Je ne sais pas précisément ce que j'en attendais. Apprendre à voler du temps à l'escalade ? Effectuer une transition en douceur ? Ou découvrir un peu plus, peut-être, cet univers dont j'avais perçu l'influence bénéfique sur Maman quelques années après le départ d'Émilie ? Mais plus que tout, je crois, je cherchais une voie pour me réconcilier avec mon corps.

Je n'avais pratiqué jusque-là le yoga que par intermittence. Perpétuellement en voyage, sans emploi du temps fixe, j'avais du mal à suivre un cours régulier. Ma mère m'avait toujours encouragée à approfondir cette discipline. Il a fallu quelques années pour que j'emprunte à mon tour cette voie – finalement plus tôt que ce que j'imaginais.

J'avais toujours entretenu de la méfiance à l'égard des courants de développement personnel. J'avais des préjugés et très peu de sympathie pour ce qui m'apparaissait comme un moyen narcissique de se rassurer, de se déculpabiliser et au final, de s'endormir à plus ou moins grands frais… Pourtant, je ne pouvais nier que la sophrologie et les exercices de visualisation positive m'avaient beaucoup aidée durant ma dernière année de compétition.

J'avais cherché des réponses à mes questions chez les *vrais* poètes et les *vrais* écrivains. Je me souviens de mon dédain lorsque j'ai lu à 20 ans, *L'Alchimiste,* de Paulo Coelho. Je suis certaine que si j'ouvrais ce livre aujourd'hui, je pourrais y cueillir les belles et simples fleurs que mon orgueil d'intello en herbe m'interdisait de toucher à l'époque.

Je n'ai plus d'aussi nobles et sottes certitudes. Je me sens plus humble. Les années se sont chargées de me chahuter et de me polir. Le temps est venu de m'assouplir, dans tous les sens du terme…

À la Baume, plusieurs surprises m'attendent. La présence de toutes ces femmes d'abord me surprend et me fait du bien, moi qui ai passé toutes ces années à grimper sur des parois lointaines, la plupart du temps en compagnie d'hommes. Je suis émue par les différences d'âges, de milieux, de silhouettes… Et lorsque nous pratiquons, tout se fond en une seule et belle unité. La première fois, il m'est arrivé d'ouvrir l'œil pendant la méditation pour admirer mes compagnes en assise. Ces profils sereins qui esquissent un léger sourire intérieur, ce silence qui enveloppe la pièce d'une douce chaleur, tout cela est nouveau pour moi et diablement réconfortant.

Un doute pourtant s'était insinué lorsque la salle s'était peu à peu remplie. Serais-je capable, moi l'asthmatique en perpétuel besoin d'air que seuls enivrent les grands espaces, de pratiquer avec, pour unique territoire, le petit rectangle de mon tapis ? Rien n'était moins sûr mais dans la détente et l'attention, à mon grand étonnement et contrairement à ce que je redoutais, se révélait en moi, comme en chacun, une retraite du cœur, une faculté à créer de l'espace à l'intérieur.

Après avoir exploré les parois du globe, j'aspirais à plonger dans les profondeurs de l'être, plus vertigineuses peut-être…

Durant cette première année, ma relation à l'escalade évolue. Je grimpe moins régulièrement car j'en ressens moins le besoin. Mon corps est fatigué. Je le laisse vivre enfin, s'épanouir, respirer à son aise. J'apprends à accepter ce corps de femme qui m'était plus d'une fois apparu comme une entrave à mes projets et dont l'inconstance me chagrinait. J'apprends à observer et à apprécier ses cycles et ses humeurs, à respecter ses limitations. Je pose un regard lucide, sans que cela ne m'affecte plus, sur la différence fondamentale de rythme qu'il y a entre Arnaud et moi. Lui est constant, régulier dans ses motivations tandis que derrière une apparente sérénité, je reste fantasque, changeante, passant tour à tour de l'exaltation à la fêlure, dégringolant sans cesse de l'échelle du sublime. Et toujours prête à y remonter !

En fait, j'apprends à m'accepter telle que je suis et comme par miracle, le sentiment d'incomplétude qui m'avait étreint achève de se dissoudre… L'asthme et les allergies saisonnières s'atténuent, mes cycles souvent douloureux ne le sont presque plus. J'ai sans doute passé trop d'années à refuser mes fragilités. J'ai lutté le dos voûté contre ma sensibilité. Et lorsqu'enfin je les accueille, quelque chose se dénoue. Je réalise que je ne possède pas seulement un corps mais que je suis ce corps, tout simplement.

L'un des grands principes éthiques du yoga est la non-violence, *ahimsa* en sanskrit. Je me souviens qu'en me détournant de la viande dès mon plus jeune âge, plus que le dégoût à l'idée de manger du « cadavre », il y avait ce refus de légitimer la cruauté envers le monde animal.

En pratiquant le yoga, je comprends que la non-violence commence déjà envers soi-même. Il ne s'agit pas de plier mon corps à outrance dans des postures improbables comme il m'est arrivé de le faire en escalade mais d'être simplement attentive à ce qui s'offre dans l'instant.

Comme l'escalade, le yoga m'apprend à maîtriser l'attachement. On ne peut pas s'approprier les sensations passées et pour bien vivre, il faut apprendre à renoncer à ce que l'on était hier et cesser de se projeter.

De ce consentement naissent l'apaisement et la réconciliation. La bienveillance aussi.

Je retrouve le rocher avec bonheur, le regard neuf. J'exulte de ces retrouvailles sans tension et je savoure l'ambiance chaleureuse du pied des falaises et des refuges. Les œillères du projet et la nécessité de performance que je m'étais imposées autrefois sont définitivement tombées. Moins refermée sur mes réalisations, il me semble qu'autour de moi les paroles se font plus fraîches et plus gaies. Je comprends enfin que ce n'est pas le monde qui a changé mais ma manière de l'appréhender. Notre vision du monde reflète bien souvent notre regard. On est véritablement ce que l'on pense.

J'accède sans doute à ce que Robert Misrahi, spécialiste de Spinoza, nomme « la conversion du désir ». Dans son très beau livre *Petit traité de l'abandon*, le philosophe Alexandre Jollien résume à sa façon la pensée de Spinoza :

« Un désir adéquat, c'est un désir qui naît au plus profond de soi et qui n'est pas importé du dehors. [...] Souvent, il y a un gouffre entre ce que je veux au plus profond et ce vers quoi je cours. »

Conversion du désir… Du désir infantile de briller à l'extérieur, on s'ouvre à la maturité d'un désir qui aspire à rencontrer ce qui brille au fond de soi et de tous les êtres…

J'avais amorcé ce changement de regard nécessaire. Consentir à être dans la fleur d'un âge qui commence doucement à faner. Une amie de ma mère évoque un entonnoir, pour signifier la vie qui se resserre au fil des ans sur l'essentiel. J'aime beaucoup cette image et j'y songe souvent. La vie nous invite à toujours plus de simplicité et de dépouillement. Consentir à cet abandon est une chose magnifique et lorsqu'on voit certains vieillards apaisés, on sent bien que si le corps est fripé, le cœur, lui, ne l'est pas. Il s'est épanoui et cela transparaît dans ces miroirs de l'âme que sont les yeux.

L'aventure, au sens étymologique du terme, c'est *ce qui nous advient,* la vie même. Chaque instant qui passe – chaque seconde – est un saut vertigineux dans l'inconnu. Nous sommes tous funambules sans le savoir…

*

J'ai cru longtemps qu'il fallait se retirer de l'action pour vivre sereinement. Durant des années j'ai vécu partagée, rêvant d'une cabane sur la montagne ou près d'un lac, comme celle d'Henry David Thoreau où je pourrais vivre en profondeur, et mue en même temps par le désir de bouger et de voir le monde. « Agir ou contempler ? Être ou faire ? » Telle était ma question.

Or voici qu'une simple phrase lue dans la *Bhagavad-Gîta,* le célèbre texte de la tradition indienne, vient démêler avec une facilité déconcertante le filet des questionnements existentiels dans lequel je suis empêtrée depuis des années : « Affranchi d'espérance et de vues intéressées, combats sans t'enfiévrer de scrupules. »

L'action fait partie de l'existence, on ne peut y échapper, m'enseigne la *Gîta*. Il ne s'agit pas de la refuser mais d'apprendre à *agir sans motif*. Si souvent pressée de satisfaire les attentes de mon ego, j'ai peu à peu négligé cette façon d'être au monde, si limpide et si simple. Si enfantine… Et subitement, ces mots, *détachement*, *renoncement aux fruits de l'action*, m'illuminent ! Ils font écho aux philosophes stoïciens et aux *Essais* de Montaigne en particulier, dans lesquels j'ai toujours butiné :

« Méfiez-vous de ceux qui vont au-delà du présent […] pour s'asservir à l'espérance. »

Autant dire, méfie-toi de toi-même !

Ainsi, j'avais créé ces catégories *agir / non-agir* de toutes pièces. Projetant sur ces concepts mes aspirations contradictoires, j'avais secrètement placé la contemplation au sommet. J'évoquais souvent dans mes carnets le *wou-wei*, cette doctrine taoïste du *non-agir*, sans l'avoir véritablement comprise, sans en avoir fait l'expérience profonde. Car *wou-wei,* c'est justement la fluidité, la capacité de s'adapter, de faire corps avec la vie et non un refus, une résistance face à l'action.

Wou-wei, c'est accepter d'être ravie au sens premier du terme, par un ami qui passe, une mésange venant picorer sur le rebord de la fenêtre ou un chat s'étirant voluptueusement sur votre feuille de papier, alors que vous tentez d'écrire ces quelques lignes…

La crispation et la souffrance découlent de l'espoir, de l'attente, du fait que nous nous identifions perpétuellement à nos actions et à ce que nous pourrons éventuellement en tirer.

Or le véritable agir est dans cette disponibilité, cette présence à ce qui est. Il n'y a rien d'autre. Agir pour la joie d'agir, grimper ou faire du yoga pour la joie de le faire dans l'instant. Dans cet agir, les catégories sont dépassées, il n'y a plus d'action ou de non-action, d'agissant ou de non-agissant.

Autrefois, il me tardait de semer pour récolter. Aujourd'hui, je prépare la terre sans hâte.

*

Avec ses aiguilles de granit et ses pins tourmentés dont l'écorce porte la mémoire du vent, le massif de Bavella me fait songer à un paysage d'estampe chinoise. C'est ici, en Corse, sur ces « *souffles pétrifiés* », pour reprendre la belle image du peintre Fabienne Verdier, que je vais vivre une de mes plus belles expériences au printemps 2012. Comme une nouvelle naissance sur le rocher.

À l'âge de 20 ans, Arnaud avait tracé une voie sur le sommet des Teghie Lisce qui signifie simplement « dalles lisses ». Il l'avait nommée *Octogénèse*, comme une ode au huitième degré – la haute difficulté naissant de la pureté. Cette succession de murs parfaits l'avait fasciné. Eussent-ils été un tantinet plus inclinés, cela ne passait pas. Pouvoir grimper ici tenait du miracle...

Pierre Pietri, figure emblématique de l'escalade libre sur l'île, s'était amusé de ne pas parvenir à « lire » la voie que venait d'équiper son jeune ami :

– Mais c'est du braille, ton affaire !

Quelques années plus tard, j'avais à mon tour accompagné Arnaud dans cette escalade mais son mystère m'était resté tout aussi impénétrable qu'à Pierre. Je n'avais pas compris le passage clef : imaginez une paroi à 80 degrés, un pied qu'il faut monter à hauteur de la hanche sur un cristal pas plus épais qu'une alliance, et sur lequel il faut pousser sans aucune prise de mains…

À l'époque, j'avais peu de goût pour l'escalade en dalle qui m'apparaissait comme une pratique aléatoire, ingrate et un peu désuète. Durant des années, j'avais aimé sentir mon corps maîtriser la situation. Mais depuis ma blessure à l'épaule, ma musculature a fondu et je sens que je ne peux plus me fier à sa puissance sécurisante. En revanche, grâce au yoga, je suis devenue plus souple et plus déliée. Moins pressée aussi. La vie intérieure d'un être se révèle peut-être à la façon dont il se meut sur le rocher.

Octogénèse me revient alors comme une évidence. Son relief a mis des milliers d'années à se polir, à se former. Pourquoi ne pas tenter de la déchiffrer ? Aussi belle et parfaite soit-elle, toute œuvre possède ses imperfections et ses petites défaillances. Il faudrait les deviner et m'appuyer sur elles pour grimper…

Ce matin, à l'aube, je vogue sur un petit nuage en repensant à l'escalade de la veille. L'ascension s'est déroulée de manière idéale, sans heurt ni tension. Comme dans un rêve. Hormis quelques folles prises de risques pour franchir les passages difficiles, j'ai flotté durant toute la journée.

Adossée contre un pin, je sens monter en moi la sève de l'écriture. J'ouvre mon carnet. Un enseignement s'est révélé. Il me faut donner une chair de mots aux sensations fugaces ressenties là-haut. Je note des impressions, des émotions, un poème enfin. Mon stylo danse sur le papier, l'effleurant avec tendresse comme je le faisais hier sur la pierre. J'écris d'un seul jet. Libre et sans contrainte, vagabonde du vide et du silence !

Le rocher porte en lui la grande histoire de la terre. C'est un livre immense, un palimpseste éternellement regratté qui m'invite aux grands voyages féroces d'avant les hommes. Le temps des créatures à l'ossature de cathédrales, des lourds papillons aux ailes de tentures, des arbres-Babel qui convoitent le ciel. Le temps de l'œuvre au noir, des magmas incandescents et des entrechoquements de continents…

Le rocher, c'est aussi le carnet intime, secret, sur lequel j'écris mon histoire. Celle d'un d'atome au cœur du monde.

Ici, je me tiens sur de l'infiniment petit dans l'infiniment grand. L'espace de la verticalité est double. Sans limite et réduit. Quelques centimètres carrés de liberté sous les pieds, une vire étroite en guise de terrasse pour déjeuner, les prises sur lesquelles je remets sans cesse mon équilibre sur le métier. Et toujours, derrière moi, l'horizon sans fin qui se déploie et face à moi, l'inflexibilité de la muraille qui s'élève, qui ne fléchit pas. Qui s'offre aussi placide et imperméable, aussi rêche et douce que le mystère même de la vie. C'est dans cette dialectique que je me faufile, en funambule des cathédrales de pierre.

Les années passant, je chemine vers une pratique plus contemplative. La voie se mue en un poétique sentier que j'aborde pour ce qu'il est. Par sa pureté même, cette paroi lisse m'appelle à goûter un cheminement, à me simplifier, à me dépouiller. Condition nécessaire et apaisante… Ici, l'escalade s'apparente à une forme de méditation en mouvement, un yoga du rocher. Sur ce granit où les aspérités infimes interdisent de s'agripper trop fortement, j'apprends le détachement dans l'action. J'apprends à renoncer à ce qui nous tient tous à cœur, grimpeurs : le relais, le sommet.

Les relais et les sommets se suivent, s'enchaînent à l'infini et s'ils m'apportent cette gratifiante et indiscutable euphorie, ce n'est pas d'eux que je peux tirer une paix profonde. Avec le temps, je m'aperçois qu'ils sont la cerise sur le gâteau, celle que l'on guette, que l'on espère et qui offre, lorsqu'on la croque, ce rien pimpant et délicieux des bonheurs transitoires.

Dans cette section tout en finesse, si j'arme trop fort ma volonté, si je me crispe sur les minuscules cristaux, ils m'échappent et je chute. Si nonchalante, je laisse faire les choses, me voilà de nouveau pendouillant au bout de la corde. L'équilibre est subtil, c'est ce qui rend le jeu exaltant.

Le secret : un rien de relâchement au bout des doigts pour sentir ce qu'offre le rocher, allié à une confiance absolue dans ses pieds. Oser se dresser, s'élever sur du vent... Être tout à la fois décontractée et concentrée, légère et précise. Tenir plus de 300 mètres sur ce fil ténu et fragile. Cela résonne en moi comme le fameux mantra de Patanjali : « Sthira Sukha », fermeté et douceur. Trois mille ans plus tard, les paroles du yogi sont plus vivantes que jamais.

Les lézards stoïques se chauffent au soleil ou fusent sur le granit en éclairs dorés. Curieux, ils viennent flairer la corde, le sac à dos pendu au relais. Ils sont nos maîtres et nos compagnons muets. Ils m'inspirent des mouvements aléatoires et téméraires.

Sur ce mur de granit lisse, les prises de pieds n'en sont pas réellement. Elles apparaissent grâce à la foi et la folie du grimpeur. Cette magie qui naît soudain de l'absolue conviction qu'une solution existe. Si je me dis : « Ceci est une prise de pied », cela en devient une. Jusque-là, la prise n'existait pas réellement mais si j'y crois, je la révèle ! Pour l'instant, elle n'a de vie que dans mon esprit, il s'agit maintenant de pousser dessus, de la faire naître. En dalle plus qu'ailleurs, les prises sont personnelles et l'on entretient avec elles des relations passionnées. J'ai l'impression, parfois, de les avoir modelées sous mes doigts...

Petite, j'ai toujours aimé le détail, passant des heures à construire de minuscules cabanes en brindilles de mélèze. Le microcosme de la fourmilière ou le scarabée solitaire, ce Sisyphe bien vrai de nos montagnes faisant rouler devant lui sa pelote, m'ont souvent semblé plus riches en enseignements que l'école et la société. Dans la contemplation du rocher, je retrouve cette fraîcheur du regard, cette naïveté qui nous fait voir au-delà des choses. Transformer ce qui est.

J'aime le mot « adhérence ». Il contient l'errance, qui donne à voir les déserts solidifiés de pierre, la navigation ardue et jamais acquise sur l'océan miroir du granit.

Si j'ai adhéré à quelque chose dans ma vie, c'est à la cause du rocher et à celle des mots. Au parti je m'en fiche car il y a plus beau, plus utile. Adhérer au plus près à ce que l'on fait, au quotidien qui est le nôtre. Adhérer, c'est se fondre, ne faire qu'un, s'abandonner à ce qui nous dépasse. Acquiescer à ce qui est.

Un pas de plus et j'adhère au rocher, de tout mon amour, de toutes mes forces.

Les longueurs se succèdent, les arrivées au relais sont une halte, une trêve aussi et un soulagement. Une fois le second assuré, le regard s'ouvre, la vision s'élargit, les œillères de la concentration tombent. On embrasse l'horizon, on jouit des oiseaux qui volent à nos côtés, on remarque enfin que la mer, à l'est, est apparue et que l'univers minéral s'étend plus loin encore que ce que nous imaginions depuis la forêt. On quitte le monde miniature des cristaux de granit pour habiter à nouveau le paysage. Le relais nous relie à ce qui nous entoure, à l'univers tout entier. Sans s'en apercevoir, on s'élargit, on grandit et on s'oublie un peu plus encore…

Grimper intensément, c'est apprendre à aiguiser son regard d'enfant pour résoudre de minuscules problèmes. C'est savoir observer la surface des choses qui apparaît alors avec une profondeur insoupçonnée. Et ne laisser sur cette surface qu'une empreinte de son passage, un effleurement qui témoigne paradoxalement d'une connaissance et d'un amour profond, c'est cela sans doute, la « poésie du lisse »... De la mer de rocher à celle que sillonna le héros de l'Odyssée, l'enseignement demeure le même : la patience, la gratuité, la fidélité à ce que l'on aime, la belle nécessité de perdre son temps et de se perdre un peu soi-même en passant...

J'ai demandé la lune au rocher
J'ai pensé qu'en m'agrippant
Je sauverais l'instant
J'ai pensé qu'en m'accrochant
J'arrêterais le temps

J'ai demandé la lune au rocher
Et j'y ai cru longtemps
M'entraînant
Soulevant des poids
Brisant des plumes

Je n'ai pas vu venir
Passer
Rides années
Tout entière absorbée par le rocher

Je le caresserai toujours
Car je crois au vieil amour qu'on rajeunit

De l'aile chaque jour
Mais je cède maintenant aux caprices du vent
Va mon cœur
Mène-moi où tu voudras

J'ai demandé la lune au rocher
Et j'ai cru lire un jour sur sa face
Impassible
« Oublie-la »

Et j'ai reçu en partage
L'étoffe des nuages
Le sourire des mésanges
Le vieux pin qui là-haut
Doucement se balance
L'amour
Encordé à jamais

J'ai demandé la lune au rocher
Et il m'a tout donné

Un court-métrage est né de cette ascension. Faire ces images était une joie. Nous étions avec notre ami Bertrand Delapierre, le réalisateur, et pour une fois, j'avais l'impression que ce film exprimerait ma vision, mon ressenti. L'image continuait à faire partie de ma vie mais le conflit n'existait plus. Amusée, j'observais tranquillement ce reflet comme une ombre mouvante sur un mur. J'éprouvais un grand bonheur à l'idée de continuer à transmettre ma passion et ce qui faisait pour moi la beauté de l'escalade.

*

Lorsque nous participons pleinement, avec ce corps animal, à la terre, à son jaillissement, à ses failles, à son souffle, s'ouvre un espace vrai, illimité. Plus encore que le « sentiment » d'appartenir au monde dans la variété de ses manifestations, on en éprouve, dans toutes les cellules de son corps, la simple jouissance. Sans possession, sans mainmise et sans attente. Une jouissance nue. « *Tu es cela* », dit la *Chandogya Upanishad,* une des paroles sacrées les plus fameuses de l'Inde.

Monter sur son épaule et oser se laisser porter par la montagne pour devenir Atlas à son tour, et soulever son havresac avec plus de grâce, de légèreté. S'en affranchir soudain et finir avec une plume sur le dos, pour mesurer que le poids du fardeau n'est bien souvent que celui que nous lui donnons…

Chapitre XX

Mille manières d'enfanter

– Ni lait, ni viande ! Méfiez-vous tout de même… vous êtes bien mince et à la ménopause vous pourriez faire de l'ostéoporose…

Qu'est-ce qu'elle me chante, ma brave gynéco, derrière ses doubles foyers ? Les talons ancrés dans les étriers, les yeux rivés à la pointe de mes seins menus, j'aperçois ses grosses lunettes au triangle flou de mon pubis. L'air de rien, ménopause, ostéoporose, elle vient de me tracer un joyeux avenir ! Et sans doute n'a-t-elle pas tort… Sois lucide, ma fille, la quarantaine se profile !

– Et les enfants ? Si vous voulez vous engager dans une PMA, c'est maintenant ou jamais. Je vous ai déjà dit que la fertilité chutait de moitié après 35 ans.

– Oui, merci… mais finalement, on va s'en passer…

– C'est vous qui voyez. Essayez de boire de l'Hépar en attendant…

Je me souviens que cinq ans plus tôt, elle m'avait placée « sous Duphaston », une cochonnerie destinée à « stimuler la production d'œstrogènes ». Un coup à se retrouver avec des triplés !

– Ce serait dommage lorsqu'on hésite de ne pas essayer, m'avait-elle dit. Il ne faudrait pas que vous le regrettiez plus tard…

J'avais surtout cédé parce que ce médicament était censé m'aider à résoudre un problème embêtant de syndrome prémenstruel.

Les larmes qui coulent pour un rien, le ventre gonflé et l'énergie en berne…

– Qu'est-ce qui t'arrive ? m'avait demandé Arnaud un matin. Tu es toute bizarre en ce moment !

– C'est ce truc, je crois que ça ne me réussit pas… Franchement, tu en as vraiment envie, toi, d'un enfant ?

– Ben… Oui… Enfin… Peut-être… En fait, je sais pas. Ça dépend… Si on n'en a pas, je peux vivre sans.

– Tu es sûr ?

– Oh oui ! Et je crois même qu'on peut être très heureux tous les deux, sans enfants. Et toi ?

– Pour moi, c'est évident ! De toute façon qu'est-ce qu'on risque ? Au pire de pouvoir continuer à se lever à l'heure qui nous chante. De bouquiner tranquille, de regarder un bon film, d'aller grimper quand on veut… Une belle vie en somme, ça n'est pas la fin du monde ! Et puis les copains qui se sont lancés dans l'aventure ne m'ont pas convaincue. Ils te déroulent une liste mortelle de contraintes et d'ennuis pour conclure par « mais bon, c'est quand même la plus belle chose qui nous soit arrivée ». Désolée mais la conjonction de coordination ne me fait pas vibrer. Si encore c'était venu naturellement quand on était plus jeunes, pourquoi pas ? Mais s'entêter, avaler des médocs qui rendent cyclothymique à l'heure de la surpopulation, ça n'a pas de sens pour moi. Qu'en penses-tu ?

Arnaud hoche la tête en signe d'assentiment tandis qu'enflammée je poursuis :

– Qu'est-ce qu'on risque, sans rire ? Passer à côté d'un bonheur qui nous est inconnu ? C'est passer à côté d'une illusion n'est-ce pas ? Et regretter plus tard de n'en avoir pas fait, c'est stupide !

La peur de vieillir seul, quel manque de jugement… On meurt tous seuls de toute façon !

– C'est clair… Tu ferais mieux d'arrêter le Duphatson…

– Tant mieux ! Je vais plutôt me mettre à la méditation, avais-je conclu en jetant la plaquette à la poubelle, parce que spéculer à la bourse du bonheur, il me semble que ça n'est pas notre karma. La vie n'attend pas. La joie vaut d'être vécue immédiatement !

*

Si nous en plaisantions aisément, avouons que le sujet n'avait pas toujours été aussi anodin.

Je me souviens qu'à la fin des conférences que nous donnions, il y avait toujours une adorable petite dame pour venir me prendre par le bras et me chuchoter à l'oreille : « Vous avez des enfants ? »

Et lorsque je répondais que non, que des enfants se prêtaient peu au mode de vie que nous avions choisi, elle prenait un air attristé. « Mais vous en voulez, n'est-ce pas ? C'est important les enfants, vous savez ! » Et lorsque j'hésitais, je percevais de l'incompréhension, voire de la sévérité… Ces inconnues bienveillantes qui s'inquiétaient de mon épanouissement me troublaient.

Les enfants ? Difficile de répondre à une question dont je ne connaissais pas moi-même la réponse. Qu'est-ce qu'une envie ? Un désir véritable, un besoin passager, un caprice ou un rappel soudain de notre corps animal ? Un peu de tout cela à la fois, peut-être…

Il m'est arrivé, plus jeune, d'aspirer à une vie de famille idéalisée, au visage radieux de la maternité mais le « miracle » ne s'est jamais produit. Je me demande aujourd'hui, si le miracle, ça n'est pas cela justement. Que rien de conventionnel ne se soit jamais produit. Car chaque bref désir d'enfant se glissait entre mille désirs plus profonds pour moi, désirs d'expéditions, d'escalades, de voyages, désirs de solitude et de liberté, désir d'écriture aussi…

Et je m'apercevais que mon vœu de maternité survenait dans des moments de doute ou de découragement. Qu'il correspondait en somme à un étiolement de mes rêves, à une difficulté à concrétiser les projets qui me tenaient à cœur. Or il me semble évident qu'un enfant ne devrait pas venir combler un sentiment d'insuffisance ou réparer nos défaillances passagères.

À nous de mettre à jour la racine de nos désirs. La sortir de terre, secouer la poussière et tenter d'y voir clair… Pour peut-être réaliser, chacun à notre manière, ce qui nous semble salutaire.

Une gynécologue perspicace m'a suggéré un jour : « Peut-être que votre vie est si pleine, qu'elle vous comble tant que vous ne trouvez pas nécessaire de faire de la place à un enfant… » Elle avait su déceler une part de ma vérité.

Le meilleur don qu'on peut se faire à soi-même, c'est de respecter sa nature. Aujourd'hui, si l'on me pose la question : « Et les enfants ? » Je réponds sereinement « non ». Je me sens plus que jamais épanouie en tant que femme et libérée de ce besoin qui n'était pas mien.

J'ai réalisé qu'il y avait mille façons d'enfanter !

Chapitre XXI

L'amour fertile

Notre amour, là-haut, est un amour de gestes partagés et de mots rares. Un amour simplifié, dépouillé. Un amour qui a la rudesse de celles et ceux qui travaillent ensemble. La vie en paroi aplanit les problèmes. On ne gaspille pas d'énergie à ne pas être d'accord. On n'a plus le choix, simplement parce que le choix a déjà été fait. On a choisi d'y être alors on ne se plaint pas. L'escalade m'a appris que l'amour est une énergie. Un et un ne font pas simplement deux, c'est bien connu, mais infiniment plus !

Avec le temps, l'amour m'apparaît comme un lien fertile.

L'amour fertile, c'est plus encore que l'amour complice, le fait rassurant d'être deux entités dressées contre le reste du monde, l'adversité. C'est plus encore que l'amour « partage » car il n'y est plus question de marchandage de temps, de sentiments, ni de calcul savant sur ce que je donne et reçois en retour.

L'amour fertile, c'est le contraire de l'amour fébrile, fiévreux, inquiet… Cet amour possession dont l'angoisse est un proche parent. *Angustia* en latin, qui signifie « l'étroitesse, le fait de resserrer »…

L'amour fertile, c'est ce qui nourrit deux êtres à la fois, c'est ce terreau sur lequel chacun s'épanouit dans la beauté de sa singularité.

On peut être un chêne et vivre auprès d'un roseau, qu'importe, si chacun de nous trouve ce qui est nécessaire à ses besoins. Nous prenons plaisir à faire pousser des fleurs, à voir grandir un arbre. Pourquoi ne ferions-nous pas de même avec ceux et celles qui partagent nos vies ? Car on peut naître, hélas, sans jamais avoir le bonheur d'éclore.

L'amour fertile, c'est la joie de participer à l'épanouissement d'un être et d'accueillir la révélation quotidienne de ses mutations. C'est la maturité en somme. Et la maturité, c'est abandonner l'idée de demander à l'autre de faire notre bonheur. Cesser de quémander ce que l'on est pas capable de s'offrir à soi-même. C'est l'indépendance affective, qui ne signifie nullement l'indifférence ou la froideur mais au contraire, cette qualité de présence et d'écoute plus grande qui naît lorsqu'on se déprend de soi. C'est sortir du compromis pour entrer dans l'ajustement lucide. C'est l'admiration entre deux personnes qui s'aiment et se respectent.

L'amour fertile, c'est le don de soi en restant soi. Amour de bienveillance en somme, plutôt que de concupiscence.

Bien sûr, diverses formes de l'amour nous accompagnent aux différents âges de la vie et il est naturel que nous ressentions d'abord un amour passion, un amour fusion… Amour qui se transforme en un sentiment plus grave et plus serein.

Le plus difficile, on s'en aperçoit au bout de quelques années de vie commune, c'est de parvenir à ne pas figer l'autre dans des attitudes passées. Certes, c'est rassurant car cela donne le plus souvent du poids à notre mauvaise foi mais c'est profondément injuste. Ne sommes-nous pas nous-mêmes en perpétuels changements ? En éternel devenir ?

Nous muons à chaque heure à notre insu, nous mûrissons

comme de beaux fruits ou nous gâtons, nous desséchons, selon les jours.

Le tout est de demeurer conscients et vigilants. Lucides. J'aime ce mot qui naît de la lumière et qui évoque cette capacité à se tenir *les yeux ouverts*, dans la perception juste d'un réel sans voile.

Les obstacles sont nombreux sur la voie de l'amour fertile et dans les faits, ça n'est pas toujours simple ! Garder à l'esprit que l'amour, comme l'escalade, est un jeu de funambule !

*

En cette splendide journée d'avril 2013, nous approchons du sommet des Dragon Horns. Une dent de roche noire qui émerge de la jungle de Tioman Island, en Malaisie, et sur laquelle nous achevons l'ouverture d'un nouvel itinéraire. Pour la première fois, nous nous sommes laissé guider le long d'un pilier par de franches « gouttes d'eau » sans rechercher la difficulté. La voie est accessible et magnifique. Grimper détendus avec de la marge et imaginer que d'autres après nous pourront se régaler à leur tour nous procure une grande satisfaction.

À nos pieds, les singes hurlent dans la canopée tandis que la mer s'étire à perte de vue dans notre dos. Arnaud jubile et lorsque vient mon tour, je ne tarde pas à fusionner et à m'émerveiller d'une prise joliment sculptée. Quarante mètres plus haut, j'atteins un arbuste parfait pour faire un relais.

Un coup de tonnerre et la voix d'Arnaud déchire le ciel de mes songes :

– Descends vite ! On fiche le camp !

Un violent orage tropical éclate. Aveuglés, nous dévalons la paroi en rappel sous des cascades d'eau. De retour au sol, nous nous laissons glisser dans la boue, trébuchant de racine en racine jusqu'au sortir de la forêt. Le ciel s'ouvre d'un seul coup tandis que la nuit tombe. Alors que la jungle bruit derrière nous et que chats et varans sortent de leur torpeur, nous plongeons dans les vagues. Une lune énorme, éructant ses cratères et sa lumière lactée monte de l'horizon. À quelques centimètres de nos orteils, les poissons-clowns s'endorment dans l'édredon des anémones et de lourds mérous rêvent sous un rocher… Ce lieu est béni des dieux !

Dans la soirée, l'équipe est au complet, piaffant autour d'un plat de riz et de chou arrosé de lait de coco. Il y a là Da Liu, l'himalayiste chinois de Chengdu, David, l'explorateur et photographe polonais, Tam, le jeune Malais de Kuala Lumpur passionné d'escalade, qui nous a aidés à ouvrir le sentier, et le vieux Sam, ce musulman pacifiste de cœur qui nourrit le renard afin qu'il ne mange pas ses poules.

La dernière page du voyage s'est écrite aujourd'hui. Le livre se referme. Il est temps de lui donner un nom.

– La *Voie de la paix*, ça vous dirait ? Comment dit-on cela en malais ?

– *Damaï Sentosa*…

Et nous portons un toast :

– À notre rencontre inopinée et à ces belles journées ! Que l'escalade participe à faire de nous des êtres meilleurs ! Que le rocher nous donne la force de nous élever au-dessus de nous-mêmes ! Holé !

Épilogue

Au fil d'une ultime arête, le sommet du mont Aiguille est là. Et avec lui, le sentiment que l'escalade se poursuit. Aux mouvements du corps succèdent ceux, plus subtils, de l'âme. L'élévation physique trouve son sens et culmine dans la contemplation du paysage.

Une heure du matin. La nuit nous a enveloppés au bivouac. Un nuage s'immisce entre les clochetons de pierre, visite chaque repli de rocher, de tissu et de peau, y diffusant son baiser humide et chaud. Allongée au fond d'une minuscule caverne à flanc de paroi, je contemple l'arrondi de ma fenêtre ouverte sur la nuit et que la brume semble éclairer.

Arnaud dort déjà. J'aimerais m'abandonner au sommeil et en même temps, je ne suis pas pressée. Quelque chose résiste en moi de plus fort que la fatigue. Je ressens l'instant comme immensément confortable. Pas au sens habituel du mot bien sûr car le matelas est mince et l'oreiller fait de cordes. Qu'importe, la sensation de confort et de confiance est là, intense… Un confort de l'esprit, quelque chose de souverain qui abonde soudain et qu'aucun artifice du luxe moderne ne permettrait d'éprouver. Un sentiment d'adhésion totale, une sécurité d'âme proche de celle que doit vivre le chamois isolé avec sa harde sur ce pâturage du ciel… Une étincelle de contentement.

Le temps et la mémoire sont suspendus et je réalise que le sens de l'ascension se révèle souvent aux heures les plus inattendues. Grâce à l'effort juste, atteindre ces instants d'oubli de soi et de plus grande présence. Qu'importent au fond les mots si tu vis ce dont tu parles…

Ces heures de plénitude heureuse et de contemplation magique qui nous *relient* à ce qui nous entoure. Et à celles et ceux, restés en bas, qui nous attendent et dont l'amour guide nos pas en retour.

« Une fois au sommet, continue de monter, me souffle un vieux maître zen alors que mes paupières s'alourdissent… *car tout reste à gravir… »*

*

Ce matin, au réveil, j'ai 40 ans. Alors que le soleil apparaît à l'horizon ondulant des collines, je réalise que ce ne sont pas ces quarante années que j'ai envie de fêter mais tout ce qu'il m'a été donné de recevoir durant cette première partie du voyage. Des amis précieux et une famille aimante, Arnaud qui salue désormais le soleil à mes côtés et une vie répondant à mes aspirations. Une vie simple qui se donne le temps de la célébrer.

Depuis trois ans que nous partageons concrètement notre passion en proposant des stages d'escalade, je suis émue de voir briller dans les yeux d'un débutant cette joie que j'ai éprouvée en découvrant, adolescente, mon amour pour le rocher. Pouvoir partager ma flamme aujourd'hui donne un sens nouveau à ma vie. Devenir à mon tour passeur d'enthousiasme est un privilège qui éclaire l'avenir.

Je me souviens d'un instant d'émotion, cet automne, à Taghia. Le visage de Mohamed, que nous avions connu enfant, resplendissant de plaisir, d'audace et de fierté ! Initié par Arnaud, il venait d'ouvrir avec son cousin sa première voie, sur une nouvelle falaise, au bord de la rivière.

– Je vais l'appeler *Titrit*, comme ma petite fille qui vient de naître, nous a-t-il dit en arrivant au sol. *Titrit* en berbère, ça veut dire *petite étoile*...

Cet astre minuscule, c'est la belle Khadija qui l'avait mis au monde, quelques semaines plus tôt. Khadija, l'amie de Sadiya. Ma petite Khadija de notre premier voyage...

Ainsi, grimper rejoignait l'essentiel de la vie... L'amour et l'espérance.

Sigoyer, la Pierre du Champ de la Cavale,
14 mars 2016

Remerciements

Je remercie mes éditeurs de m'avoir une nouvelle fois ouvert les portes de la maison Guérin : Christophe Raylat, pour son enthousiasme lorsque j'ai évoqué avec lui ce projet. Charlie Buffet, pour ses conseils et ses suggestions, ainsi que Stéphanie Thizy, Émilie Talon et Stéphane Pellegrini.

Je ne remercierai jamais assez mes proches pour leur soutien, leur amour et leur amitié. Mes parents, Arlette pour sa confiance, et Jean-Louis pour nos joutes stylistiques, tous deux présents lorsque j'ai besoin d'eux.

Arnaud évidemment. Impitoyable et doux. Unique !

Pinpoune, Maître Chat et muse câline.

Sylvette, ma belle-mère, à tous les sens du terme.

Véronique, l'amie Plume, pour nos échanges irremplaçables, ainsi que Loïc, Angélique, Jean-Michel et André. Merci à vous pour votre relecture et vos avis précieux. Catherine aussi, à la dernière minute.

Merci à Guillaume, mon grand petit frère et à sa famille, Xuanhi, Loïs et Lazuli, d'éclairer nos rencontres d'un goût d'enfance exquis.

Merci à Émilie, d'être passée par là, fût-ce le temps d'une rose…

Toute ma gratitude à Sylvain Tesson pour ses encouragements depuis des années. Sylvain dont la force de vie m'est une source continue d'inspiration.

Mille mercis de tout cœur à Jean-Christophe Rufin, qui n'a pas besoin de soutien sur les parois des Calanques comme j'en éprouve le besoin face à un manuscrit !

Je tiens à remercier mes partenaires et leurs équipes qui me suivent avec fidélité dans mes escalades depuis plus de 20 ans. Avec Arnaud, nous avons le plaisir de collaborer avec la société Petzl. Un grand merci en particulier à Paul Petzl, Laurent de la Fouchardière, Erwan Lelann et Marie Guiguet.

Également aux sociétés La Sportiva et Patagonia. Merci à Zoé Hart et Norbert Sandner.

Je souris en pensée à mes compagnons de cordée sans lesquels mes aventures, proches ou plus lointaines, n'auraient pas eu la même saveur : Frédéric Gentet, Nicolas Kalisz, Fred Ripert, Bertrand Delapierre, Sylvain Millet, François Petit, Christophe Dumarest.

Également Pierre Lesne, Anne-Marie Coffy, Jean-Paul Petit, Laurent Triay, Evrard Wendenbaum, Igor Martinez, Toni Arbones, Benoît Robert, Tony Lamiche, François Lombard, Martina Čufar-Potard, Nicolas Potard, Tommy Caldwell, Beth Rodden, Brittany Griffith, Peggy Marche, Carole Fuchs, Monique et Guy Abert, Thibault Saubusse, Jeff Arnoldi, Liv Sansoz, Nina Caprez, Claire et Philippe Brass, Bruno Clément et Marie-Laure Béghin, Ramirole au sourire de tournesol, grande sœur de cœur que je n'oublierai jamais.

Ainsi qu'à toutes celles et ceux que la vie a mis sur mon chemin, avec qui j'ai partagé un bon moment en falaise, en voyage ou ailleurs. Je revois chacun de vos visages mais vous êtes trop nombreux pour être tous cités ici. J'espère que vous vous reconnaîtrez ! Un merci tout particulier à Rolland Marie et Jean-Marc Mérot qui ont su me transmettre leur passion ainsi qu'à Olivier Guidi et Pierre Paillasson, pour leur soutien durant les années de compétition.

Un grand merci aussi à Denis Potard et à Pierre Lesne une nouvelle fois, pour leurs bons soins.

À tous nos stagiaires également, qui nous donnent à vivre un regard nouveau.

Merci à Martine Cadoux de m'avoir si gentiment aidée durant les deux années « jeune prof à Chambéry ».

Merci à nos voisins qui font des « Bonnets » un lieu où il fait bon vivre : Serge et Annick, Chantal et le regretté Jean-Marc, Éric et Marie, Pierre, Laurent, Chantal et Jeanin, Christian et Raymonde en particulier.

Une pensée amicale pour André Velter et Sophie Nauleau qui m'ont accueillie à Bonnieux pour parler poésie. Pour Jean Schoenlaub également, qui m'avait conseillée à l'époque du manuscrit de *Salto Angel* et que je n'ai pas assez remercié. Ainsi qu'Anne-Françoise Layant.

Une pensée affectueuse, enfin, pour mes camarades et mes professeurs de yoga de l'Efyse – Boris Tatsky en particulier – qui m'ont ouvert de nouveaux horizons, ainsi que pour mes amis berbères, la famille Oulfakir, Ahmed et Sadiya Naït Youssef, Fatima, Saïd, Mohamed et Khadija Messaoudi, qui m'enseignent un mode de vie plus humble.

Table des matières

TROISIÈME PARTIE
À la verticale de soi